COMMUNICATIVE ST

REDEN
mitreden
dazwischenreden

Claire Kramsch Ellen Crocker
Massachusetts Institute of Technology

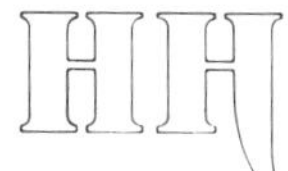

Heinle & Heinle Publishers, Inc.
Boston, Massachusetts 02210 U.S.A.

Cover and interior design: Judy Poe
Line art provided by Len Shalansky
Production manager: Erek Smith
Production editor: Traute M. Marshall

Manufactured in the United States of America.
ISBN 0-8384-1294-7

10 9 8 7 6 5 4 3

PREFACE

Most published materials for teaching conversation focus on vocabulary and topical content. In contrast, the activities in this book emphasize interactional strategies for communication: how to initiate, maintain and close conversations, how to communicate and respond to intentions, wishes and beliefs, how to behave appropriately in face-to-face interaction. *REDEN, MITREDEN, DAZWISCHENREDEN* distinguishes itself from other conversational readers through its functional approach: it is organized around the *functions* needed to interact in conversation, not around situational vocabulary or grammatical features of speech. The emphasis is on the *process* of communication, not on the linguistic product.

This book arose from the authors' experience in teaching intermediate and advanced college German. In the second year, students have already acquired a good basic vocabulary and the most important grammatical structures; what they need now are interactional skills and the ability to manage conversations. *REDEN, MITREDEN, DAZWISCHENREDEN* responds to this need: it provides a variety of communicative activities to supplement other second-year textbooks with a more grammatical or literary/cultural orientation. Some of these activities are more appropriate for the third semester, some are best suited to the fourth or fifth. They can also serve as the basis for an intermediate conversation course.

A unique audio cassette provides indispensable models of natural conversations between native speakers of German. On these recordings, students can observe and analyze not only what Germans say, but how they say what they say and how they manage conversations for successful communication in the language. This book represents the first attempt to include functional listening in a conversation text.

REDEN, MITREDEN, DAZWISCHENREDEN is:

user-oriented. Because of its workbook format, it is a learning tool to be developed and used by the students. Since it will contain their own individual observations, notes and meaningful vocabulary, students will want to retain it as a useful conversational compendium.

activity-focused. The students use the language in concrete situations in the immediate environment of the classroom and in the outside world. Although each chapter is centered around a given topic, the primary focus is on the communication functions practiced during the individual, pair or small-group activities. Each activity is clearly defined and its interactional format well specified.

interactional. The workbook introduces the student to some of the most important communicative strategies needed by speakers and hearers engaged in face-to-face interaction. They are systematically presented in increasing degrees of interactional difficulty.

The first chapters deal with interactional functions such as: opening and closing conversations, requesting and receiving information, planning and organizing things together, expressing and reacting to feelings. These require short turns-at-talk and the use of specific phrases; they are tailored mostly to two conversational partners. Next are functions which require greater listening and reacting skills as well as longer turns-at-talk; they may involve more than two conversational partners. These are: telling of and listening to stories, giving and receiving advice, managing wishes and complaints. Finally, strategies are developed that enable students to conduct conversations in more complex interactional settings; they also require greater linguistic and communicative abilities. These are: expressing and reacting to opinions, introducing and steering topics, arguing and persuading.

All strategies are recycled in various contexts and applied to various conversational topics throughout the book.

student-centered. Rather than having to focus on the teacher in conversational exercises, the students learn how to take greater control over their own and others' discourse.

The organization of each chapter reflects this student-centered approach.

HÖREN UND VERSTEHEN Students *gather* functional and lexical resources. They identify specific interactional strategies used by native speakers in natural conversations (see accompanying cassette).

WORTSCHATZERWEITERUNG Students take stock of and expand on the vocabulary they already know through associative and brainstorming techniques. This reassures them of their knowledge and of their ability to say more with limited resources.

DU UND ICH Students *practice* conversational strategies and useful phrases by conducting interviews and fact-finding activities in pairs.

GRUPPENAUFGABEN encompasses role-play and problem-solving activities in small groups.

UND JETZT LOS! concludes each chapter. Students now *apply* their interactional skills to the more general setting of the classroom and of the outside world. They observe and manage discourse in real-life situations.

The following symbols are used throughout the book to indicate the nature and scope of an activity:

Listening exercise

Dyad: students interact with only one other person

Small group: individuals in small groups develop listening, turn-taking, and interruption techniques

One-centered: one student is in the spotlight, while others interact with him/her individually.

Peer observer: one student observes a dyad or a small-group interaction and reports on communication strategies used.

Group-to-group: members of each small group interact with each other and with members of another small group.

Circular: each student interacts with only one other member of a small group.

REDEN, MITREDEN, DAZWISCHENREDEN is accompanied by a Teacher's Manual which provides a full transcript of the natural conversations recorded on tape. It also contains explanations on how to implement the chapter activities.

Any activities book such as this one owes much to the inspiration provided by friends and colleagues through personal communications or through their publications. We are especially grateful for the inspiration given to us by Edward de Bono's *Think Links*, by Francis Debyser's *Tarot des mille et un contes* and by Gillian Porter Ladousse's ideas for fluency. We have adapted some of Walter Lohfert's ideas of communicative games and Steve Sadow's group activities as well as a game by Sandra Savignon. We have gained much from Volker Eismann's resourcefulness and understanding of group interaction. Wim Wenders' film *Alice in den Städten* has provided us with the idea of the fairy-tale told in chapter 6.

Our thanks go also to our students who were willing to try out the activities and helped refine the design of this book. Their enthusiasm encouraged us to explore further ways of giving them greater control over their own conversations and their own learning.

But of course, *REDEN, MITREDEN, DAZWISCHENREDEN* would have never been published without the unwavering support of Charles Heinle and his editor-in-chief Stan Galek and without their openness to bold and innovative ideas in language teaching. To them goes our admiration and gratitude, as well as to Traute M. Marshall for her patient help and advice in the production of this book.

Claire Kramsch
Ellen Crocker

REDEN, MITREDEN, DAZWISCHENREDEN is the first in a series of three conversation textbooks for German, Spanish, and French developed by Heinle & Heinle and a team of recognized foreign language teachers. The books strive to capture the newest ideas from research on the functional syllabus, discourse analysis, receptive skills, and communicative teaching methodology, and to incorporate these elements into an attractive and pedagogically exciting and useful learning instrument.

REDEN, MITREDEN, DAZWISCHENREDEN and its counterparts in Spanish and French are the creative outgrowth of numerous discussions and meetings of the publisher, authors and reviewers. Claire Kramsch, the series editor, has served as the project's leader and unifying force. The help of Jeannette Bragger was instrumental in developing the principles on which the series is based. Ellen Crocker is the co-author of *REDEN, MITREDEN, DAZWISCHENREDEN*; Kenneth Chastain of the University of Virginia and Gail Guntermann of Arizona State University are the authors of the Spanish version; Jeannette Bragger of Pennsylvania State University and Don Rice of Hamline University are writing the French counterpart.

The authors and Heinle & Heinle gratefully acknowledge the contributions of Renate Schulz and Constance K. Knop, and of the following reviewers:

Philipp J. Campana, Tennessee Technological University
Richard C. Helt, University of Arizona
John Lalande, University of Illinois
Arthur Mosher, University of South Carolina—Columbia
Rainer Sell, University of Michigan—Dearborn

INHALTSVERZEICHNIS

REDEN MITREDEN DAZWISCHENREDEN

Kapitel 1

BACK TRACKING

GAINING TIME

THROWI

SHOWING INTEREST

AGREEING

THE BALL BACK

ASKING FOR CLARIFCATION

BUYING TIME

DAS KONVERSATIONSSPIEL

Conversation is like a ball game. A good player knows how to get the ball rolling, how to catch it, how and in which direction to throw it back, how to keep it within bounds, how to anticipate the other players' moves. These strategies are at least as important as having the right ball and the right equipment.

You might think that you don't have enough vocabulary. You might feel that your grammar is too weak. But that shouldn't prevent you from playing the conversation game. What you need are communication strategies. They help native speakers and non-native speakers alike to communicate in real life. In the classroom you cannot do without them when you want to converse with your fellow students.

If you watch the students who speak a lot, you will observe that they don't always know German better than other students; they do, however, make good use of the little they know: they make others talk by asking for clarification or offering interpretations, they build on what others have said, they buy time to think or find alternate ways of saying things, they know how to sound fluent even if they are not. In short, they have strategies to manage the conversation. You too can learn the secrets of good conversation management in German.

Here are sample conversations between two native speakers of German. Observe the various strategies used. You will find that you use similar strategies when you speak English.

1

OBSERVATION

INTERVIEW WITH AN APPRENTICE

	B. . . . ich arbeite in der Metallindustrie
asking for clarification	A. Ja—warum haben Sie gerade diesen Beruf
explanation	gewählt—also Metallindustrie?
buying time	B. Das war eigentlich irgendwie auch mal mit—mein Traumberuf war—ich wollte gerne
expanding with specifics	arbeiten und zwar nicht gerade geistig, sondern mehr körperlich.
acknowledgment and interpretation with "also"	A. Ja—also kann man sagen, daß Sie ihn selbst gewählt haben, diesen Beruf?
echo confirmation	B. Ich habe diesen Beruf selbst gewählt.
acknowledgement and questions	A. Ja—und was macht zum Beispiel Ihr Vater? und ist Ihre Mutter auch berufstätig?
	B. Nein—meine Mutter ist nicht berufstätig, aber mein Vater ist Vermessungsingenieur im öffentlichen Dienst.
acknowledgement and request for clarification	A. Ja—können Sie das vielleicht etwas näher erklären, was das ist, ein Vermessungsingenieur?
	B. Ein Vermessungsingenieur das ist—im öffentlichen Dienst, das wär' bei der Bundeswehr—er vermißt sozusagen die Landkarten, die ja auch später hergestellt werden.
acknowledgement and question	A. Ja—ja. Leben Sie noch bei Ihren Eltern?
echo confirmation	B. Ja, ich lebe noch bei meinen Eltern—aber—
completing the sentence by offering interpretation	A. es gefällt Ihnen nicht mehr so recht.
	B. Es gefällt mir nicht, weil—ich habe—dementsprechend mehr Aufgaben zu Hause noch zu tun.
acknowledgement and offering interpretation	A. Ja—müssen Sie da helfen—oder?
	B. Helfen weniger, aber es fallen so Arbeiten an wie Reparaturen, die so im Haushalt vorkommen.
acknowledgement and interpretation with "also"	A. Hm, hm—und Sie würden also vielleicht lieber allein wohnen and unabhängig sein.
linking to A's interpretation	B. Allein wohnen schon, aber ganz unabhängig—das, glaub' ich, ist in meinem Alter noch zu früh.
acknowledgement and offering interpretation	A. Ja—und vielleicht ist Ihr Einkommen auch nicht so hoch. Wieviel verdient so ein Lehrling?
	B. Also—

FREE-FOR-ALL CONVERSATION

throwing the ball with a starter	A.	ich möchte noch was sagen. Die BILDZEITUNG schrieb gestern, 81% der Jugendlichen haben bei einer Umfrage erklärt, daß sie die Kommune ablehnen und sogar darüber—sie sogar verspotten. Das steht in der BILDZEITUNG von gestern.
echo (interrupting with partial repetition)	B.	Verspotten?
	A.	Verspotten. Der Ausdruck ist gebraucht worden und
interrupting with marker	C.	Und Moment—Augenblick—wer geht denn in—wer bildet denn Kommunen? Du sagtest vorhin . . .
trying to take the floor	B.	Also ich finde überhaupt, die Kommunen . . .
taking the floor with an opinion marker	C.	Also darüber müssen wir uns doch ganz klar sein—die BILDZEITUNG hat einen rein propagandistischen Effekt.
countering with a marker	A.	Na ja—anderseits wollen diese Leute, die in Kommunen leben, an ihren Kindern wieder gutmachen, was ihre Eltern falsch gemacht haben.
asking for clarification	B.	Wie meinst du das?
starter and opinion marker	A.	Also ich meine, daß diese ganzen Probleme, die manchmal zwischen Kindern und Eltern entstehen, einfach darin liegen, daß diese Institution Ehe und Familie meines Erachtens schädlich ist; ich könnte mir vorstellen . . .
interrupting with echo	B.	Schädlich?
asking for clarification	C.	Wieso schädlich?

COMMUNICATION WITHOUT WORDS

The following exercises will help you become more aware of communication strategies.

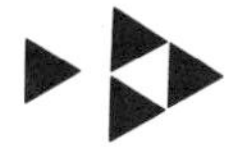

BLINDEKUH

You are blindfolded. The teacher whispers a number in the ear of each student (1, 2, 3, 4 etc.). Line up against the wall in the numerical order given to you by the teacher, without speaking, using only your sense of touch.

ZEICHENSPRACHE

Turn to your neighbor. Using gestures only, ask him/her six questions. Your neighbor has to guess what the question is and answer with gestures only. Write down in German the information given and check with your partner whether this information is correct.

Example:
Pointing to the wristwatch with questioning expression: («*Wie spät ist es?*»)
Show of fingers: («*Halb zehn.*»)

1. ______________________
2. ______________________
3. ______________________
4. ______________________
5. ______________________
6. ______________________

SYNCHRONISIERT

Get into groups of four. In front of the class, two students of each team improvise a two-minute mime of a given situation, while the other two group members provide the sound-track.

Suggestions:

- beim Friseur (Friseur/Friseuse; Kunde/Kundin)
- im Lebensmittelgeschäft (Verkäufer(in); Kunde/Kundin)
- beim Arzt (Arzt/Ärztin; Patient(in))
- im Kino (Zuschauer; Zuschauer)

memory

Moment mal!	Just a minute!
Unverschämt!	What nerve!
Raus!	Get out of here!
Es ist mir egal.	I don't care.
Was? Wie bitte?	What? Excuse me?
Das geht Sie gar nichts an.	It's none of your business.

THE SPEAKER-LISTENER TEAM

The pleasure of a conversation lies in the conversation itself. There are no right or wrong moves, no winners, no losers. Good conversation, especially between non-native speakers, is the result of the cooperation of both speakers and listeners. As a listener you catch the ball, as the next speaker you decide how to throw it back. You use your partner's move to shape your own. Very often, ideas get clarified and trigger off new ideas simply by being verbalized. Your aptitude to play the game will depend on your ability to listen and understand what the others say, to explore and verbalize further the ideas of others, and add to them or contrast them with your own.

1

CATCHING THE BALL

An interested, responsive listener makes a good conversation partner.

▶◀ HÖRST DU ZU?

Groups of two. Holding eye contact the whole time, students talk to each other at the same time. Neither is interested in what the other is saying; each concentrates on his/her story. Try and get your partner to stop talking and listen to you. Don't stop talking!

Sample topics: Sie versuchen, Ihrem Partner Ihr Fahrrad zu verkaufen.
Das Schrecklichste, was Ihnen je passiert ist.
Time limit: one minute

✽ SHOWING INTEREST: As a listener it is your obligation to show signs of acknowledgment, agreement, surprise, doubt, disbelief, etc. These help the speaker know when he/she is understood, and serve as encouragement to go on. Keep eye contact with the speaker, show by nodding your head or by other facial expression that you are interested. You may use:

memo

FOR SURPRISE:	FOR ACKNOWLEDGEMENT:	FOR AGREEMENT
Wirklich?	**Ja—ja.**	**Genau!**
Tatsächlich?	**Ja?**	**(Das) stimmt!**
(partial repetition)	**Und dann?**	**Ja, du hast recht!**

✽ ASKING FOR CLARIFICATION: Since the conversation is dependent on your feedback, you can catch the ball by asking for clarification or additional information:

Wie war das?
Ich hab' das nicht verstanden.
Moment mal, kannst du das noch mal sagen?
Wie meinst du das? Ich verstehe das nicht.
Kannst du das näher erklären?

You can also ask for clarification by offering your own interpretation of what you heard or by suggesting an example:

Du meinst . . .
Also . . .
Also, du meinst, zum Beispiel . . .

HELPING THE SPEAKER: In conversations between two non-native speakers (or even between native speakers), the listener frequently helps the speaker complete a sentence if he/she is searching for the right phrase. Guess what word(s) the speaker is searching for and offer some help.

Example: A: Wann bist du . . . ?
B: Geboren?
A: Ja, wann bist du geboren?

WIRKLICH?

Find a partner. Tell him/her a real or imaginary dream you had, while your partner gives you enough feedback to help you along. The feedback should show genuine interest. Start with: «Ich hatte neulich einen Traum . . .»

THROWING THE BALL

TAKING THE FLOOR: If you want to take the floor, but don't know how to step in, don't raise your hand. Just look at the previous speaker and use any of the following starters to attract his/her attention and, possibly, interrupt.

memo

Ja, also . . .
Ja, weißt du . . .
Ja, Moment mal . . .
Ja, ich möchte was sagen . . .
Ja, ich muß was dazu sagen . . .
Noch etwas: . . .

GAINING TIME: If you need time to think, show the others that you might have something to say. Use any of the following hesitation markers, or a combination thereof, then give your opinion:

memomemor

nun. . .
also . . .
na ja . . .
tja . . .
eigentlich . . .

STATING OPINION:

Ich finde . . .
Ich meine . . .
Ich denke . . .
Ich bin überzeugt, daß . . .
Meiner Meinung nach
Meines Erachtens
Ich finde nicht . . .
Das stimmt nicht . . .
Ich bin ganz anderer Meinung . . .

(Do not use *"Ich glaube,"* unless you are not sure that what you're saying is right!)

1

✽ THROWING THE BALL BACK: When you have taken your turn, throw back the ball by adding *nicht?* or *oder?* at the end of a sentence, or by offering the next turn to a person of your choice.

Examples: Das ist doch eine Unverschämtheit, nicht?
Ich finde, das ist eine prima Idee, oder?
Der Film hat mir gut gefallen, und dir? Was meinst du?
Sie finden das doch auch, nicht wahr?

✽ DIRECTING THE CONVERSATION: Attract the attention of your partner and direct the conversation using the above-mentioned strategies.

LÄSTIGER BESUCH

Sie sind mit Ihrem Freund in einer Bar und erzählen sich Ihre neuesten Abenteuer. Ein Bekannter kommt zu Ihnen und will Sie unterbrechen. Sie wollen auf keinen Fall mit ihm sprechen, und Sie reden weiter, als ob er nicht da wäre.

Sie sehen Ihre beiden Freunde in der Bar sitzen und wollen unbedingt mit ihnen sprechen. Sie gehen hin und versuchen, in die Unterhaltung einzusteigen.
Time-limit: 2 minutes

Bald darauf kommt ein Bekannter zu Ihnen und will Ihnen wieder einen seiner dummen Witze erzählen. Sie müssen alles tun, damit er Ihnen seinen Witz nicht erzählt.

Sie gehen zu Ihrem Bekannten und erzählen ihm den neuesten Witz, den Sie gehört haben. Sie müssen ihn zum Lachen bringen.
Time-limit: 2 minutes

KEEPING THE BALL ROLLING

❋ AGREEING: If someone else has already said what you were going to say, don't be silent. Give your support by re-stating what has been said. The speaker will feel acknowledged and may later do the same for you. Use:

memo

Ja, das finde ich auch.
Du hast recht.
Ja, wie X gesagt hat, . . .
Ich bin derselben Meinung wie X.
Ich bin ganz deiner Meinung.

❋ BACKTRACKING: If the conversation has moved beyond the point where you had something to say, it is your right to return to that point, even if it seems no longer relevant. Use a starter (*also . . . , ja . . .*) possibly a mitigator (*Entschuldigung, aber . . .*) and then:

memo

Zurück zu der Sache mit . . .
Zurück zu dem, was du vorhin gesagt hast. . .
Ich wollte noch einmal von dem sprechen, was. . .

1

❋ BUYING TIME: Resourcefulness and imagination are important to make you sound fluent. To keep the floor, you need time to think while talking. Buy time with such fillers as:

memo

eigentlich . . .
irgendwie . . .
sagen wir mal . . .
also . . .
wie soll ich sagen . . .
ja, ich meine . . .

Then try another route. Observe how a native speaker struggles to get a message across with fillers and paraphrases. This is a student trying to describe the difficulty she has in understanding a particular text.

«. . . also . . . ich finde . . . es ist eigentlich . . . sagen wir mal . . . viel unverständlicher zu lesen . . . also . . . wie soll ich sagen . . . es ist so schwer, den Gedanken zu bekommen . . . ja . . . ich meine . . . man muß öfter hinsehen . . .»

PEINLICHE ANGELEGENHEIT

Sie bewerben sich um eine Stelle als Kellner oder Tellerwäscher. Sie wollen beim Interview so lange wie möglich verschweigen, warum Sie Ihre letzte Stelle verlassen haben (man hat Sie nämlich heraus-geworfen, weil Sie Geld gestohlen haben!) Sie versuchen, das Thema zu vermeiden, *ohne zu lügen.*

Sie interviewen den Kandidaten für eine Stelle als Kellner oder Tellerwäscher. Sie trauen ihm nicht. Ver-suchen Sie heraus-zufinden, warum er seine letzte Stelle verlas-sen hat.
Time-limit: 3 minutes

❀ PARAPHRASING: If you want to keep the attention of the listeners while you are searching for a word, don't be silent! Ask for help from your partners (*Wie sagt man* "to reign"?), and let them make suggestions. Use a paraphrase (*Solange der König König war / auf dem Thron war*), an explanation, or an English word.

VERSUCH'S MAL ANDERS

How many paraphrases can you find, if you don't know the exact word?

Example: Ich bin *(tired)*—ich meine, ich möchte am liebsten schlafen.

Try to find at least one paraphrase for the word in parentheses:

- Außer Deutsch habe ich noch vier andere (*subjects*) . . .
- Ich finde, dieser Mensch ist (*conceited*) . . .
- Sein Chef hat ihm (*a raise*) versprochen . . .
- Alexander hat Indien (*conquered*) . . .
- In Deutschland ist es nicht (*customary*), abends warm zu essen . . .

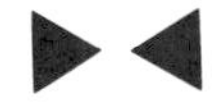

WIE BITTE?

Der Computer hat für Sie einen deutschen Partner gefunden. Sie rufen Ihren Partner an. Da die Verbindung sehr schlecht ist, müssen Sie immer um Wiederholung seiner Antworten bitten, und für alles, was Sie sagen, eine Paraphrase oder Erklärung geben.

Sie sind Deutscher. Sie bekommen einen Anruf von einem Amerikaner. Sie verstehen gar nicht, worum es geht. Da die Verbindung sehr schlecht ist, müssen Sie immer wieder um Wiederholung bitten und für alles, was Sie sagen, eine Paraphrase oder eine Erklärung geben.

memome

Wie alt sind Sie?
Welche Schulbildung haben Sie?
Was sind Sie von Beruf?
Wo sind Sie beschäftigt?
Was machen Sie in Ihrer Freizeit?

Wie bitte?
Wie war das?
Was meinen Sie?
Ich verstehe Sie kaum!

1

✽ EXPANDING A POINT BY ASSOCIATION: Are you running out of things to say after one sentence? Keep yourself in the game by showing different aspects of the topic, adding specific details, giving examples. The following activity will help you practice expanding a topic by association.

ASSOZIATIONSFELDER

Here are topics for conversation:

- Haustiere
- Fremdsprachen
- Märchen
- Schule
- Ferien
- das Wetter
- Essen in Deutschland
- Kleidung
- Fernsehen
- Kinder
- Spiele
- your topic

Form groups of three. Two groups choose the same topic. Each group writes down as many aspects of this topic as it can think of. Compare your lists. Time limit: 5 minutes.

Example: Die Mode

Damenmode/Herrenmode — Die Mode ist schön. — Alle tragen dasselbe. — Mode als Kunst — Kunst als Mode — Wer profitiert von der Mode? — Mode als Mittel zur Diskriminierung — Mannequins — Werbung usw.

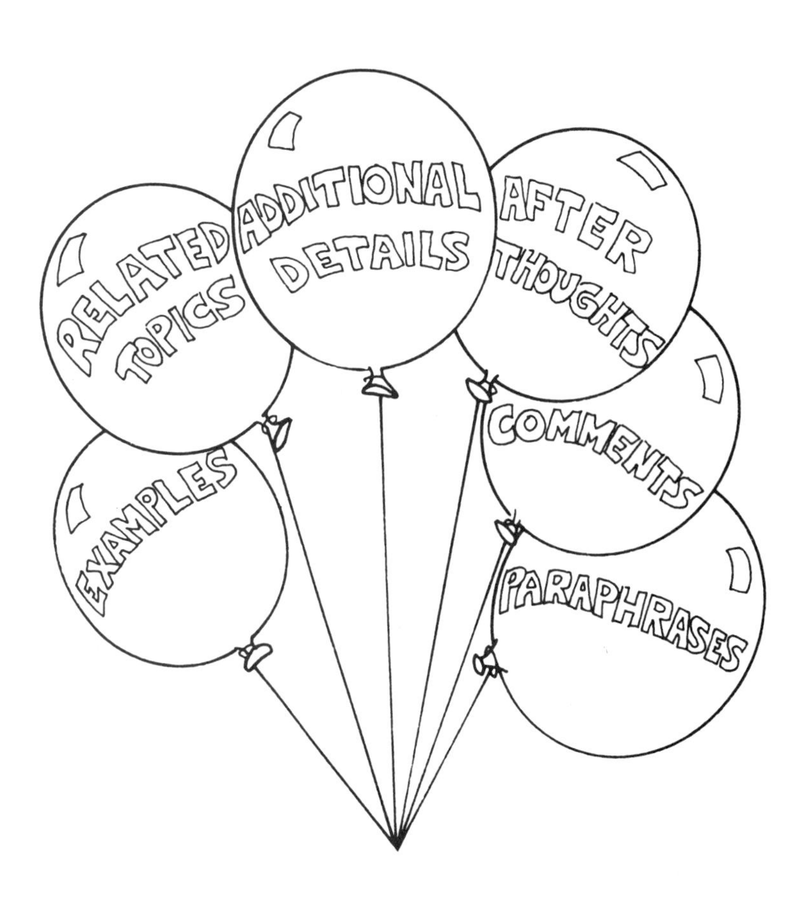

✽ EXPANDING A POINT BY ANALOGY AND CONTRAST: You can also direct the conversation by finding logical links to what others have said. For this you need to find analogies and contrasts with other related areas on which you have something to say. The following exercise will activate your imagination.

BRÜCKEN SCHLAGEN

Groups of three. Each student picks three objects at random from the list at the end of the chapter. Write them out on different cards or draw them, preferably with colors. Put the nine cards in a row. Discuss how you can rearrange the order of the cards so that you can demonstrate some link between any two adjacent cards in the row. Links may be: color, size, shape, usage, value, consistency, symbolism. The different objects need not tell a story.

Example:
Ambulanz—Kinderwagen: beide haben vier Räder oder in beiden liegen hilflose Menschen.

Kinderwagen—Kette: die Kette ist die Bindung zwischen Mutter und Vater, die das Kind geschaffen hat.

See how many links you can find in ten minutes. Write them down and present your sequence to the class. Have them guess what your links are.

HILFE!

Groups of two. You will find at the end of this chapter a list of items, as well as a list of problems to solve. While your partner picks five items at random from the list, choose one of the problems. Draw the five items on five different cards, using colors if possible. Discuss with your partner which three items seem to be the most appropriate to solve the problem. Use the strategies mentioned above in your discussion.

Example:
For problem 3, the randomly chosen objects *Huhn, Besen, Auto, Schnürsenkel*, and *Schmetterling* might be used in the following manner: Du nimmst das Reserverad vom Auto, bindest es mit dem Schnürsenkel an den Besen fest und wirfst alles dem Jungen zu. Der Besen ist länger als das Rad und der Junge kann damit leichter das Rad erreichen. Du hast dann Zeit, Hilfe zu suchen.

Write down your solution, report to the class, and compare it with the solutions offered by the other groups to this or other problems.

Problem (in Stichworten): ______________________________

Drei Gegenstände: ______________________________

Lösung: ______________________________

____

____

TAKING ACTION

You can now use all the means of communication at your disposal to direct a conversation the way you want.

SKETCHES

Each student prepares six slips of paper: three describing a person (e.g., *ein Busfahrer, eine Hexe, ein Luftpirat . . .*); one bearing the name of a place (*auf einem Schiff, im Wald . . .*); one indicating a time (*um Mitternacht, nachmittags, 1945, um 20.00 Uhr . . .*); one indicating the weather (*bei Nebel,*

1

bei Sturm, im Schnee . . .). The slips are put into four different boxes. The students form groups of four or five. A representative of each group comes and takes one slip from each box, except for the person box, from which three slips are taken. Each group has to construct and act out a short skit using the information on the slips.

REDEWEISEN

In groups of three, choose a situation and a profile. Act out a short skit in which you direct the conversation according to your profile.

An der Bushaltestelle:
- jüngere Baronin: sehr gesprächig, sehr höflich
- siebzigjähriger Mann: schwerhörig
- Betrunkener: will immer grob unterbrechen

Bei einer Party:
- deprimierter junger Mann, der seine Stellung verloren hat
- Psychoanalytiker: wiederholt immer nur, was die anderen sagen
- ältere Dame: weiß immer, was man tun soll

Im Warteraum beim Arzt
- junge Frau: kann immer nur von sich reden
- älterer Professor: hat über alles eine Meinung
- stummes zehnjähriges Kind: kann nur mit Gesten reden

Beim Mittagessen in der Mensa
- Student(in): schlecht gelaunt, sucht Streit
- Student(in): erzählt, was er/sie am Morgen in der Universität gemacht hat
- Student(in): versteht sehr wenig Deutsch, muß sehr viel nachfragen

AND NOW. . . DURING CLASS:

See how many of these strategies you can use with the teacher and your fellow students in the course of class activities. Write down below the German expressions you have remembered from this chapter. Make a point of using them in the chapters that follow.

Strategies	Expressions needed
1. listener feedback	______________
2. asking for clarification	______________
3. helping speaker in difficulty	______________
4. taking the floor	______________
5. gaining time to think	______________
6. throwing back the ball	______________
7. re-statement or repetition	______________
8. returning to a previous point	______________
9. asking for help	______________
10. offering clarification through paraphrase	______________

1

HÖREN UND VERSTEHEN

ÜBUNG 1

Listen to this 30-second sample of an informal conversation between two native speakers of English. Observe how the speakers take turns, how each acknowledges what the other has said, how they use redundancies and fillers to gain time to think while speaking, how they elaborate on the topic at hand. Make a transcription of what you hear and write your observations in the margin. Compare your interpretation of what was done with that of your other classmates. Discuss your different perceptions in groups of three.

ÜBUNG 2

Listen to an interview between a reporter and a young apprentice in metallurgy. Follow the transcription on p. 4, then transcribe the remaining dialogue and anlayze what each speaker does with his/her turn. Gloss your transcription in English in the margin. Discuss your glosses with a partner.

ÜBUNG 3

Listen to an informal conversation among three students discussing the pros and cons of living in a commune. Follow the transcription on p. 5, then transcribe the remainder of the conversation. Analyze how each person takes the floor and what each speaker does with his/her turn. Gloss your transcription in English in the margin. Discuss your glosses with a partner.

List of items (see Brücken schlagen, p. 15)

die Ambulanz
die Antenne
der Apfel
der Astronaut
das Auto
die Badewanne
der Ball
der Baum
der Besen
das Blatt
der Bleistift
die Blume
der Briefkasten
die Brille
die Brücke
das Buch
die Büroklammer
die Bürste
der Eimer
eine Eins
der Elephant
die Erdbeere
der Fernsehapparat
der Fisch
die Flasche
das Flugzeug
der Fluß
eine Fünf
der Fuß
das Geld
die Gitarre
die Glocke
die Glühbirne
der Hammer
die Hand
das Haus
das Huhn
der Kamm
das Kaninchen
die Katze
die Kerze
die Kette
der Kinderwagen
die Kirche
der Knopf
der Korb
die Lederhose
die Leiter
der Magnet
der Mann
die Milch
das Motorrad
die Mülltonne
die Orange
das Papier
die Perle
der Pfennig
das Pferd
die Pistole
der Polizist
das Rad
die Rakete
der Regenschirm
der Rollschuh
die Rutschbahn
die Säge
die Sandale
die Schaufel
die Schaukel
die Schere
das Schiff
der Schlauch
der Schlüssel
der Schmetterling
die Schnecke
der Schnürsenkel
der Schubkarren
der Schuh
die Seife
das Seil
die Socke
der Spazierstock
die Streichholz-
schachtel

der Stuhl	das Tor	der Wecker
die Tasse	der Traktor	der Würfel
das Telefon	die Trommel	die Wurst
der Tisch	die Tür	die Zeitung
die Tomate	der Vogel	der Zug
der Topf	der Wasserhahn	

LIST OF PROBLEMS

1. Eine Katze sitzt ganz oben auf einem Baum und kann nicht mehr herunter. Wie kann man sie herunterholen?
2. Wie könnte man die Leute daran hindern, Autos zu stehlen?
3. Ein Junge ist in den Fluß gefallen und wird von der Strömung weggetragen. Wie kann man ihn retten?
4. Ein Auto ist auf einem Hügel geparkt. Die Handbremse war nicht angezogen, und das Auto fängt an, hinunterzurollen. Wie kann man es aufhalten?
5. Wie läßt sich Ladendiebstahl verhindern?
6. Wie könnte man Autos verkehrssicherer machen?
7. Die Badewanne ist verstopft und der Wasserhahn läßt sich nicht zudrehen. Das Wasser läuft über. Was kann man tun?
8. Wie kann man Blätter im Herbst schneller beseitigen?
9. Wie kann man Fenster leichter und schneller putzen?
10. Wie kann man Zimmerdecken besser und leichter streichen?

Kapitel 2

1.
tüt-tüüt
Wiederhören
Grüss dich!
Öffentlicher
Fernsprecher
BUNDESREPUBL
DEUTSCHLAN
Personalaus
Carte d'Identité
Identity Card
Der Inhaber dieses Ausw
4.
Tschüss!

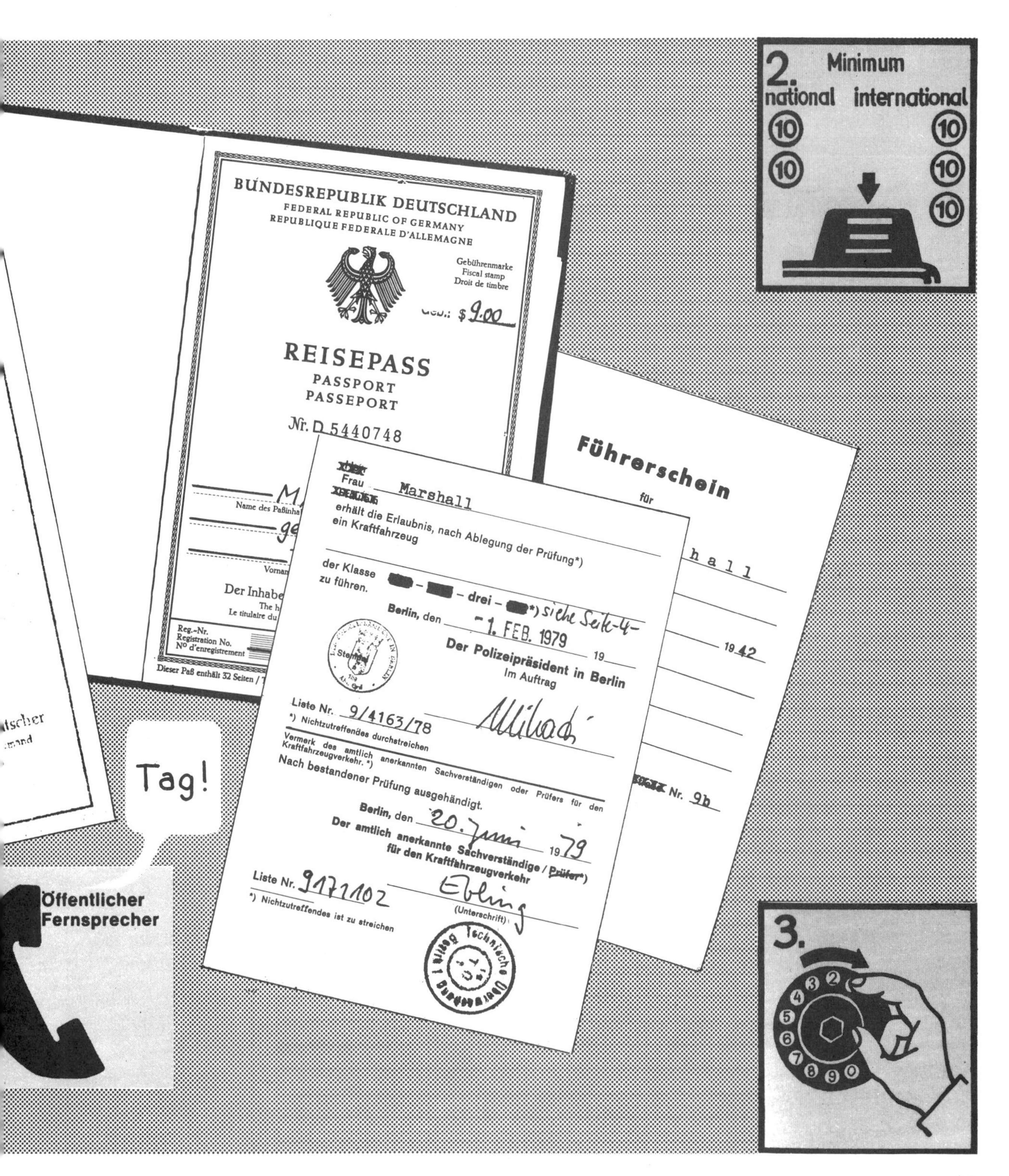

2. Minimum
national international
10
10
10
10
10
BUNDESREPUBLIK DEUTSCHLAND
FEDERAL REPUBLIC OF GERMANY
REPUBLIQUE FEDERALE D'ALLEMAGNE
Gebührenmarke
Fiscal stamp
Droit de timbre
$ 9.00
REISEPASS
PASSPORT
PASSEPORT
Nr. D 5440748
Name des Paßinha
Vornan
Der Inhabe
Reg.-Nr.
Registration No.
N° d'enregistrement
Dieser Paß enthält 32 Seiten /
Führerschein
für
hall
1942
Nr. 9b
Frau Marshall
erhält die Erlaubnis, nach Ablegung der Prüfung*)
ein Kraftfahrzeug
der Klasse
zu führen.
– drei –
*) siehe Seite 4
Berlin, den – 1. FEB. 1979
19
Der Polizeipräsident in Berlin
Im Auftrag
Liste Nr. 9/4163/78
*) Nichtzutreffendes durchstreichen
Vermerk des amtlich anerkannten Sachverständigen oder Prüfers für den Kraftfahrzeugverkehr. *)
Nach bestandener Prüfung ausgehändigt.
Berlin, den 20. Juni 1979
Der amtlich anerkannte Sachverständige / Prüfer*)
für den Kraftfahrzeugverkehr
Liste Nr. 9171102
(Unterschrift)
*) Nichtzutreffendes ist zu streichen
Technische
Tag!
Öffentlicher
Fernsprecher
3.

2

GESPRÄCHE BEGINNEN UND BEENDEN

«Grüß dich!»

HÖREN UND VERSTEHEN

Hören Sie sich das Tonband an und notieren Sie, wie man in verschiedenen Situationen mit verschiedenen Gesprächspartnern Gespräche beginnt und beendet.

IM PERSÖNLICHEN GESPRÄCH

UNTER FREUNDEN

Anfang ______________ **Ende** ______________

Zwei Studenten begegnen sich an der Uni. Es sind alte Freunde, aber sie haben sich schon lange nicht mehr gesehen.

Anfang	Ende
1. Ach grüß dich, wie geht's denn so?	1. Gut, bis morgen dann, tschüß!
______________	______________

Zwei Freunde treffen sich am Flughafen. Helmut holt Martin mit dem Auto ab. Während Martin sein Gepäck holt, wartet Helmut beim Auto.

Anfang	Ende
2. ______________	2. ______________
______________	______________

Zwei Freunde wollen abends etwas unternehmen. Sie treffen sich am verabredeten Ort und besprechen, was sie tun wollen.

Anfang	Ende
3. ______________	3. ______________
______________	______________

UNTER FREMDEN

Vorstellungsgespräch unter Fremden. Herr Franzen kommt zu Frau Kunold. Herr Franzen sucht eine Arbeitsstelle.

Anfang	Ende
4. Guten Tag, Herr Franzen.	4. Recht herzlichen Dank, auf Wiedersehen!
______________	______________

Zwei Freunde werden einander von einer dritten Person vorgestellt, hier bei einer Party.

Anfang	Ende
5. ______________	5. ______________
______________	______________

Zwei Studenten, die sich noch nicht kennen, stellen sich einander vor.

6. ______________________ 6. ______________________

______________________ ______________________

AM TELEFON

UNTER FREUNDEN

Anfang **Ende**

Zwei Freunde planen etwas für den Abend.

7. Hallo Helmut, hier ist Helga. 7. Na ja, tschüß dann!

______________________ ______________________

Zwei Freunde am Telefon. Martin möchte wissen, ob Helga aus Versehen seinen Regenschirm mitgenommen hat. Helga möchte das Geld zurückhaben, das sie Martin geliehen hat.

8. ______________________ 8. ______________________

______________________ ______________________

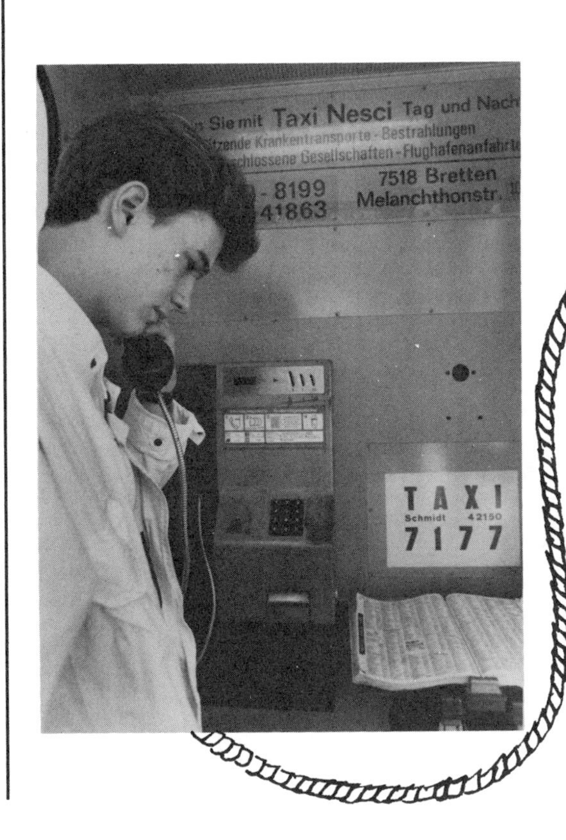

2

UNTER FREMDEN

Zwei Fremde treffen eine Verabredung.

9. Hier Helga Kunold.

____

9. Recht herzlichen Dank, auf Wiedersehen!

____

Helga möchte mit Christa sprechen. Christas Vater antwortet.

10. _______________

____

10. _______________

____

Hier sind zusätzliche Redemittel für Gespräche:

memo

ANFANG	ENDE
Grüß dich!	**Na, gut.**
Tag/Morgen/n' Abend!	**Also gut.**
Grüß Gott!	**In Ordnung.**
Guten Tag/Morgen/Abend!	**Auf Wiederhören.**

«DU» UND «SIE»:

Wer sagt «Du»?

- Kinder, junge Leute, Studenten sagen «Du» zueinander;
- Familienangehörige, gute Freunde in jedem Alter;
- (oft, aber nicht immer) Arbeitskollegen, Mitglieder eines Vereins;
- Erwachsene sagen zu Kindern (bis etwa 14 oder 15 Jahren) «Du»;

Wer sagt «Sie»?

- Kinder zu Erwachsenen
- Erwachsene zu Erwachsenen, wenn diese nicht zur Familie gehören oder gute Freunde sind.

Wann sagt man «ihr»?

- Zu zwei oder mehr Personen, die man gut kennt, sagt man «ihr».

WORTSCHATZERWEITERUNG

Sammeln Sie je vier Wörter oder Redewendungen, die Sie mit den folgenden Themen assoziieren. Schreiben Sie sie auf.

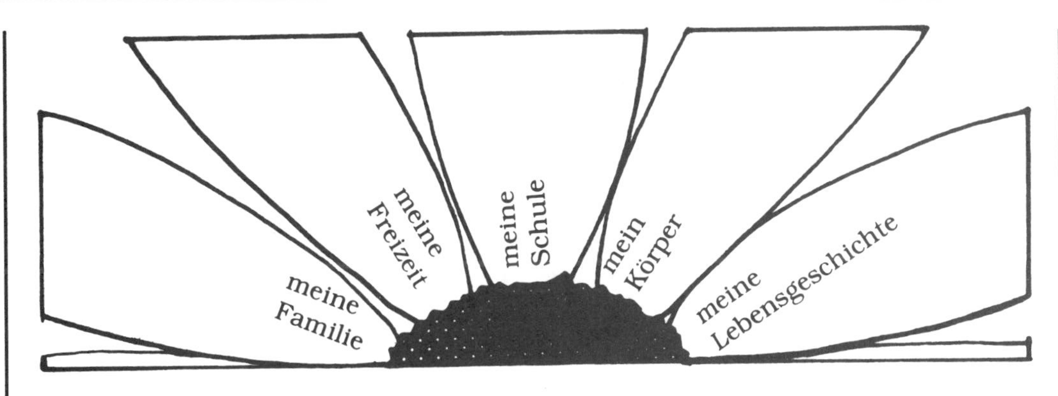

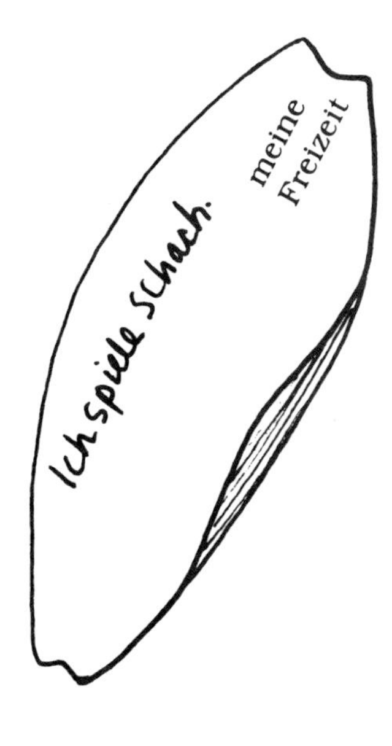

Übernehmen Sie von der Liste Ihrer Klassenkameraden noch vier Vokabeln, die Sie nicht kennen oder die Sie vergessen haben, oder fragen Sie Ihren Lehrer (Ihre Lehrerin) nach vier neuen Vokabeln. Für jedes neue Wort schreiben Sie ein deutsches Synonym oder das entsprechende englische Wort.

Deutsch	Synonym	Englisch
1. ______	______	______
2. ______	______	______
3. ______	______	______
4. ______	______	______

DU UND ICH

SICH VORSTELLEN, BEKANNTSCHAFT MACHEN

Lernen Sie einen Klassenkameraden kennen. Stehen Sie auf, gehen Sie auf ihn (sie) zu und drücken Sie ihm (ihr) die Hand.

memomemomemo

Grüß dich / Tag!	Hi, how are you?
Ich heiße. . . und du?	I'm. . . and you?
Wo kommst du her? Wo bist du zu Hause?	Where are you from?
Ich komme aus . . .	I'm from . . .
Wo wohnst du jetzt?	Where do you live now?
Wie lange bist du schon hier?	How long have you been here?
Ich bin schon zwei Jahre hier.	I've been here for two years.
Ich bin im ersten Jahr.	I'm a freshman.
Wann bist du mit dem Studium fertig?	When do you graduate?
Wie lange hast du Deutsch gelernt?	How long have you had German?
Was ist dein Hauptfach?	What's your major?
Wo bist du zur Schule gegangen?	Where did you go to school?
Was machst du in deiner Freizeit?	What do you do in your free time?

2

Auch so kann man sich begrüßen: «Küß die Hand, gnädige Frau.»

Jetzt gehen Sie und Ihr Partner zu zwei anderen Studenten und stellen sich vor.

memo

Grüß Gott / guten Tag	hello / hi
Darf ich vorstellen: . . .	This is . . .
Freut mich.	Pleased to meet you.

Erzählen Sie ihnen, was Sie voneinander wissen und verabschieden Sie sich mit einem Händedruck.

memo

Tschüß!	So long!
Mach's gut!	Take care!
Auf Wiedersehen!	Good bye!
Schönen Tag noch!	Have a nice day!

Nun kennen Sie drei Klassenkameraden. Schreiben Sie auf, was Sie über alle drei wissen. Wenn Sie ein Detail vergessen haben, fragen Sie ihn (sie) noch einmal.

memo

Wie war das noch mal?	What was that again?
Stimmt das?	Is that correct?

1. Name: ______________ wohnhaft in: ______________

   aus: ______________ Telefonnummer: ______________

   Aussehen: ______________

   Schulbildung: ______________

   Deutsch: ______________

   andere Fächer: ______________

   Freizeit: ______________

   Familie: ______________

   Lebensgeschichte: ______________

2. Name: ______________ wohnhaft in: ______________

   aus: ______________ Telefonnummer: ______________

   Aussehen: ______________

   Schulbildung: ______________

   Deutsch: ______________

   andere Fächer: ______________

   Freizeit: ______________

   Familie: ______________

   Lebensgeschichte: ______________

2

3. Name: ______________________ wohnhaft in: ______________________

aus: ______________________ Telefonnummer: ______________________

Aussehen: ______________________

Schulbildung: ______________________

Deutsch: ______________________

andere Fächer: ______________________

Freizeit: ______________________

Familie: ______________________

Lebensgeschichte: ______________________

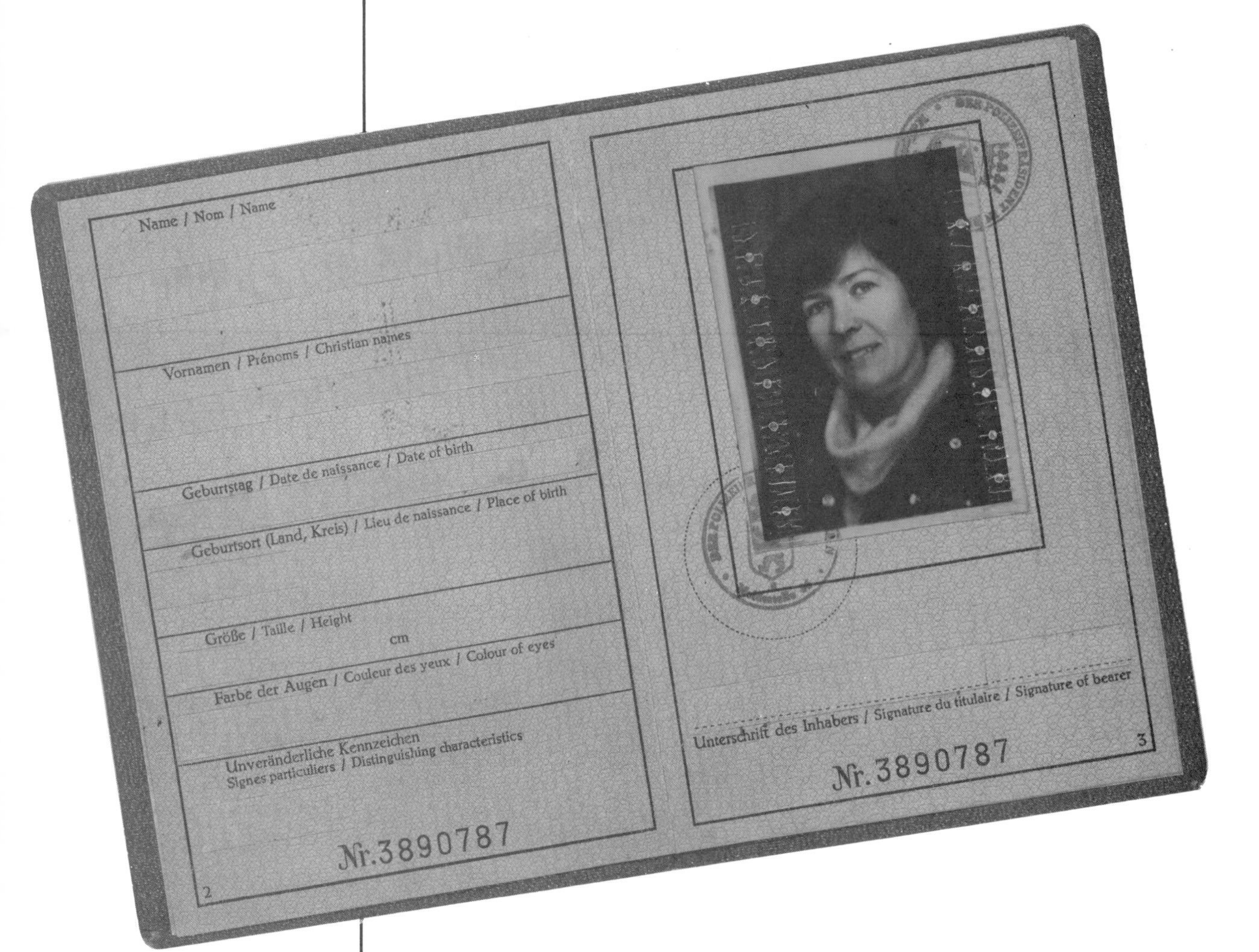

Name / Nom / Name

Vornamen / Prénoms / Christian names

Geburtstag / Date de naissance / Date of birth

Geburtsort (Land, Kreis) / Lieu de naissance / Place of birth

Größe / Taille / Height
cm

Farbe der Augen / Couleur des yeux / Colour of eyes

Unveränderliche Kennzeichen
Signes particuliers / Distinguishing characteristics

Nr. 3890787

2

Unterschrift des Inhabers / Signature du titulaire / Signature of bearer

Nr. 3890787

3

SICH AUSWEISEN

Füllen Sie bitte einen deutschen Personalausweis mit Ihren Personalien aus!

LEBENSLAUF

Schreiben Sie Ihren Lebenslauf in tabellarischer Form nach folgendem Muster:

Personalien	Helen Marie Schmidt geboren am 26. Mai 1965 in Cambridge, Massachusetts
Staatsangehörigkeit	USA
Adresse	117 Fayerweather Street Cambridge, MA 02138
Schulbildung	1971-1980 Volksschule in Cambridge 1980-1983 Cambridge Rindge and Latin High School
Oberschulfächer	Englisch (4 Jahre), Mathematik (3 Jahre), Chemie (1 Jahr), Geschichte (3 Jahre) Deutsch (4 Jahre), Latein (2 Jahre), Informatik (1 Jahr), Physik (1 Jahr)
Studium	1983 — Elektrotechnik am Massachusetts Institute of Technology
Berufserfahrung	Sommer 1981, 1982: bei der Ecotran Chi Corporation in Beachwood, Ohio, als DV-Technikerin. Ich habe Daten gesammelt und verarbeitet, um Schulbusfahrpläne zusammenzustellen
Cambridge, den 16.12.1983	Helen M. Schmidt

GRUPPENAUFGABEN

ROLLENSPIELE

Sie sollen jetzt mit Fremden ins Gespräch kommen. Wählen sie einen Kommilitonen als Gesprächspartner. Entscheiden Sie, ob Duzen oder Siezen richtig ist. Ein dritter Student beobachtet, wie Sie das Gespräch beginnen und beenden und berichtet nachher darüber vor der Klasse. Zeitgrenze für jedes Rollenspiel: 2 Minuten. Bekanntschaft machen: Händedruck, Vorstellung, Gesprächsthemen wie oben S. 25.

Sie begegnen zum ersten Mal Ihrem Nachbarn auf der Straße. Sie lernen ihn kennen . . .

Sie lernen Ihren neuen Zimmergenossen kennen. Sie kommen zur Tür hinein . . .

Sie lernen die achtjährige Tochter Ihrer Hauswirtin kennen, die gerade im Hof spielt . . .

2

Begegnungen: kein Händedruck, keine gegenseitige Vorstellung! Finden Sie ein Thema, mit dem Sie das Gespräch eröffnen können (das Wetter, die Stadt, Sport, Reisen usw). Das Thema soll allgemein bleiben, erst am Ende darf es persönlicher werden.

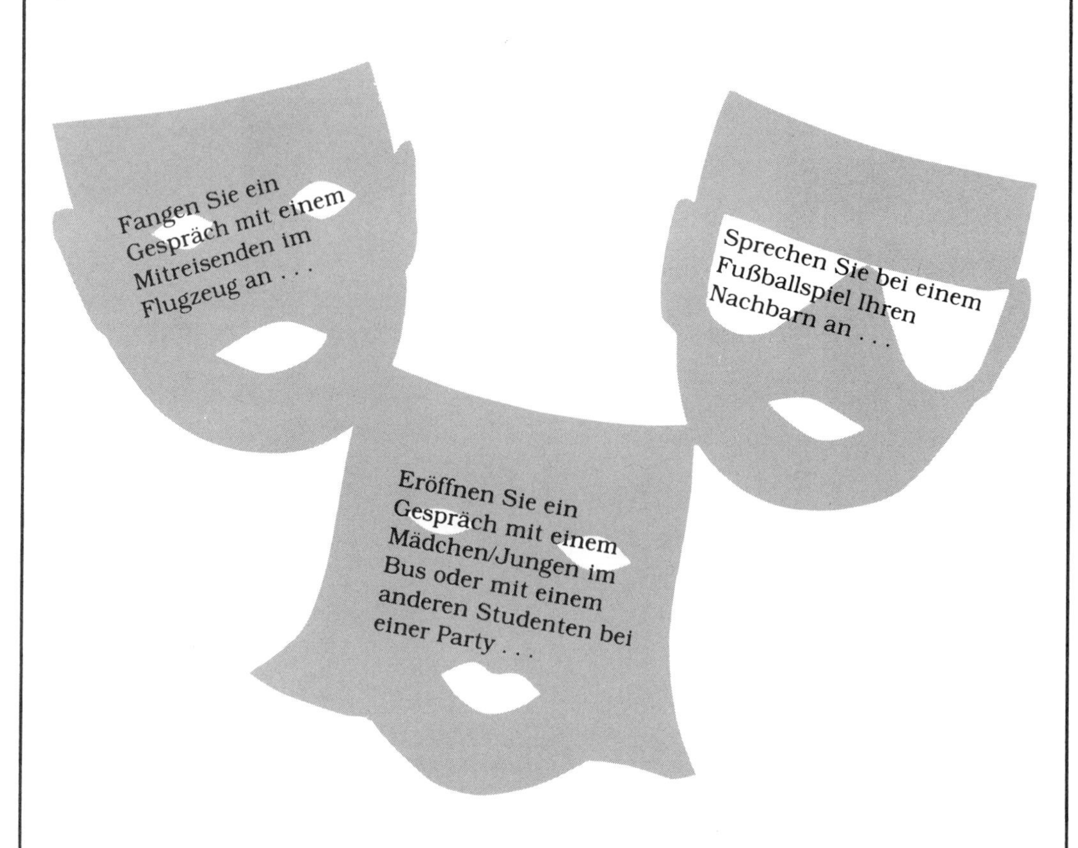

Fangen Sie ein Gespräch mit einem Mitreisenden im Flugzeug an . . .
Sprechen Sie bei einem Fußballspiel Ihren Nachbarn an . . .
Eröffnen Sie ein Gespräch mit einem Mädchen/Jungen im Bus oder mit einem anderen Studenten bei einer Party . . .

«DU BIST JA MEINE FRAU!»

Ihre Familie ist durch den Krieg über die ganze Welt verstreut worden, und die acht Mitglieder sind jetzt auf der Suche nach einander. Sie bekommen vom Lehrer ein Kärtchen, auf dem steht, wer Sie sind und wen Sie suchen. Ihre Karte könnte so aussehen:

Ich	Meine Frau
50	Krankenschwester
Ingenieur	Deutsche
Pole	45
Berlin	2 Kinder
3-Zi. Wohnung	Berlin
2 Kinder	3-Zi. Wohnung

Gehen Sie im Zimmer herum und stellen Sie den anderen Fragen, bis Sie Ihre(n) Verwandte(n) gefunden haben. Fremde sollen Sie siezen—erst duzen, wenn es Verwandte sind! Wenn Sie sie/ihn gefunden haben, gehen Sie gemeinsam auf die Suche nach einem dritten Familienmitglied. Wenn die Familie vollzählig ist, stellen Sie den anderen Ihre(n) Verwandte(n) vor.

Wie heiße ich? Wo komme ich her?

So fragen junge Menschen, die durch Krieg und Flucht von ihren Eltern getrennt wurden und ihre Herkunft nicht kennen.

Wenn Sie helfen können, teilen Sie das bitte dem DRK-Suchdienst, München mit.

Jeder Hinweis kann nützlich sein.

05721 Name unbekannt, vielleicht Harry Fischer, geb. ca. 1942, vermutlich in Eichholz, Krs. Heiligenbeil. Augen blau, Haare schwarz. Befand sich 1945 im Kinderheim „Sonnenstuhl“ in Braunsberg.

06114 Name unbekannt, geb. Ende 1944. Wurde am 3. oder 4. 4. 1945 in Preßburg in der Spittalgasse 45 in einem Kinderwagen gefunden. Darin befanden sich eine Damastdecke mit aufgesticktem Monogramm „M.K.“ und ein Taufbild aus rosa Seide mit silberner Aufschrift.

831 Name unbekannt, vielleicht Senke oder Zenke, Vorname unbekannt, geb. etwa 1943. Augen blau, Haare blond. Könnte aus Westpreußen, dem Wartheland oder Schlesien stammen. Kam im Oktober 1948 mit einem Kindertransport nach Hannover und war vorher wahrscheinlich im Kinderheim eines Klosters untergebracht.

01692 Name unbekannt, Vorname vielleicht Lissy, geb. etwa April 1944. Augen blau, Haare blond. „Lissy“ soll 1945 nach einem Luftangriff auf Dresden in ein Krankenhaus in Teplitz-Schönau gekommen sein. Es wird vermutet, daß es sich bei Lissy um ein Kind einer Familie handelt, die aus dem ostpreußischen Raum stammt und nach Sachsen evakuiert wurde.

2

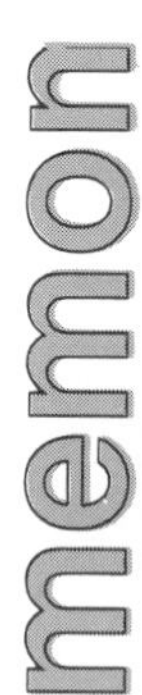

Ich möchte Sie was fragen ...	I would like to ask you a question ...
Was sind Sie von Beruf?	What kind of a job do you have?
Darf ich fragen, (wie alt Sie sind?)	May I ask (how old you are)?
Sind Sie etwa ...	Do you happen to be ...
Du bist ja meine Frau!	Why, you're my wife!

STELLENANGEBOTE

Hier ist eine Liste von authentischen und fiktiven Stellenangeboten aus der Zeitung. Entscheiden Sie in kleinen Gruppen, für welches Angebot Sie Kandidaten interviewen wollen. (Man braucht eine gerade Zahl von Gruppen.)

Gesucht

- Mitbewohner für eine Wohngemeinschaft
- Fünfter in einer Segelmannschaft, die rund um die Welt segeln will
- Mittäter für Bankeinbruch
- Schülervertreter bei der Schulverwaltung
- Ersatzmann, der beim Abschlußball die Freundin begleiten soll
- Kaufhausdetektiv(in)
- Ungelernter Mitarbeiter in der Mensaküche
- Mitfahrer von New York nach San Francisco
- Gärtner für städtischen Friedhof
- Butler im Diplomatenhaushalt
- Empfangsdame im Luxushotel
- Luftpirat für Vier-Mann-Luftpiratenteam
- Vierte Person für eine Campingtour
- Clown für Wochenendkurse in Lachtherapie

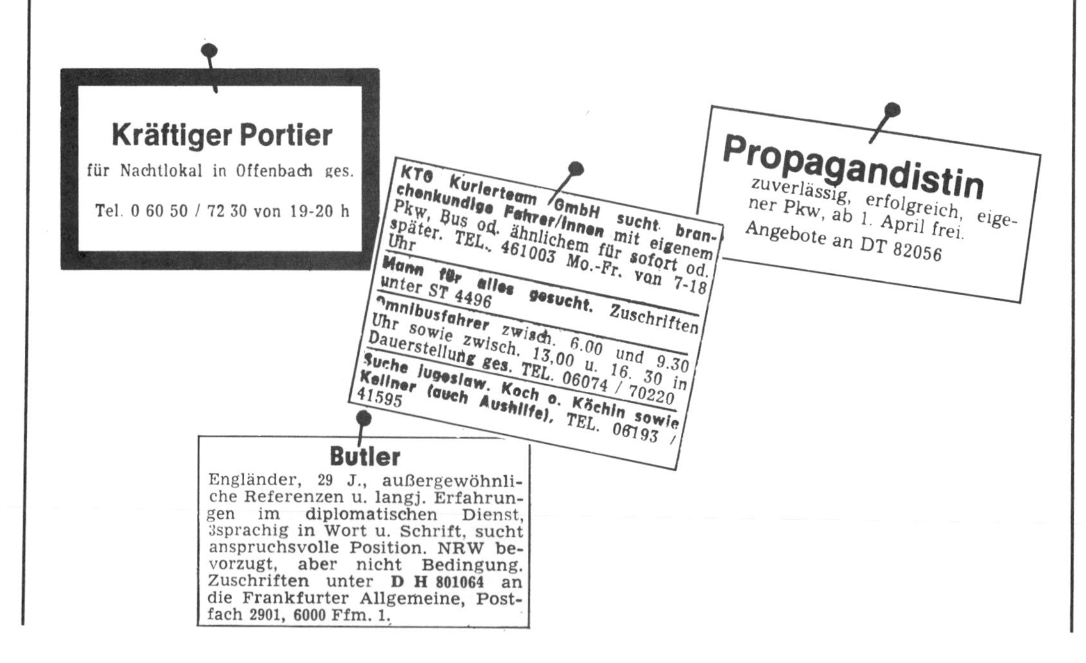

Kräftiger Portier
für Nachtlokal in Offenbach ges.
Tel. 0 60 50 / 72 30 von 19-20 h

KTG Kurierteam GmbH sucht branchenkundige Fahrer/innen mit eigenem Pkw, Bus od. ähnlichem für sofort od. später. TEL. 461003 Mo.-Fr. von 7-18 Uhr

Mann für alles gesucht. Zuschriften unter ST 4496

Omnibusfahrer zwisch. 6.00 und 9.30 Uhr sowie zwisch. 13,00 u. 16. 30 in Dauerstellung ges. TEL. 06074 / 70220

Suche jugoslaw. Koch o. Köchin sowie Kellner (auch Aushilfe), TEL. 06193 / 41595

Propagandistin
zuverlässig, erfolgreich, eigener Pkw, ab 1. April frei.
Angebote an DT 82056

Butler
Engländer, 29 J., außergewöhnliche Referenzen u. langj. Erfahrungen im diplomatischen Dienst, 3sprachig in Wort u. Schrift, sucht anspruchsvolle Position. NRW bevorzugt, aber nicht Bedingung. Zuschriften unter **D H 801064** an die Frankfurter Allgemeine, Postfach 2901, 6000 Ffm. 1.

Wir suchen: ______________________________

Bereiten Sie zusammen das Interview vor. Welche fünf Eigenschaften soll der/die Kandidat(in) haben?

memomem

Der Kandidat muß unbedingt . . .	The candidate has to . . .
Die Kandidatin darf nicht . . .	The candidate shouldn't (be) . . .
«Was würden Sie tun, wenn..	"What would you do if . . ."
mutig	courageous
sauber	clean
erfinderisch	inventive
Phantasie haben	imaginative
stark	strong
gut aussehend	attractive
rücksichtslos	reckless

Eigenschaften

1. ______________________________
2. ______________________________
3. ______________________________
4. ______________________________
5. ______________________________

Für jede Eigenschaft einigt sich Ihre Gruppe auf *eine* Frage, die Sie allen Kandidaten stellen wollen. Setzen Sie sich mit einer anderen Gruppe zusammen. Jeder von Ihnen interviewt jetzt je einen Kandidaten aus der anderen Gruppe. Schreiben Sie die Antworten auf. Berichten Sie Ihrer Gruppe über das Interview.

Interviewfragen

1. ______________________________
2. ______________________________
3. ______________________________
4. ______________________________
5. ______________________________

Name des Kandidaten:

Antwort auf

Frage 1: ______________________________

Frage 2: ______________________________

Frage 3: ______________________________

Frage 4: ______________________________

Frage 5: ______________________________

Entscheiden Sie als Gruppe, welcher Kandidat für die Stelle am meisten, welcher am wenigsten geeignet ist.

Am wenigsten geeignet: _______________ Warum? _______________

Am meisten geeignet: _______________ Warum? _______________

Berichten Sie vor der Klasse. Für welche Stelle haben Sie einen Kandidaten gesucht? Welche Fragen haben Sie gestellt? Welchem Kandidaten haben Sie die Stelle gegeben und warum?

UND JETZT LOS!

MIT EINEM KLASSENKAMERADEN AM TELEFON

▶◀

Notieren Sie sich die Telefonnummer eines Klassenkameraden, den Sie noch nicht kennen. Rufen Sie ihn/sie zu Hause an und lernen Sie ihn/sie am Telefon kennen. Beginnen Sie etwa mit: «Hallo X, hier Y aus der Deutschklasse». Beenden Sie den Dialog etwa mit: «So, das wär's. Wir sehen uns morgen in der Klasse? Also dann, bis morgen, tschüß». (Dieses Gespräch können Sie auch mit einem Studenten aus einer anderen Deutschklasse führen).

Was haben Sie am Telefon erfahren?

Name: _______________ wohnhaft in: _______________

aus: _______________ Telefonnummer: _______________

Schulbildung: _______________

Deutsch: _______________

andere Fächer: _______________

Freizeit: _______________

Familie: _______________

Lebensgeschichte: _______________

MIT EINEM DEUTSCHEN IM GESPRÄCH

a) Machen Sie in Ihrer Stadt oder auf Ihrem Campus einen gebürtigen Deutschen, Schweizer oder Österreicher ausfindig (Foreign Student Office, Restaurant, Fluggesellschaft, Reisebüro, Altersheim, American Field Service). Rufen Sie diese Person auf deutsch an und verabreden Sie sich für ein informelles Gespräch zum gegenseitigen Kennenlernen.

b) Besprechen Sie in der Klasse, was Sie ihren deutschsprachigen Partner fragen wollen:

1. _______________

2. _______________

3. ______

4. ______

5. ______

Welche Fragen erwarten Sie von dem Partner?

1. ______

2. ______

3. ______

4. ______

5. ______

d) Sie treffen sich mit Ihrem deutschen Gesprächspartner. Mit seiner Erlaubnis können Sie das Gespräch auf Tonband aufnehmen.

e) Notieren Sie alle Details Ihres Treffens:

DAS TELEFONGESPRÄCH

War der deutschsprachige Partner leicht/ schwer zu verstehen? ______

Waren Wiederholungen nötig? ______

War er höflich/hilfsbereit/unhöflich/kurz angebunden? ______

Wie lange hat das Gespräch gedauert? ______

DER BESUCH

Zeit: ______

Ort: ______

Anwesende: ______

Dauer: ______

Allgemeiner Eindruck: ______

DER PARTNER SELBST

Aussehen: ______

Verhalten: ______

Was Sie über ihn erfahren haben: ______

Was er über Sie erfahren hat: ______

Interessante Bemerkungen, die Sie gemacht haben: ______
Berichten Sie vor der Klasse, wie Ihr Gespräch verlaufen ist.

GESPRÄCHSANALYSE

a) Transkribieren Sie die Eröffnung und die Beendigung des obigen Gesprächs. Vergleichen Sie es mit der Tonbandaufnahme, die Sie am Anfang dieses Kapitels gehört haben.

b) Transkribieren Sie so genau wie möglich fünf Minuten des Gesprächs. Notieren Sie, wie Ihr Partner:

- Fragen stellt. (mit oder ohne Einleitung?)

  ______

2

«Na sowas, Frau Koller, das ist ja unglaublich!»

- beim Sprechen Zeit gewinnt. (siehe Kapitel I)
- reagiert, wenn er etwas nicht verstanden hat.
- sich wiederholt, damit Sie ihn besser verstehen können.

Welche Gesprächsthemen wurden behandelt? Von wem wurden sie eingeführt?

Thema	**von mir eingeführt**	**vom Partner eingeführt**
1. ____	____	____
2. ____	____	____
3. ____	____	____
4. ____	____	____

vokabeln die ich aus diesem Kapitel festhalten möchte

Kapitel 3

Ob
... oder ... im Anzeiger für die Stadt Bern hat Ihr Inserat stets Erfolg!

Goethe-Institut
Lenbachplatz 3 · Postfach 201009
D-8000 München 2
Tel. (089) 5999-200 · Telex 522940

Zeiler AG Köniz

Wir sind ein bekanntes Unternehmen für Werbe- und Verlagsdruck. Unser Betrieb liegt nur ca. 15 Busminuten vom Stadtzentrum Bern entfernt. (118390671

Zur Ergänzung unseres Teams suchen wir einen qualifizierten

Papierschneider

mit einigen Jahren Praxis.
Wir bieten einem zuverlässigen, tüchtigen Mitarbeiter eine gutbezahlte Dauerstelle sowie fortschrittliche Anstellungsbedingungen und Sozialleistungen. Kantine im Hause.

...err Hulliger erteilt Ihnen gerne weitere Auskünfte und freut sich auf Ihren Anruf.

Druck und Verpackung 3098 Köniz
Gartenstadtstrasse 5 ☎(031) 53 04 44

Wir sind ein Unternehmen der Comp... terbranche mit Hauptsitz in Zürich u... suchen für unsere neu eröffnete G... schäftsstelle in Bern einen

Computer-Techniker

mit Erfahrung im Computer-Service s... wie guten technischen Englischkenn... nissen für den Innen- und Aussendien... (Field Service). (243

Falls Sie mit Computern vertraut u... gewohnt sind selbständig zu arbeit... (evtl. sogar eine Lehre als FEAM abg... schlossen haben), erwarten wir gerne I... re Bewerbung mit Zeugnissen.

Adcomp AG Geschäftstelle Bern
Weltpoststrasse 20 3015 Bern
Telefon 031 44 11 11

Für Reinigungsarbeiten suchen wir per sofort eine (24324

Stundenfrau

für 5 halbe Tage pro Woche.

Wohnheim Monbijou, T...

Gesucht auf 1. Juli ode... kunft

dipl. Zahnarztgel...

in Zahnarztpraxis in Be... Französisch- und Italie... erwünscht.

Bewerbungen mit Foto ...

Männer

DAAD

DEUTSCHER AKADEMISCHER AUSTAUSCHDIENST
53 BONN-BAD GODESBERG 1 · KENNEDY-ALLEE 50 · TELEFON 7021

Berner Bauunternehmung sucht

Vorarbeiter/Polier

für den Einsatz und zur Betreuung mehrerer kleineren Bauten + Renovationsarbeiten. Hochbau. Bei Eignung Dauerstelle.

...achleute melden sich ...5-24333 an Publicitas

Die häufigsten ...

Beruf	Zahl
Kfz.-Mechaniker	313
Maschinist	321
Lehrer	358
Maurer	392
Lagerist	400
Groß-, Einzelhandelskaufm.	402
Ingenieur	405
Unternehmer u.ä.	427
Elektriker	434
Landwirtschaftl. Kräfte	596
Techniker	682
Kraftfahrer	686
Polizisten, Soldaten	689
Schlosser	803
Bürofachkräfte	1283

RESTAURANT
ZOLLIKOFEN

Gesucht per sofort oder nach Übereinkunft

Serviertochter

für Speiseservice. Sa./So. frei. Geregelte Freizeit.
R. v. Allmen

...ufen schöne

Gesucht zuverlässige ...

Frau

zum Putzen ...
Tel. 44 ...

i

Kleinere Bank im Zentrum sucht aushilfsweise (05-3056

kaufm. Angestellte

für die Mitarbeit in Kasse und Buchhaltung.
Jeweils Ferienablösung und Dezember/ Januar.

In unsere neue Küchenbrigade suchen wir noch 05-9212

1 Buffetburschen od. -mädchen

Eintritt per sofort.
Arbeitszeiten auf Anfrage.
Bitte richten Sie Ihre Kurzofferte od. telefonieren Sie ab 11.00 Uhr an.

Telefon 22 83 11

Wir suchen ... einkunft in

Jungkoch

Bitte send... werbung an

Hotel Stad...
Speicherga...
3011 Bern
Tel. 22 77 2...

INSTITUTE OF INTERNATIONAL EDUCATION
809 UNITED NATIONS PLAZA, NEW YORK, NY 10017

Lebensmittelbetrieb sucht

Student

für Verpackungsarbeiten vom 5. Juli bis 6. August 1982.

Tel. 031 45 11 18

Servi... Kellner

Telefon 22 69 44, Frl. Rainer.

...erufe in 1000

154 Friseuse
165 Hauswirtschafterin
174 Köchin
195 Groß-, Einzelhandelskaufm.
198 Buchhalterin
203 Sprechstundenhelferin
216 Näherin
220 Warenprüferin, Packerin
289 Krankenschwester
336 Lehrerin
345 Stenotypistin
497 Raumpflegerin
703 Landwirtschaftl. Kräfte
933 Verkäuferin
1802 Bürofachkräfte

Frauen

Wir suchen für unser Notariatsbüro eine

Zu vergeben: In Bern vorhandene

Gesucht nach Vereinbarung

Aushilfe

für 4 Nachmittage pro Woche.
Lager + Verkauf. (05-6235

Reformclub, Zelgstr. 27, Bern
Tel. 55 19 55 (vormitt., Frau Anderegg)

Gesucht per sofort (118135033

Freitag, Samstag oder Sonntag.

INTERNATIONAL ASSOCIATION
FOR THE EXCHANGE OF
STUDENTS FOR
TECHNICAL EXPERIENCE
UNITED STATES

217 AMERICAN CITY BUILDING • COLUMBIA, MARYLAND 21044 • (301) 997-2200
CABLES: IAESTE-Columbiamaryland

Fam. Wenger, Gasthof Rössli,
3144 Gasel bei Köniz, Tel. 84 02 11

Serviertochter Kellner

Aushilfe für abends ab 17 Uhr.

Buffettochter oder Buffetbursche

Bitte melden an:

Vermessungszeichner(in)

für interessante, vielseitige Arbeiten, den Bereich Netzvermessung, Nachführung und Bauvermessung.

Elektromonteur

in junges Team mit angenehmem Arbeitsklima.
Rufen Sie uns an!

Bäckerei — Konditorei
Lunch-Tea-Room
Spitalgasse 37 3001 Bern
Tel. 031 22 36 46

sucht

Serviertochter

3

UM AUSKUNFT BITTEN UND AUSKUNFT GEBEN

«Könnten Sie mir bitte sagen. . .»

HÖREN UND VERSTEHEN

ÜBUNG 1. DIE ARBEITSERLAUBNIS

Eine Ausländerin will bei einer Firma in Deutschland arbeiten. Der Arbeitgeber muß für das Arbeitsamt ein Formular ausfüllen. Hören Sie sich das Tonband mehrmals an. Machen Sie eine Liste von Fragen, die Auskunft über eine Person geben.

Fragen zur Person

1. Wie ist Ihr Name bitte?
2. ______________________________
3. ______________________________
4. ______________________________
5. ______________________________
6. ______________________________
7. ______________________________
8. ______________________________

Notieren Sie folgende Information über die ausländische Arbeitnehmerin.

Name ______________________________

Geburtsname bei Frauen ______________________________

Vorname ______________________________

Geburtsdatum ______________________________

Familienstand: ledig ________ verh. ________ gesch. ________ verw. ________

Adresse ______________________________

Einreisedatum ______________________________

Beschäftigung bei ______________________________

für die Zeit vom ______________ bis ______________

ÜBUNG 2. BEIM VERKEHRSAMT

Sie hören jetzt ein Telephongespräch zwischen einem Touristen und einem Beamten am städtischen Verkehrsamt in Husum. Hören Sie sich den Text

(Möglichst vom Arbeitgeber mit Schreibmaschine auszufüllen)
Antrag auf Erteilung / Verlängerung einer Arbeitserlaubnis
Domanda di rilascio / prolungamento d'un permesso di lavoro
Solicitud de otorgamiento / prolongación de un permiso de trabajo
Çalışma müsaadesi / Çalışma müsaadesinin uzatılması
ΑΙΤΗΣΙΣ ΠΕΡΙ ΧΟΡΗΓΗΣΕΩΣ/ΠΑΡΑΤΑΣΕΩΣ ΑΔΕΙΑΣ ΕΡΓΑΣΙΑΣ

1. Staatsangehörigkeit: U.S.A.
2. Name: Adams
(Bei Frauen auch Geburtsname)
3. Vorname: Lisa
4. geb. am 7 Juli 1950 in Boston Massachu
5. Familienstand: ledig verh. / gesch. / verw. *)
6. Verheiratet mit einem(r) Deutschen: ja / nein *)
7. Wohnung im Bundesgebiet: 8 Mü 13 Adelheidstr. 1
8. Wann zuletzt ins Bundesgebiet eingereist? 6/6 1968
Monat
9. Waren Sie schon einmal im Bundesgebiet beschäftigt?
10. Letzte Beschäftigung im Bundesgebiet? vom —
bei Firma —
11. Letzte Arbeitserlaubnis erteilt vom Arbeitsamt —
12. Aufenthaltserlaubnis ist beantragt *) am 9 Juni
erteilt *) vom 9 Juni 71 bis
durch / bei Landeshauptstadt Münche
13. Arbeitserlaubnis wird beantragt für eine Beschäftigun
Arbeitsamt München
in Thalkirchenstr Straße 54
als Karteil Kraft ab 19.7. b

Lisa Adam
(Unterschrift des Arbeitnehme

Es wird bestätigt, daß der vorgenannte Arbeitnehmer en
gemachten Angaben beschäftigt werden soll.

München, 9.7.71 i.A.
(Ort/Datum) (Unterschrift de

*) Nichtzutreffendes streichen

Ausl. Nr. 1 (Blatt 1) - 171

(Wird vom Arbeitsamt ausgefüllt)
Bundesanstalt für Arbeit I
Arbeitsamt München

Arbeitserlaubnis
gemäß § 19 des Arbeitsförderungsgesetzes (AFG) vom 25. 6. 1969 (BGBl. I Seite 582)

Dem nebengenannten nichtdeutschen Arbeitnehmer wird hiermit die Erlaubnis zur Ausübung
a) der beantragten Beschäftigung *)
b) ~~einer Beschäftigung~~ *)
als
in dem
Betrieb / Gebiet
19.7.
vom 19.7.1971 bis 31.8.1971
erteilt.
München den 20.7.1971
Im Auftrag:

Diese Arbeitserlaubnis gilt nur, wenn die aufenthaltsrechtlichen Voraussetzungen (im allgemeinen Besitz einer Aufenthaltserlaubnis) erfüllt sind. – Sie ersetzt nicht die für die Ausübung einer bestimmten beruflichen Tätigkeit etwa vorgeschriebenen besonderen Nachweise (Diplome, Zulassungen usw.); sie dient auch nicht als Bestätigung beruflicher Kenntnisse und Fähigkeiten.

mehrmals an. Achten Sie darauf, wie die Sprecher um Auskunft bitten und Auskunft geben. Finden Sie je zwei Beispiele.

um Auskunft bitten

1. Ich habe mal eine Frage . . .
2. ______
3. ______

Auskunft geben

1. Aber klar . . .
2. ______
3. ______

3

ÜBUNG 3

Manchmal ist die Person, die Sie um Auskunft bitten, überfragt, d.h. er/sie kann Ihnen keine genaue Auskunft geben. Hier ruft eine Frau beim Fremdenverkehrsamt an, um ein Hotelzimmer zu buchen. Wie umgeht die Beamtin die schwierigen Fragen der Frau? Hören Sie sich bitte das Telephongespräch an und tragen Sie nun ein, wie die Beamtin die Fragen beantwortet.

Man weiß die Antwort nicht

1. Dafür bin ich nicht zuständig.
2. ______________________________
3. ______________________________

Man ist unsicher

1. Ich muß mal gerade nachschauen.
2. ______________________________
3. ______________________________

WORTSCHATZERWEITERUNG

Welche Substantive, Adjektive und Verben assoziieren Sie mit den folgenden vier Begriffen?

die Arbeit

____
____
____
____
____

das Geld

____
____
____
____
____

die Ausbildung

____
____
____
____
____

der Beruf

____
____
____
____
____

Die folgenden Ausdrücke beziehen sich auf den Arbeitsbereich. Wählen Sie für jeden Begriff das beste Synonym.

1. **der Hochschulabschluß**
   a) der letzte Tag der «high school»
   b) der Schlüssel
   c) das Diplom

Bei der Berufsberaterin: «Was ist Ihr Traumberuf?»

2. **der Termin**
   a) das Semester
   b) die Endstation
   c) das Datum für ein Treffen
3. **die Anzeige**
   a) der Finger
   b) der Anzug
   c) die Werbung
4. **das Stellenangebot**
   a) die Zeitung
   b) der Hinweis auf Arbeitsmöglichkeit
   c) der Lohn
5. **der berufliche Werdegang**
   a) ein Spaziergang
   b) der Traumjob
   c) die berufliche Entwicklung
6. **absolvieren**
   a) entschuldigen
   b) beenden
   c) flüssig machen
7. **die Unterlagen**
   a) die Bettwäsche
   b) die Nachbarn
   c) der Lebenslauf, die Zeugnisse u.s.w.

3

8. **das Zeugnis**
   a) die Bescheinigung
   b) die Sache
   c) die Zeitschrift
9. **kündigen**
   a) lernen
   b) kaufen
   c) eine Stelle verlassen

DU UND ICH

EINE UMFRAGE

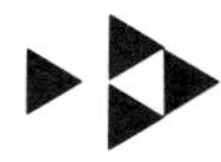

Wählen Sie einen Beruf aus der folgenden Liste. Machen Sie eine Umfrage bei Ihren Klassenkameraden.

- Kennen sie Menschen in diesem Beruf?
- Wenn ja, wieviele Männer und wieviele Frauen?

Berufe	Wieviele?	
	Männer	Frauen
Deutschprofessor(in)	______	______
Zahnarzt, -ärztin	______	______
Biologielehrer(in)	______	______
Sekretär(in)	______	______
Geschäftsführer(in)	______	______
Verkäufer(in)	______	______
Jurist(in)	______	______
Schauspieler(in)	______	______
Friseur(in)	______	______
Postbote, -botin	______	______
Taxifahrer(in)	______	______
Kindergärtner(in)	______	______
Busfahrer(in)	______	______
	______	______
	______	______
	______	______
	______	______
	______	______
	______	______

Berichten Sie vor der Klasse über das Ergebnis Ihrer Umfrage, und tragen Sie die Zahlen für die anderen Berufe in die Tabelle ein.

memo

so ungefähr	roughly, approximately
Ich weiß nicht genau.	I don't know exactly.
Ich kenne gar keine/ überhaupt keine.	I don't know any at all.

STELLENKNAPPHEIT

Es gibt wenige Stellenangebote in Ihrem Fachgebiet und Sie meinen, als Frau bzw. Mann haben Sie besonders gute Chancen. Suchen Sie sich einen Beruf aus (siehe Liste S. 44) und erklären Sie einem anderen, warum Sie für diesen Beruf besonders geeignet sind. Spielen Sie Arbeitgeber und Arbeitssuchender am Telefon.

Arbeitgeber: Sie haben Ihre Zweifel, ob diese Person die richtige ist. Versuchen Sie, möglichst oft zu unterbrechen:

memo

Wenn ich da etwas fragen darf . . .
Könnten Sie da etwas genauer sein?
Ja, und das bringt uns (mich) auf eine weitere Frage . . .

Arbeitssuchender: Sie wollen unbedingt einen Vorstellungstermin bekommen. Was für Erfahrung haben Sie und was erwarten Sie von dem Beruf? Zeigen Sie, daß Sie der ideale Kandidat für die Stelle sind:

memo

Ich kann *(Verb)*
Man muß *(Verb)*
Vor allem ist wichtig . . .
Ich *(Verb)* gern / am liebsten
Ich bin gerade die richtige Person für diese Stelle, weil. . .

WIE ANTWORTEN?

Sie sind ein Fremder an der Universität und brauchen Auskunft. Schreiben Sie zwei mögliche Fragen auf.

1. ______________________________

2. ______________________________

3

In Gruppen von vier Personen stellt jeder als Fremder seine Fragen. Wer von den anderen mit einem passenden Redemittel antwortet, darf die nächste Frage stellen.

memomemomemo

EINE ANTWORT GEBEN

Das ist ganz einfach.	It's very simple.
Also . . .	Well . . .
Nun . . .	Let's see . . .
Schlicht gesagt . . .	To put it simply. . .

GEGENFRAGE STELLEN:

Wenn ich fragen darf . . .?	If I may ask . . .

UNSICHER SEIN:

Nun ja . . .	Well . . .
Es kommt darauf an.	It depends.
Ich gucke mal nach.	I'll check.
Ich würde dir/Ihnen gern helfen, aber . . .	I'd like to help you, but . . .
Nun, da muß ich erst überlegen . . .	Let me think . . .
Da muß ich erst nachschlagen.	Let me check (in the directory, etc.)

KEINE ANTWORT HABEN:

Diese Frage ist aber schwer zu beantworten.	Hm, difficult question!
Keine Ahnung!	I've no idea.
Das weiß ich leider nicht.	Sorry, I don't know.
Das kann ich leider nicht sagen.	Sorry, I can't help you.
Dafür bin ich nicht zuständig.	I couldn't tell you that. I am not competent to tell you that.
Da bin ich überfragt.	That's beyond me.
Das weiß ich auch nicht.	I don't know that either.
Da kann ich Ihnen leider nicht helfen.	I am sorry, but I can't help you there.

ERSTER ARBEITSTAG

Sie und Ihr Partner sind Arbeitskollegen. Heute ist Ihr erster Tag in der neuen Stellung. Als Neuling haben Sie natürlich viele Fragen, aber Ihr Kollege weiß nicht die Antwort auf alle Fragen und antwortet mit den passenden Redemitteln.

Themenvorschläge

- du-sagen oder Sie-sagen am Arbeitsplatz
- Arbeitsstunden: gleitende Arbeitszeit
- Arbeitspausen
- die Kantine

Erster Arbeitstag. Meister zu weiblichem Lehrling: «Schraub das mal richtig fest!»

- die Toiletten für Damen und Herren
- der Eingang, der Ausgang
- das schwarze Brett: die Anzeige
- der Urlaub
- der Feiertag
- der Betriebsausflug
- die Mitfahrgelegenheit hin und zurück zur Arbeit

Suchen Sie einen neuen Partner, und übernehmen Sie dieses Mal die andere Rolle.

3

GRUPPENAUFGABEN

Rollenspiele

Telephongespräch zwischen zwei Partnern. Zeitgrenze: 3 Minuten. Eine dritte Person soll auf die Uhr achten und aufschreiben, welche Redemittel benutzt werden:

- wenn die Person keine genaue Antwort weiß
- wenn die Person weitere Auskunft haben will

Als Personalchef sprechen Sie mit einem Kandidaten. Die Stelle in Ihrem Betrieb für einen Verkäufer ist schon besetzt. Sie möchten nun aber trotzdem diese Person irgendwie anstellen, aber Sie wissen nicht wofür!

Als Kandidat(in) rufen Sie beim Personalchef an. Sie suchen eine Stelle als Auslands-korrespondent(in) in Madrid. Sie erfüllen alle Bedingungen des Inserats außer einer: Sie können kein Spanisch!

Was können Sie sonst noch machen?	What else can you do?
Was fällt Ihnen denn ein?	What do you think?
Aber sagen Sie, mein Fräulein/Herr . . .	But listen, ma'am / sir . . .
Wie haben Sie sich das vorgestellt?	What did you think?
Sie denken wohl . . .	You imagine that . . .?

ALIBI

Bilden Sie Gruppen von fünf Personen (zwei Angestellte, zwei Richter, ein Polizist). Die zwei Angestellten werden wegen Diebstahls verdächtigt.

VORBEREITUNG:

Die beiden Angestellten denken sich ein Alibi aus. Sie waren in der genannten Zeit zwischen 12 und 14 Uhr zusammen und taten beide dasselbe. Zeitgrenze: 5 Minuten.
Unser Alibi:

____

____

____

____

Die beiden Richter und der Polizist überlegen sich gemeinsam Auskunftsfragen und notieren sie stichpunktartig. Sie dürfen *nicht* fragen: «Haben Sie das Verbrechen begangen?» Zeitgrenze: 5 Minuten.
Unsere Fragen:

1. ____
2. ____
3. ____
4. ____
5. ____

GERICHTSVERHANDLUNG:

Während der Polizist jeden Angestellten einzeln befragt, notieren sich die Richter die Antworten. Zeitgrenze: 5 Minuten pro Person.
Erster Angestellter:

1. ____
2. ____
3. ____
4. ____
5. ____

Zweiter Angestellter:

1. ____
2. ____
3. ____
4. ____
5. ____

Die zwei Angestellten vergleichen ihre Antworten. Das Gericht vergleicht die zwei Alibis und muß entscheiden, ob sie dasselbe sagen oder nicht.

3

PERSÖNLICHE EIGENSCHAFTEN

	sich durchsetzen können	Phantasie haben	kontaktfähig sein	Energie haben	überzeugend auftreten			
Grafiker(in)								
Leiter(in) eines Reisebüros								
Sportlehrer(in)								
Elektrotechniker(in)								
Verkäufer (Außendienst)								

Nennen Sie drei weitere persönliche Eigenschaften, die für diese Berufe wichtig sind. Tragen Sie sie in die Tabelle ein. In Gruppen zu dritt einigen Sie sich bei jedem Beruf auf die wichtigste Eigenschaft und tragen die Zahl «1» in die Tabelle ein. Besprechen Sie weiter, wie Sie die anderen Eigenschaften auf einer Skala von 2 bis 8 anordnen wollen, und tragen Sie die Zahlen ein.

memo

Die Person muß unbedingt *(Verb)* können.	The person must absolutely be able to . . .
Der Beruf setzt voraus, daß . . .	That type of job requires that . . .
Man erwartet, daß . . .	It is expected that . . .
Vor allem finde ich, daß . . .	Mainly I think that . . .
Ich kann mich nicht entscheiden, ob . . .	I can't decide whether . . .

Offene Stellen

Wir sind einer der führenden Verleger und Hersteller von Glückwunschkarten in der Bundesrepublik.

Für die Gestaltung neuer Motive suchen wir in freier Mitarbeit

Grafiker
Kunstmaler
Illustratoren

mit Talent für gute Ideen und schöne Entwürfe in allen Stilrichtungen.

Bitte senden Sie uns einige Arbeitsproben oder rufen Sie uns an, wenn Sie diese Aufgabe interessiert.

Die gute Karte

Albert Horn Söhne
Schulstraße 29, 6234 Hattersheim 1
Telefon: 06190/3081

Echte Chance für einen Reisebürofachmann

wenn Sie
- über eine gründliche kaufmännlische Ausbildung und Reisebüroerfahrung verfügen
- gute Englisch- und Französischkenntnisse haben
- sich durch Kontaktfreudigkeit, Teamgeist, Initiative und Selbständigkeit auszeichnen
- zwischen 26-35 Jahren alt sind

könnten Sie

Geschäftsführer/Direktor

unserer Firma, Sitz in Basel, mit folgendem Aufgabenbereich werden:

- Sie sind für die Führung eines kleinen Teams von Mitarbeitern, die Organisation und den Ausbau der Administration und das Lösen von sachbezogenen Problemen verantwortlich.
- Sie pflegen Kontakte zu unseren Kunden und sind für die Vertragsabwicklung und die Verkaufsförderung zuständig.
- Sie planen und überwachen die wirtschaftliche Entwicklung unserer Firma und erarbeiten Ideen zur Verbesserung unserer Reiseprogramme.

Fühlen Sie sich angesprochen? Senden Sie bitte Ihre Bewerbung mit den üblichen Unterlagen an Chiffre 13-533658, Publicitas, 4010 Basel. Absolute Diskretion ist selbstverständlich.

401663

Die Hessische Landesanstalt für Umwelt
in WIESBADEN

sucht zum alsbaldigen Eintritt:

Elektrotechniker(in)

der **FACHRICHTUNG ELEKTRONIK**

mit staatlicher Abschlußprüfung als technischer Mitarbeiter/Mitarbeiterin im Fachgebiet Emissionsbewertung/Wirkung von Luftverunreinigungen.

Das Aufgabengebiet umfaßt die Wartung und Instandhaltung der Luftmeßstationen in Reinluftgebieten im Rahmen des Meßprogramms „Waldbelastung durch Immissionen".

Die Tätigkeit ist zu einem großen Teil im Außendienst zu verrichten; der Führerschein der Klasse III ist hierzu Voraussetzung.

Die Eingruppierung erfolgt nach Vergütungsgruppe VI b — oder bei Vorliegen einschlägiger mehrjähriger Berufserfahrung nach Vergütungsgruppe V c — des Bundesangestelltentarifvertrages (BAT).

Interessenten wollen sich **bis zum 24. 8. 1984** schriftlich mit Unterlagen (Lebenslauf, Lichtbild, Zeugnissen etc.) bei der

Hessischen Landesanstalt für Umwelt
Aarstraße 1, 6200 Wiesbaden,

bewerben.

3

DAS BEWERBUNGSSCHREIBEN

Die Klasse soll sich für eins der Stellenangebote (auf S. 50/51) entscheiden. In Gruppen zu dritt schreiben Sie, was Sie als Firma erwarten oder als Kandidat anbieten. Als Firma, nennen Sie Eigenschaften, Fähigkeiten und die Ausbildung, die Sie vom Kandidaten erwarten. Als Kandidat machen Sie eine Liste Ihrer Eigenschaften.

Stellenangebot: ____________________

Wir (die Firma) erwarten:	Ich (der Kandidat) biete an:
____________________	____________________
____________________	____________________
____________________	____________________
____________________	____________________
____________________	____________________

Schreiben Sie ein Bewerbungsschreiben in Form eines Briefes an den Arbeitgeber. Stellen Sie sich kurz vor, schreiben Sie, was Sie zur Zeit machen, und warum Sie eine neue Stelle suchen (siehe Briefformat nächste Seite).

Ihre Adresse
und Telephonnummer — Ort, Datum

Arbeitgeber
und Adresse

Betr.: Ihr Stellenangebot vom . . . (Datum)

Sehr geehrte Damen und Herren,

Ihre Anzeige in . . . vom . . . habe ich mit großem Interesse gelesen.

____

____

____

Die nötigen Unterlagen füge ich bei. Über eine baldige Antwort würde ich mich sehr freuen.

Mit freundlichen Grüßen
(Ihre Unterschrift)

Anlagen: Lebenslauf, Lichtbild, Schulzeugnisse

DAS VORSTELLUNGSGESPRÄCH

Bilden Sie Gruppen von höchstens sechs Personen:

- 1 Personalchef (er leitet das Gespräch)
- 1 oder 2 Betriebsdirektor(en) (Sie treffen die Entscheidung)
- 3 Bewerber um eine Stelle

Stellenangebot:

VORBEREITUNG

Der Personalchef notiert sich (stichwortartig) fünf Fragen:

1. ______________________________
2. ______________________________
3. ______________________________
4. ______________________________
5. ______________________________

GESPRÄCH

Während des fünfminütigen Gesprächs zwischen dem Kandidaten und dem Personalchef kreuzt der Betriebsdirektor die Eigenschaften und Fähigkeiten an, die der Kandidat besitzt. Der Betriebsdirektor schreibt für jeden Kandidaten die treffenden Eigenschaften auf und gibt ihm/ihr dann eine Gesamtnote.

	Eigenschaften, Fähigkeiten	Gesamtnote (1–5)
Kandidat 1	______________________	__________
Kandidat 2	______________________	__________
Kandidat 3	______________________	__________

memomemomemo

Ich wurde am 2. Februar 1963 in Boston geboren.	I was born on Feb. 2, 1963 in Boston.
Ich besuchte in Chicago die Oberschule.	I went to high school in Chicago.
1980 absolvierte ich die Oberschule.	I graduated from H.S. in 1980.
Das Studium der Informatik schloß ich 1984 mit dem B.S. ab.	I received a B.S. in computer science in 1984.
Meine Hauptfächer waren Physik und Mathematik.	I had a double major in physics and math.
Ich studierte ein Jahr an der Universität Freiburg.	I studied at the university in Freiburg for one year.
Seit 1982 bin ich verheiratet.	I've been married since 1982.
Zum 15. Januar kündigte ich bei BASF.	I quit my job at BASF on Jan. 15.

3

BERATUNG

Der Betriebsdirektor und der Personalchef haben 10 Minuten Zeit, um eine Entscheidung zu treffen und zu begründen.

angestellt ja/nein	**Begründung**
Kandidat 1 ______	______
Kandidat 2 ______	______
Kandidat 3 ______	______

Währenddessen soll jeder Kandidat eine Kritik über den Personalchef schreiben.

MEINE KRITIK AM VORSTELLUNGSGESPRÄCH:

Die Fragen waren relevant/nicht relevant.
Die Personen waren höflich/unfreundlich.
Fragen, die nicht gestellt wurden:

1. ______
2. ______
3. ______

Was ich *nicht* gesagt habe:

______

______

______

Am Ende verkündet der Personalchef, wer die Stelle erhält und warum. Die Kandidaten erzählen, was sie vom Interview halten.

UND JETZT LOS!

RUNDFRAGE: ARBEITSERFAHRUNG

Stellen Sie in Ihrer Klasse (und eventuell in anderen Deutschklassen) eine Telephonliste zusammen. Rufen Sie drei Klassenkameraden an. Stellen Sie fest, welche Arbeitserfahrungen (Sommer-, Semesterjobs) sie gemacht haben. Tragen Sie für jede Person nur den Job ein, der ihm/ihr am besten gefallen hat. Besprechen Sie mit Ihrem Lehrer, wie man gewisse Jobs ins Deutsche übersetzen könnte!

	Student 1	**Student 2**	**Student 3**
Job	______	______	______
Ort	______	______	______
Dauer	______	______	______
Tätigkeit	______	______	______
Besondere Fähigkeit	______	______	______

GESPRÄCH MIT EINEM DEUTSCHSPRACHIGEN LEHRER

Machen Sie in Gruppen zu zweit oder dritt einen Deutschlehrer ausfindig (oder einen anderen Lehrer, der Deutsch spricht), und verabreden Sie sich für ein Gespräch. Fragen Sie ihn über seinen Beruf und seine jetzige Arbeitsstelle aus. Bereiten Sie einen Stichwortzettel vor und überlegen Sie sich zu jedem Stichwort ein paar Fragen. Der Stichwortzettel könnte so aussehen:

Gespräch mit ____________ (Lehrer), ____________ (Fach) am ____________ (Datum)

1. Ausbildung

____

2. Dauer der Beschäftigung

____

3. Arbeitsbedingungen: Gehalt, Arbeitsstunden, Freisemester, Urlaub

____

4. Interessengebiete

____

5. . . .

____

memo

Warum sind Sie (Deutsch)lehrer geworden?
Wie lange sind Sie schon (Deutsch)lehrer?
Was haben Sie für eine Ausbildung gehabt?
Wie sind die Arbeitsbedingungen für Lehrer an dieser Schule/Uni?
Würden Sie mir empfehlen, (Deutsch)lehrer zu werden?

Mit Erlaubnis des Gesprächspartners können Sie das Gespräch auf Tonband aufnehmen. Transkribieren Sie die erste halbe Minute des Gesprächs, um zu sehen, wie die erste Frage gestellt und beanwortet wurde. Welche Redemittel wurden gebraucht, um den Partner auf die erste Frage vorzubereiten?

Z.B. Ich wollte Sie gerne fragen . . .

____

____

____

Transkribieren Sie noch weitere drei Minuten des Gesprächs. Notieren Sie:

- Welche Stichpunkte auf Ihrem Zettel wurden behandelt?

  ____

- Auf welche Fragen haben Sie die beste (eindeutigste) Auskunft bekommen?

  ____

- Wie reagierte der Sprecher, wenn er keine genaue Antwort wußte?

  ____

- Welche Redemittel haben die Studenten gebraucht, um auf einen früheren Punkt zurückzukommen?

  ____

3

• DAS STUDIUM IN DEUTSCHSPRACHIGEN LÄNDERN

Rufen Sie beim deutschen Konsulat, Goethe–Institut oder anderen Organisationen Ihrer Gegend an, (wie z.B. Junior Year Abroad, IAESTE, DAAD, Fulbright) und erkundigen Sie sich nach Studienmöglichkeiten in Deutschland, Österreich oder der Schweiz. Sie können auch beim «Foreign Student Office» nachfragen. Versuchen Sie, folgende Informationen zu erhalten:

- Universität/Hochschule/Austauschprogramm
- Umgebung/Ort
- mögliche Stipendien
- Zulassungbedingungen
- mögliche Abschlüsse
- Unterkunft
- Kursauswahl

Das Studium in der Bundesrepublik Deutschland

Zwischen den Semestern ist jeweils eine längere, vorlesungsfreie Zeit vorgesehen, in der die Studenten für ihr Studium selbständig wissenschaftlich arbeiten sollen.

Zum Studium in der Bundesrepublik Deutschland gehören:

Der Besuch von Vorlesungen:
Die Themen dieser Vorlesungen werden jeweils zu Semesterbeginn in einem Vorlesungsverzeichnis veröffentlicht. Für die meisten Fächer gibt es Studienordnungen. In ihrem Rahmen ist bis zu einem gewissen Grad eine Auswahl der Fächer möglich. Das Akademische Auslandsamt und die Fakultäten helfen den ausländischen Studenten bei der Aufstellung und Durchführung ihres Studienplanes. Fakultätsassistenten und Fachtutoren geben ausländischen Studenten hierüber Auskünfte.

Die Teilnahme an Übungen, Seminaren und Praktika:
Für die einzelnen Fachrichtungen ist den Studenten die Teilnahme an einer bestimmten Zahl von Übungen, Seminaren und Praktika durch die Prüfungsordnung vorgeschrieben. Der Zugang zu Übungen, Seminaren und Praktika erfolgt zumeist nach einer entsprechenden Aufnahmeprüfung.

Selbständige wissenschaftliche Arbeit:
Von allen Studenten wird erwartet, daß sie während ihres Studiums selbständig arbeiten. Dies gilt in besonderer Weise während der vorlesungsfreien Zeit. Übungen, Seminare und Praktika sollen den Studenten unter anderem auch Anleitung zu solcher selbständigen Arbeit geben.

Die Prüfungen im Studiengang:
In der Bundesrepublik Deutschland sind in den meisten Fachgebieten Zwischenprüfungen nach einer vorgeschriebenen Anzahl von Semestern und Prüfungen über den Besuch von Seminaren, Übungen und Praktika abzulegen. Prüfungen nach jedem Studienjahr, wie im Ausland, sind in der BRD nicht üblich.

Studienabschluß, Prüfungen und akademische Grade

Ausländische Studenten, die ihr Studium in der Bundesrepublik Deutschland mit einem Examen abschließen wollen, können sich nach einer vorgeschriebenen Mindestzahl von Semestern und Prüfungen melden. Die Mindestsemesterzahl ist von Fach zu Fach verschieden. Genaue Angaben über die tatsächliche Studiendauer können nicht gemacht werden. Die Studiendauer hängt von der Vorbildung des einzelnen Studenten und dem Erfolg des einzelnen bei seinem Studium ab.

Allen Ausländern, die ihr Studium in der BRD aufnehmen wollen, wird dringend geraten, vor Einreise in die BRD bei ihren Heimatbehörden Auskünfte darüber einzuholen, inwieweit dort deutsche Diplome und akademische Grade anerkannt werden.

Diplomhauptprüfung
In der Regel kommt für ausländische Studenten nur die Diplomprüfung als Studienabschluß in Frage (Medizinstudenten siehe ...). Zur Diplomhauptprüfung wird zugelassen, wer ... hat. Die Diplomvor-

Das Staatsexamen
Ausländische Studenten können das Studium in den Fächern, in denen auch für Deutsche der normale Studienabschluß das Staatsexamen ist, mit dem Staatsexamen beenden (das gilt für die Fächer Medizin, Zahnmedizin, Veterinärmedizinin, Pharmazie, Rechtswissenschaften und für das Lehramt an höheren Schulen). In der Medizinischen Fakultät schließt sich an das Staatsexamen eine einjährige Medizinal-Assistentenzeit an, sie ist Bestandteil des medizinischen Studiums.

Magister Artium
Deutsche und ausländische Studenten können ihr Studium in vielen geisteswissenschaftlichen Disziplinen mit dem Magister Artium (M. A.) abschließen. Die Voraussetzung ist ein mindestens achtsemestriges Studium in einem Haupt- und zwei Nebenfächern. Für folgende Studienfächer ist diese Regelung gültig:
Archäologie, Geographie, Literatur- und Sprachwissenschaften, Soziologie, Völkerkunde, Philosophie, Pädagogik, Psychologie, Politologie, Geschichtswissenschaften.

Promotion
In der Bundesrepublik Deutschland strebt nur ein relativ kleiner Teil von Akademikern neben dem für den späteren Beruf erforderlichen Studienabschluß (Diplomprüfung, Staatsexamen, Magister Artium) die Promotion zum Doktor an. Nur besonders qualifizierte Bewerber werden zur Promotion zugelassen. Die Promotion erfolgt vor allem auf Grund einer selbständigen wissenschaftlichen Arbeit: der Dissertation, für die nach dem Studienabschluß in der Regel zwei bis vier Jahre benötigt werden.

An deutschen Hochschulen gibt es erst wenige „post-graduate" Kurse und keinen festgelegten Weg zur Erlangung des Doktor-Grades.

Ob ein im Ausland erworbener akademischer Grad nach abgeschlossenem „graduate" Studium für die Zulassung zur Promotion genügt, entscheidet die Fakultät.

Häufig wird vor der Zulassung zur Promotion der Studienabschluß (Staatsexamen, Diplomhauptprüfung) einer deutschen Hochschule verlangt. Der Doktorand muß mindestens zwei Semester vor der Promotion als ordentlicher Student an der betreffenden Universität eingeschrieben sein.

Für die Promotion müssen fünf Punkte besonders beachtet werden:

a) Eine Dissertation stellt eine eigene wissenschaftliche Arbeit dar. Das Thema der Dissertation kann vom Promovenden frei gewählt werden. In vielen Forschungsrichtungen ist es jedoch üblich, daß das Thema in Absprache mit einem betreuenden Hochschullehrer gewählt bzw. vom Hochschullehrer vorgeschlagen wird.

In technischen und naturwissenschaftlichen Forschungsrichtungen sind zur Anfertigung einer Dissertation oft neben theoretischen Arbeiten noch experimentelle Versuche erforderlich. Die notwendigen Einrichtungen sowie ein Arbeitsplatz hierfür können ... nur nach Absprache mit den Leitern der ent... Verfügung gestellt werden.

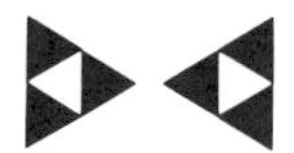

Jeder Student (oder jede Gruppe) ist nun Spezialist und vertritt eine Möglichkeit. Informieren Sie sich nun weiter bei den anderen Studenten oder Gruppen über verschiedene Aufenthaltsmöglichkeiten.

Als Informationssuchende(r) stellen Sie Fragen über:

- Ort
- Studienfächer
- Deutschkenntnisse und deutsche Sprachkurse
- Staatsexamen/Diplom/Magister Artium/Promotion
- Gebühren
- Studentenheime
- Studentenstatus: Gasthörer, ordentlicher Student
- Kontaktmöglichkeiten zu Deutschen
- Aufenthaltsgenehmigung für Studenten

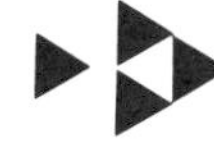

Welche Aufenthaltsmöglichkeit gefällt Ihnen am besten? Berichten Sie vor der Klasse!

Kapitel 4

COUPON
Die Schweizer Reisepost schenkt Ihnen Wanderprospekte
Für Sie steht auch dieses Jahr unser vielseitiges Wanderprogramm zur Verfügung. Sie können diese Spezialprospekte gratis bei uns beziehen. Kreuzen Sie auf diesem Coupon diejenigen Wanderprospekte an, die Sie interessieren:
☐Berner Oberland / Zentralalpen
☐Graubünden
☐Tessin
☐Wallis
☐Zwischen Bodensee und Klausenpass
☐Jura
☐Wanderungen rund um Bern
Vorname, Name
Strasse
PLZ und Ort
Senden Sie diesen Coupon an:
Kreispostdirektion Bern, 3030 Bern
Aktiv-Urlaub
Für die ganze Familie!
Zugverbindungen
Correspondances par chemin de fer
Deutschland
via Schaffhausen/ Konstanz/ Friedrichshafen/ Lindau
Sommer-Eté
23.V.-25.IX.1982
Schweizerische Transportunternehmungen
Entreprises suisses de transport
SBB CFF
AN
Vestnertor-
graben
Tiergartner-
tor
Neutor
Hallerwiese
Am Hallertor
Maxplatz
Lammsgasse
Irrerstraße
Weißgerbergasse
Obere Schmiedgasse
Bergstraße
Ob. Krämersgasse
Burgstraße
Albrecht-Dürer-
Am Ölberg
Paniersplatz
Vestnertormauer
Maxtor-
Wieland-
Rollnerstraße
Maxfeldstraße
Frauentorgraben
Richard-Wagner-Platz
Hauptbahnhof
Eilgutstraße
Tafelhofstraße

20% Rabatt: Ausflugsbillet
Wir fahren mit Takt.
Ihre
NNIS
RIEN
R MOSEL
Wanderweg
NEU & GRATIS
Der Sommerkatalog
Ober Österreich
Landesfremden-verkehrsamt
Oberösterreich
Postfach 8000/8
A-4010 Linz
Telefon:
0732/ 663021-214
DB

4

GEMEINSAM PLANEN UND ORGANISIEREN

«Die Sache ist die:...»

HÖREN UND VERSTEHEN

ÜBUNG 1

Ein Tourist erzählt dem anderen, was er heute alles in München besichtigen will. Hören Sie sich bitte das Tonband mehrmals an und tragen Sie den Tagesplan des Touristen ein:

Uhrzeit	**Ort**	**Sehenswürdigkeit**

Nun schreiben Sie auf, wie der Sprecher über seine Pläne spricht.

1. Ich habe vor . . .
2. ______
3. ______
4. ______

ÜBUNG 2

Hören Sie bitte zu, wie zwei Arbeitskollegen ihr Büro umräumen wollen, und schreiben Sie auf, wie sie die Vorschläge des anderen ablehnen:

1. Das geht aber doch nicht anders.
2. ______
3. ______
4. ______

Wohin stellen sie die Schreibtische?

ÜBUNG 3

Ein junger, aufstrebender Geschäftsmann hat keine Zeit, um mit seinen Kolleginnen am Nachmittag segeln zu gehen. Wie strukturiert er seine Antwort?

um verschiedene Punkte aufzuzählen: ______________________________

____

um fortzufahren: ______________________________

____

WORTSCHATZERWEITERUNG

WORTKOMBINATIONEN

Hier sind drei Verben, die mit anderen Verben, Substantiven oder Adverbien ergänzt werden können. Notieren Sie in Gruppen zu dritt pro Verb noch vier Ergänzungsmöglichkeiten. Zeitgrenze: 10 Minuten.

Was kann man in seiner Freizeit machen?

gehen	**fahren**	**spielen**
spazierengehen	zum Strand fahren	Schach spielen
ins Kino gehen	Fahrrad fahren	draußen spielen
______	______	______
______	______	______
______	______	______
______	______	______

LIEBLINGSBESCHÄFTIGUNGEN

Und jetzt phantasieren wir! Was würden Sie gern in den Ferien machen? (Alles erlaubt: vom Nashornritt bis zur Mondfahrt!) Arbeiten Sie in Gruppen von 6-8 Studenten. Beschriften Sie 24 Kärtchen mit den Buchstaben A bis Z (ohne X und Y). Mischen Sie die Karten gut, und legen Sie den ganzen Stapel umgekehrt auf den Tisch. Nacheinander nimmt jede Person eine Karte und nennt irgendeine Beschäftigung, die mit diesem Buchstaben anfängt (Präpositionen gelten als Wörter). Wenn man innerhalb von 30 Sekunden keine Beschäftigung genannt hat, wird die Karte unter den Stapel zurückgelegt. Wer die meisten Karten hat, hat gewonnen. Zeitgrenze: 20 Minuten.

Machen Sie eine schriftliche Liste der Ausdrücke, die Ihre Gruppe sammelt. Nehmen Sie die Karten, die bei Ihrer Gruppe übrig geblieben sind. Vergleichen Sie Ihre Listen und besprechen Sie weitere Ausdrücke in der Klasse.

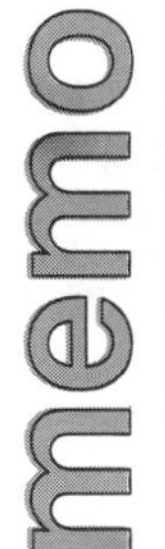

Du bist dran.	It's your turn.
Ich gebe auf.	I give up.
Das muß ich mir überlegen.	Wait a minute, let me think.
Wie spricht man das aus?	How do you pronounce that?

4

DU UND ICH

WAS SEHEN WIR UNS AN?

Als Reiseleiter beim Nürnberger städtischen Verkehrsamt planen Sie und Ihr Kollege eine Tour für eine amerikanische Studentengruppe. Die Tour soll von 8 bis 12 Uhr dauern. Der Nachmittag ist frei für einen Stadtbummel.

Was soll die Gruppe sehen und wann? Entscheiden Sie, welche drei Sachen sie unbedingt sehen soll.

was?	wann?
Verkehrsamt	8 Uhr
______________	______________
______________	______________
______________	______________

Und wenn die Gruppe noch Zeit übrig hat, welche zwei weiteren Sehenswürdigkeiten soll sie noch besichtigen?

______________ ______________

______________ ______________

Sehenswürdigkeiten · Öffnungszeiten · Eintrittspreise
Sights · Opening hours and admission fees
Curiosités · Heures d'ouverture et prix d'entrée

1 **Handwerkerhof Nürnberg** am Königstor. In mittelalterlichen Handwerkergassen wird Geschichte zum lebendigen Gegenwartserlebnis. Öffnungszeiten: Mo.–Fr. 10–18.30, Sa. 10–14.30, langer Sa. 10–18.30, während des Christkindlesmarktes tägl., auch sonntags 10–18.30, Gaststätten 10.30–21 Uhr, an Sonn- und Feiertagen geschlossen, **ab 24. 12. 1984 bis ca. 1 Woche vor Ostern geschlossen.**

Altstadthof mit Museumsbrauerei, Bergstraße 15–21. Öffnungszeiten: Mo.–So. 10–17 Uhr, Eintrittspreise der Museumsbrauerei: DM 1,50, Gruppen, Jugendliche, Studenten und Schüler DM 1,–.

2 **Lorenzkirche,** 1252–1477. Sakramentshäuschen von Adam Kraft. Engelsgruß von Veit Stoß. Altäre, Glasmalereien. Täglich 9–17, So. 14–16 Uhr.

3 **Frauenkirche,** 1352–61, am Hauptmarkt. Tucher-Altar 1440, Epithaphe von Adam Kraft 1499 und 1500, Glasgemälde. Besichtigung Mo.–Fr. 9–18, So. und Feiertage 12.30–18; tägl. 12 Uhr „Männleinlaufen" (Kunstuhr): Kaiser Karl IV. und die 7 Kurfürsten.

4 **Stadtmuseum Fembohaus,** Burgstraße 15, Tel. 162271. Alt Nürnberger Entwicklungsgeschichte und Wohnkultur. Geöffnet 1. 3.–31. 10. Di.–Fr. und So. 10–17, Sa. 10–21 Uhr. 1. 11.–28. 2. Di.–Fr. 13–17, Sa. 10–21, So. 10–17 Uhr, Mo. geschlossen. Eintritt: Erwachsene 2,–, Schüler, Studenten, Bundesw., Rentner, Kinder bis 14 Jahre und Gruppen ab 20 Personen 1,–, Schulklassen bei Unterricht durch KPZ frei.

5 **Die Burg.** Tel. 225726, Kaiserburg (Palas, romanische Doppelkapelle, Kaisersaal, Rittersaal). Sinwellturm (Aussichtsturm), Tiefer Brunnen. Geöffnet täglich a) 9–12 und 12.45–17; b) 9.30–12 und 12.45–16 Uhr. Gesamtkarte für alle Teile der Burg 3,–. Reisegruppen und Schüler 2,–.

6 **Albrecht-Dürer-Haus,** am Tiergärtnertor, Tel. 162271. Völlig erhalten, 1450–60 erbaut, von Dürer bewohnt 1509–28. Geöffnet 1. 3.–31. 10. Di.–Fr. und So. 10–17, Sa. 10–21 Uhr. 1. 11.–28. 2. Di.–Fr. 13–17, Sa. 10–21, So. 10–17 Uhr, Mo. geschlossen. Eintritt: Erwachsene 2,–, Kinder, Rentner, Gruppen, Schüler, Studenten 1,–. Schulklassen bei Unterricht durch KPZ frei.

7 **St. Sebaldus-Kirche,** um 1225–1379. Romanischer und hochgotischer Baustil. Sebaldusgrab von Peter Vischer, Werke von Veit Stoß und Adam Kraft. Geöffnet: täglich. April und Mai 9–12 und 14–17, Juni–September 9–18, Oktober 10–12 und 14–17, November–März 10–12 und 14–16 Uhr; sonntags: November–März 12–16, April–Oktober 12–17 Uhr.

8 **Spielzeugmuseum der Stadt Nürnberg,** Karlstraße 13, Tel. 16-3164. Spielzeug aus aller Welt und allen Epochen. Geöffnet Di.–So. 10–17, Mi. bis 21 Uhr, Mo. geschlossen. Eintritt: Erwachsene 2,–, Gruppen, Schüler, Stud., Kinder 1,–, Schulklassen –,50, über KPZ frei.

9 **Germanisches Nationalmuseum,** Kornmarkt, Tel. 203971. Deutsche Kunst und Kultur (Frühzeit bis 20. Jahrhundert). Geöffnet: Di.–So. 9–17, Do. auch 20–21.30 Uhr, Mo. ganzjährig geschlossen. An Feiertagen Sonderregelung. Eintritt 3,– (sonn- und feiertags, sowie Do.-Abend frei), Familien 5,–, Gruppen 2,–, Studenten und Schüler 1,–.

Schloß Neunhof, Neunhof. Schloß des 15./16. Jh. mit alter Innenausstattung, Dokument der patrizischen Wohnkultur. **Geöffnet April mit September,** Sa. u. So. 10–17 Uhr. Eintritt 2,–, Familien 3,–, Kinder –,50. Schulkl. bei Unterricht durch KPZ frei. **Im Winterhalbjahr geschlossen.**

Herausgeber: Verkehrsverein Nürnberg – Stand: August 1984
Angaben ohne Gewähr – a) = Öffnungszeiten April–Sept. b) = Okt.–März

Stadtplan Nürnberg

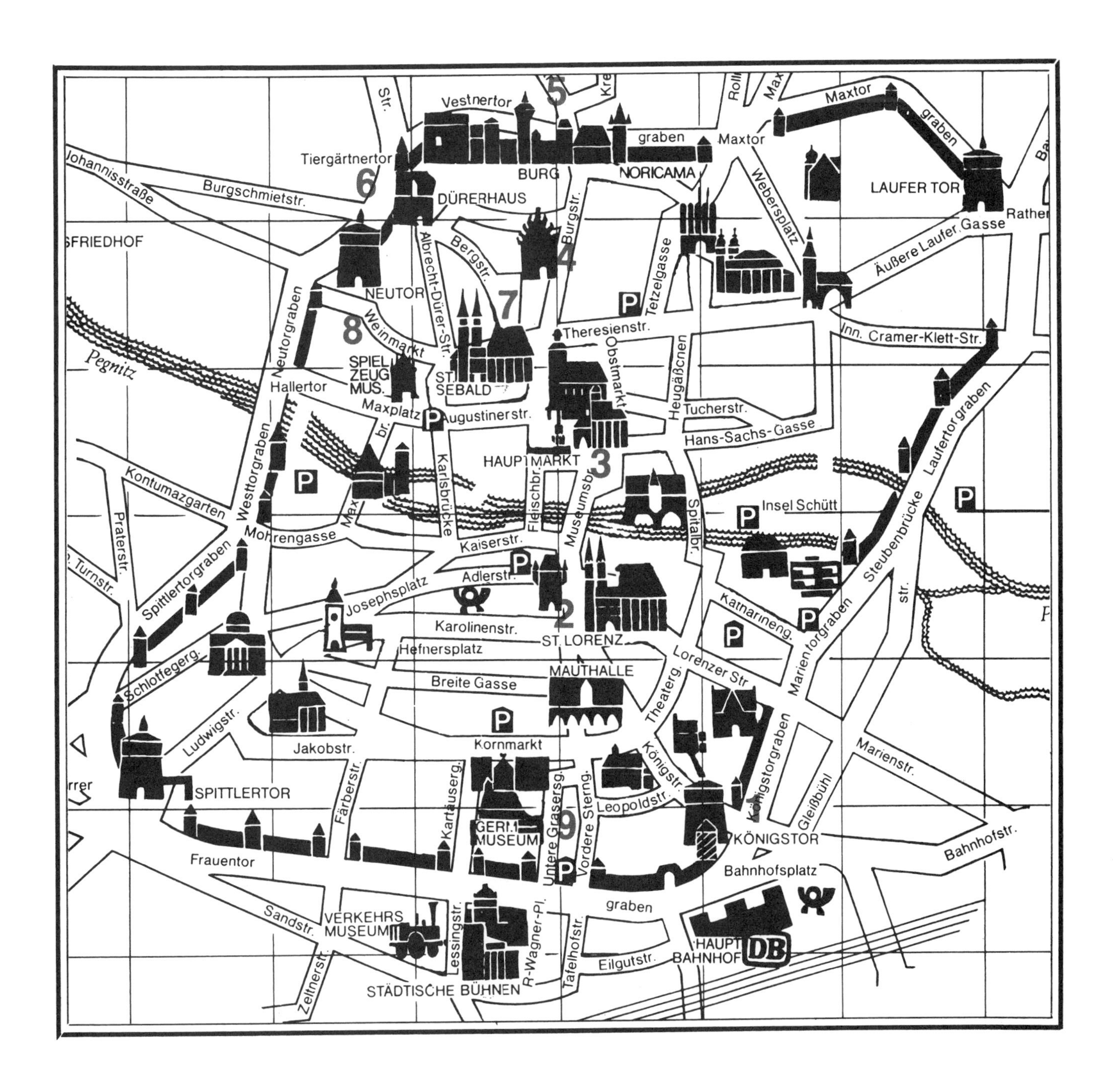

4

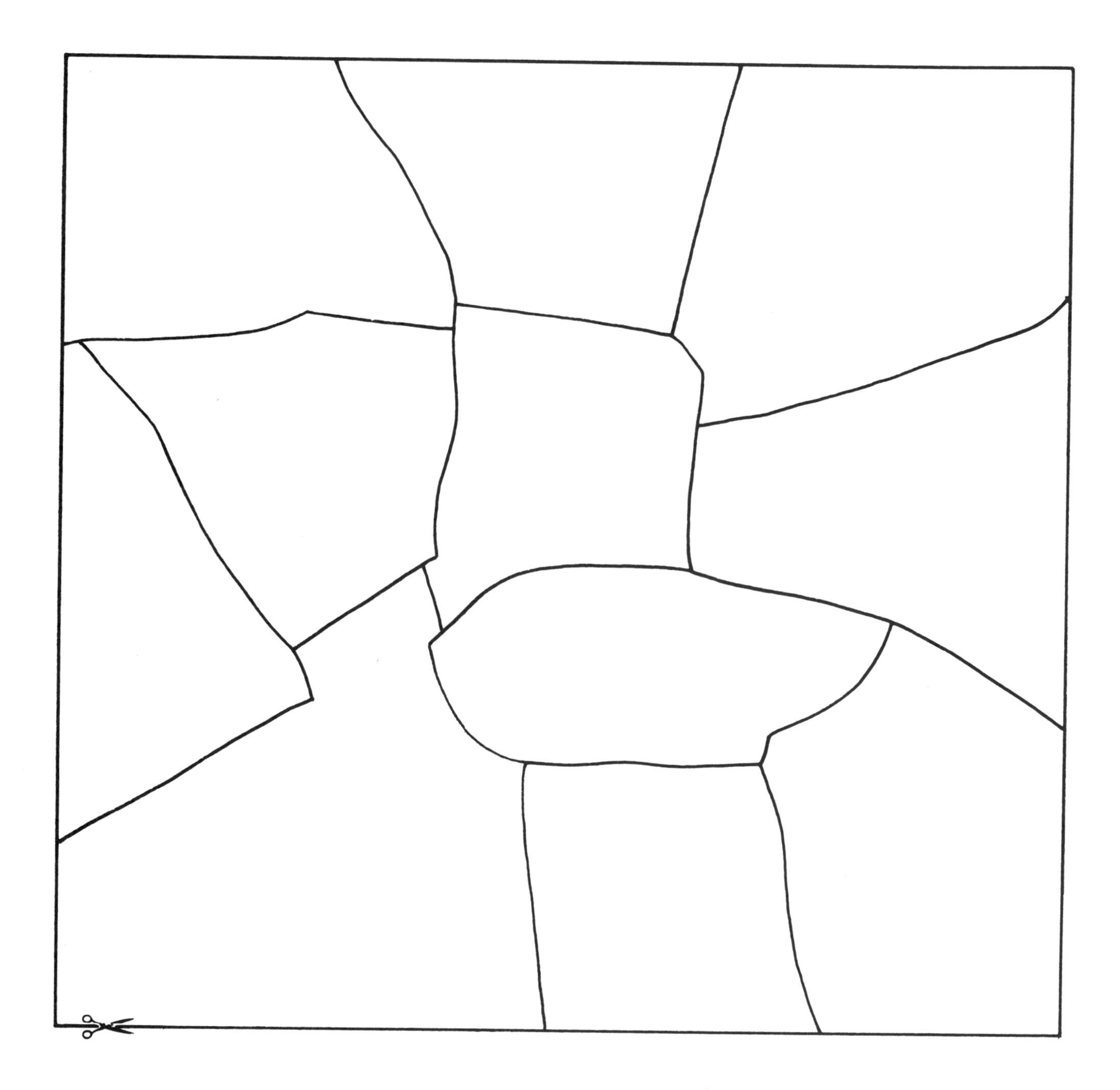

NÜRNBERGER PUZZLE

Auf der vorigen Seite finden Sie und Ihr Partner einen Stadtplan von Nürnberg. Schneiden Sie die einzelnen Teile aus. Ihr Partner holt vom Lehrer ein Exemplar des kompletten Stadtplans und sagt Ihnen, wohin Sie jedes Stück legen müssen. Sie können jederzeit zurückfragen, wenn Sie die Anweisungen nicht richtig verstanden haben. Jeder darf nur auf den eigenen Plan schauen. Wenn Sie alle Teile hingelegt haben, vergleichen Sie das Ergebnis mit dem kompletten Plan. Besprechen Sie die Übung mit der Klasse.

memomemom

Leg den Teil mit dem Dürerhaus in die Mitte/ganz oben/oben rechts/links/unten.	Put the piece with the Dürerhaus in the middle/up top/up on the right/left/at the bottom.
Leg die Burg rechts neben/über/unter das Maxtor.	Put the castle to the right/above/below the Max-gate.
Der Teil mit dem Hauptmarkt kommt rechts neben die St. Sebalduskirche.	The piece with the main market place goes to the right of St. Sebaldus Church.
Das paßt leider nicht.	That doesn't fit.
Das geht überhaupt nicht.	That doesn't work.
Ja, weiter.	O.K. Go on.
So, fertig?	There. Are you finished?
Bist du so weit?	So far so good?
. . .weiter nach oben	further up
. . .in die Ecke	in the corner
. . .schräg nach rechts	diagonally to the right

ROLLENSPIELE

Führen Sie die folgenden Gespräche mit einem Partner, und üben Sie die Redemittel, die Sie vom Tonband notiert haben (S. 60)

Im Reisebüro
Wohin möchten Sie dieses Jahr reisen?
Wissen Sie, einerseits . . .
andererseits . . .
und zwar . . .

Beim Interview
Haben Sie als Studentin am Abend etwas Freizeit?
Klar! Zuerst mache ich . . .
dann . . .
danach . . .

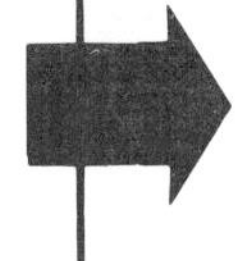

UNTER STUDENTEN
Gibt es etwas, was deine Familie zusammen unternimmt?
Ja, und zwar . . .
erstens . . .
zweitens . . .

UNTER FREUNDEN
Wo würdest du am liebsten einen freien Tag verbringen: auf dem Land oder in der Stadt?
Ach, weißt du . . .
und zwar . . .
zuerst mal . . .
dann . . .

EINPACKEN

Entscheiden Sie gemeinsam mit Ihrem Partner, womit Sie Ihren VW-Campingbus ausstatten wollen. Sie planen eine einwöchige Ferienreise

- durch den Schwarzwald
- am Bodensee
- durch die Bayerischen Alpen
- auf der schwäbischen Dichter-Straße
- auf der Burgenstraße

Mespelbrunn, eine romantische Burg

Bad Reichenhall in den bayrischen Alpen

Suchen Sie diese Gegenden auf einer Karte der Bundesrepublik. Lesen Sie die Beschreibungen, um zu sehen, was Sie eventuell mitbringen wollen. Geld spielt keine Rolle, aber es soll alles in den VW-Bus passen!

*Der **Schwarzwald** von Pforzheim bis Lörrach ist mit seinen dunklen Waldbergen wohl das besuchteste Mittelgebirge Europas. Der wellige Rücken ist durch zahlreiche Täler gegliedert, in denen mehrere stimmungvolle kleine Seen liegen. In diesem ältesten Skigebiet Deutschlands gibt es mehrere Wintersportplätze und auch altberühmte Luftkurorte und Badeorte.*

*Den Rahmen des **Bodenseegebiets** bilden im Süden bewaldete Berge, im Norden und Westen eine Hügellandschaft mit vielen Flüssen, Wäldern und Feldern. Mannigfaltig bieten sich Gelegenheiten zum Spazieren und Wandern, aber auch zu Wassersport, Spiel und Freizeitgestaltung, sowie zu Kur- und Heilzwecken.*

***Deutsche Alpenstraße** von Lindau nach Berchtesgaden. Ohne Deutschland zu verlassen, führt diese Straße—zwischen 800 und 1000 Meter hoch—quer durch die Alpen.*

***Schwäbische Dichterstraße** von Bad Mergentheim bis Konstanz. Von Franken bis zum Bodensee durch über dreißig Orte mit Wohn-, Wirkungs- und Gedenkstätten, Museen und Sammlungen von berühmten Dichtern, wie Schiller, Mörike, Hauff, Schwab, Kerner und Hölderlin.*

*Die **Burgenstraße** von Mannheim nach Nürnberg. Mittelalterliche Romantik: 28 stolze Ritterburgen, stille Dörfer, kleine Städtchen mit alten Fachwerkhäusern.*

(gekürzt aus Baedekers Reiseführer)

Nürnberg: Weinstadel mit Wasserturm

4

Reiseziel: ______________________________

zum Kochen/ Essen	zum Wohnen/ Schlafen	zum Sport treiben/Spielen	zum Anziehen
ein Gasherd	ein Zelt	ein Schachspiel	ein Badeanzug
________	________	________	________
________	________	________	________
________	________	________	________
________	________	________	________

Vergleichen Sie Ihre Liste mit der Liste eines anderen Studentenpaares.

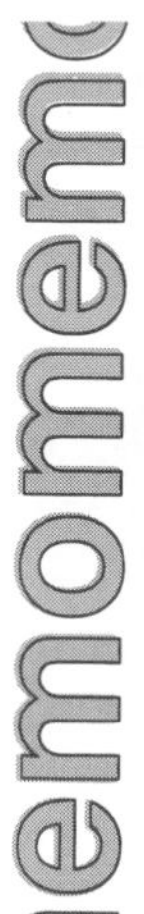

Wenn wir in X sind, dann werden wir wohl ABC brauchen.	When we're in X, we'll need ABC.
Ich möchte *(verb)* **/ Ich würde gern. . .**	I would like to. . .
Ich hätte einen besseren Vorschlag.	I have a better idea.
Ich habe eine Idee!	I've got an idea!
Wie wäre es, wenn . . .	How about. . .
Hast du daran gedacht, daß (es vielleicht die ganze Zeit nur regnen wird?)	Did you think about. . .
Du hast recht.	You're right.

DAS NEHMEN WIR AUF!

Durch eine spezielle Großantenne kann Ihre Universität ab sofort das bundesdeutsche Fernsehen empfangen. Das Sprachlabor möchte nun eine sechsstündige Videoaufnahme machen, die im Deutschunterricht verwendet werden kann. Planen Sie mit Ihrem Partner, welche deutschen Fernsehsendungen der Laborassistent an einem bestimmten Tag aufnehmen soll. Lesen Sie das Fernsehprogramm auf der nächsten Seite durch und suchen Sie sechs Stunden Sendezeit aus den drei deutschen Programmen aus.

UNSERE AUSWAHL:

von . . . bis	Programm (1,2,3)	Titel
________	________	________________
________	________	________________
________	________	________________
________	________	________________
________	________	________________
________	________	________________

1. Programm

10.00 Heute 10.03 Hatten Sie heut' Zeit für uns? 11.35 Souvenirs, Souvenirs 12.10 Gesundheitsmagazin Praxis 12.55 Presseschau 13.00 Heute

13.30 Internationale Vierschanzen-Tournee
4. Springen
Übertragung aus Bischofshofen

15.30 »Zeitgenossen, haufenweise«
Lore Lorentz und Werner Schneyder singen Erich Kästner

16.00 Tagesschau

16.10 Der Kleistermann
Der neueste Zeichentrickfilm von Ursula und Franz Winzentsen

16.30 Die unvollkommene Finsternis
Ein Film über die Hoffnung (Kinderprogramm)
Die 14jährige Marta ist von einem Karussell gestürzt. Als Folge läßt ihre Sehkraft immer mehr nach. Erst als Marta in ein Blindenheim kommt, begreift sie, daß sie nie wieder wird sehen können

17.50 Tagesschau

Regionalprogramme

Bayerisch. Rdf., Südd. Rdf. u. SWF: 18.00 Bayrische Kalender. Winter 18.15 Das Glück wohnt nebenan. Deutscher Spielfilm (1939). Mit Maria Andergast, Olly Holzmann, Hans Marr, Wolf Albach-Retty, Grethe Weiser. Regie: Hubert Marischka 19.30 »Zeitgenossen, haufenweise«. Lore Lorentz und Werner Schneyder singen Erich Kästner

Hessisch. Rdf.: 18.00 Nachrichten 18.10 Wundern inbegriffen 18.40 Geantwortet wird immer 19.05 Sandmännchen 19.20 Hessenschau

NDR: 18.00 Der Jugendrichter. Wer sich nicht wehrt ... (1) 18.35 Sandmännchen 18.40 Wer sich nicht wehrt ... (2) 19.15 Berichte vom Tage 19.25 Nordschau-Magazin

Bremen: 18.00 Buten & binnen 18.05 Reich und arm 18.55 Bonbon. Über den Gaumen gepeilt 19.10 Bonbon. Engel in Weiß 19.15 Buten & binnen

SFB: 18.00 Presseschau 18.05 Reich und arm 19.20 Berliner Abendschau

Saarländ. Rdf.: 18.00 Tips um sechs. »Die Lallingers«. Anschl. Sandmännchen 18.20 Wundern inbegriffen 18.55 Geantwortet wird immer 19.25 Aktueller Bericht

WDR: 18.00 Hier und Heute 18.25 Bei uns liegen Sie richtig 19.00 WWF-Club. Live aus dem Studio

20.00 Tagesschau

20.15 ... und abends in die Scala (Wh)
Deutscher Spielfilm von 1957

Die junge Sängerin Caterina Duval erhält überraschend das Angebot für ein Engagement an der neuen Berliner »Scala«. Sie soll allerdings unter dem Namen des berühmten Schallplattenstars Gloria del Castro auftreten, um einem Manager aus der Klemme zu helfen ... Foto: Caterina Valente, Gerhard Riedmann. Regie: Erik Ode

21.50 Plusminus
Das ARD-Wirtschaftsmagazin
Geplant: Aktienkauf lohnt sich wieder: mehr Werbung – auch in schwierigen Zeiten

22.30 Tagesthemen
mit Bericht aus Bonn

23.00 Die Sportschau

23.25 Heut' abend ...
Die ARD-Talkshow mit Joachim Fuchsberger. – Zu Gast: Heidi Kabel

0.10 Columbo: Mord à la carte
Amerikanischer Spielfilm von 1977
Mit Peter Falk, Louis Jourdan, Shera Danese u. a. Regie: Jonathan Demme (Wh)

1.25 Tagesschau

2. Programm

13.35 Programmvorschau

13.40 Die Großen und die Kleinen ●●
Ernst Schröder und Silvia Schmidt (Mehrkanalton)

14.30 Komm mit ins Land der Lieder (Wh) ●●
1. Kinderchor-Wettbewerb 1983 (Mehrkanalton)

15.57 Programmvorschau

16.00 Heute

16.04 Die Schlümpfe
Zeichentrickserie

16.15 Pfiff
Sportstudio für junge Zuschauer

17.00 Heute
Aus den Ländern

17.15 Tele-Illustrierte
Heute-Schlagzeilen

17.55 Jeder braucht Musik ●●
Studierende deutscher Hochschulen präsentieren einen musikalischen Bilderbogen (Mehrkanalton)

18.57 ZDF – Ihr Programm

19.00 Heute

19.20 Es müßte ein riesiges Wunder sein
Ein Film zu Dreikönig

19.30 Auslandsjournal

20.15 Der Alte
Kriminalserie
Alleingang

Bei einem Überfall auf die Freitagseinnahmen eines Supermarktes von 1,2 Millionen Mark wird der Fahrer des Sicherheitsfahrzeuges erschossen. Der Verdacht der Beteiligung richtet sich gegen den Beifahrer des Ermordeten ... Foto: Peter Carsten, Frithjof Vierock

21.15 Tele-Zoo
Der Panda – ein bedrohtes Symbol: Affenkinder als Friedensstifter

21.45 Heute-Journal

22.05 Aspekte – Kulturmagazin

22.45 Dame, König, As, Spion (1)
Nach dem gleichnamigen Spionageroman von John le Carré (Wh)
Mit Alec Guinness, Alexander Knox, Ian Bannen, Michael Aldridge u. a.

0.25 Heute

Nachbarländer

DDR
20.00 Front ohne Gnade. TV-Serie **20.55** Tips zum Fernseh-Wochenende **21.00** Josepha. Film mit Claude Brasseur **22.50** Aktuelle Kamera **23.05** Sport **2. Progr.: 19.00** Der Wunschbriefkasten **20.00** Cosi fan tutte oder die Schule der Liebenden. Musik von W. A. Mozart **21.30** Aktuelle Kamera **22.00** Cosi fan tutte (2) **23.15** Epido Re – Bett der Gewalt. Film mit Silvano Mangano

Österreich
20.15 Tage in Peking. Film **22.40** Gerhard Fritsch – der Herbst meiner Heimkehr **23.10** Sport **23.30** Nachrichten **2. Progr.: 20.15** Cosi fan tutte. Opera buffa. Musik von W. A. Mozart **23.35** Die Verfolger. Film **0.45** Nachrichten

Schweiz
19.30 Tagesschau. Sport **20.00** Fyraabig. Rund ums Muulörgeli **20.50** Rundschau **21.40** Tagesschau **21.50** Ich war eine männliche Kriegsbraut. Film **23.35** Tagesschau

Luxemburg – plus
18.53 Sieben vor 7. Newsshow **19.20** Der ganz normale Wahnsinn **20.05** Typisch RTL **20.30** Kinoparade. Zuschauer wählen per Telefon **22.20** Die Freundin war immer dabei. Film mit Claudia Cardinale

3. Programm

BAYERN

18.35 Meine Lieblingsgeschichte
Johanna Liebeneiner liest
18.45 Rundschau
19.00 Ende gut, alles gut
Komödie von William Shakespeare
Mit Celia Johnson, Ian Charleson, Michael Hordern, Angela Down u. a.
21.25 Münchner Maler
Franz Marc (1880–1916)
Der blaue Reiter
22.10 Rundschau
22.25 Z.E.N.
22.30 **So wie wir waren**
Amerikanischer Spielfilm (1973)
Mit Barbra Streisand, Robert Redford, Patrick O'Neal u. a. Regie: S. Pollack
0.25 Rundschau

SÜDWEST

18.00 Die Leute vom Domplatz (1)
18.30 Telekolleg: Sozialkunde (21)
19.00 Das Zündholzmonopol ist erloschen
Die tollen Geschäfte des Ivar Kreuger
Fernsehfilm
Mit Inrid van Bergen, Andreas Mannkopff, Paul Edwin Roth u. a. Regie: Michael Günther
20.15 Deutsche Denkmäler
Niederwald und Reichsromantik
21.00 **Einmal Moskau und zurück**
Komödie von Alexander Galin
Mit Martin Held, Regina Lemnitz, Helmut Wildt, Antje Weisgerber u. a.
Aufzeichnung einer Aufführung des Berliner Schloßpark-Theaters
22.45 Bericht vom Dreikönigstreffen der F.D.P.
23.15 Von Agenten gejagt
Amerikanischer Spielfilm (1940)
Mit Joseph Cotten, Dolores del Rio, Orson Welles u. a. Regie: Norman Foster (bis ca. 0.30 Uhr)

HESSEN

18.00 Klamottenkiste
Charlie Chaplin in: Der Landstreicher
18.15 Öl aus Sand und Schiefer
Von Hans-Gerd Wiegand
19.00 Geschichte im Fernsehen
Der weise Mann und das Spinnrad
Legende und Vermächtnis des Mahatma Gandhi
19.45 Songs alive
20.00 Freitags um 8
Journal zum Wochenende
20.45 Arche Noah nach Alpha Centauri?
21.30 Drei aktuell
21.45 **NDR – Talkshow**
Eine Live-Sendung mit Gästen

WDR,

18.00 Telekolleg: Sozialkunde (21)
18.30 Marco
19.00 Aktuelle Stunde
Mit »Blickpunkt Düsseldorf«
20.15 Taiwan – Das andere China
21.00 **Medizin im Dritten**
Leben an der Grenze (1)
Kinderklinik Düsseldorf
Film von Margret van Korb
21.45 Auf eigene Faust
Film von Uwe Penner
Bericht über einen »Hausierer«
22.15 Der Doktor und das liebe Vieh (1)
Nach den Erinnerungen des Tierarztes James Herriot
23.05 Rockpalast
Heroes of Rock 'n' Roll
0.35 Nachrichten

NDR, BREMEN, SFB

17.30 Zu Gast bei unseren Gästen:
Großbritannien (nur SFB)
18.00 Hallo Spencer (36)
18.30 Songs alive (Wh)
Englisch durch Lieder
18.45 Norwich Now
19.15 Prisma
Zauberformel Aerodynamik (1. Wh)
Der Mensch lernt fliegen
20.15 **Rufen Sie uns an!**
Heute: Sozialgesetze
Anschließend
Nachrichtentelegramm
21.15 Beirut – Der Tanz mit dem Tod
Film von Omar Amiralay
22.00 NDR-Talkshow
Voraussichtlich mit Otto Wolff von Amerongen, Friedrich Wilhelm Räuker, Prof. Hermann Rauhe, Mathieu Carrière, Géza von Cziffra, Karl Lagerfeld, Astrid Kohnen
Musik: Dutch Swing College Band

memo

das Fernsehen	television (media)
das Programm	T.V. listing; channel
die Sendung	program, broadcast
senden	to broadcast
Fernsehen schauen	to watch T.V.
fernsehen	to watch T.V.
der Fernsehfilm	film made for T.V.
die Tagesschau	news broadcast
aufnehmen	to record

GRUPPENAUFGABEN

STADTFÜHRUNG

Planen Sie zu dritt für eine deutsche Studentengruppe eine Führung durch Ihre «Lieblingsstadt» (Ihre Heimatstadt, die Universitätsstadt oder einen Nachbarort)! Arbeiten Sie mit Hilfe eines Stadtplans eine Stadtführung zu Fuß/per Auto/Bus/Straßenbahn usw. aus. Machen sie eine Kopie des Stadtplans.

Touristen bei der Stadtbesichtigung: «Und hier sehen Sie . . .»

PLANUNG

Machen Sie eine Liste von zehn Sehenswürdigkeiten. Gebrauchen Sie Ihre Phantasie und vergessen Sie nicht, daß Ihre ausländischen Gäste das «typische Alltagsleben» in Amerika kennenlernen wollen.
Sehenswürdigkeiten:

1. ______________	6. ______________
2. ______________	7. ______________
3. ______________	8. ______________
4. ______________	9. ______________
5. ______________	10. ______________

Zeichnen sie auf dem Stadtplan eine Route ein, die die deutsche Gruppe in etwa vier Stunden (nicht mehr!) zurücklegen kann.

DIE FÜHRUNG

Bilden Sie Paare mit einer zweiten Dreiergruppe. Person A1 gibt B1 einen unmarkierten Stadtplan und führt sie/ihn mündlich über die gewählte Route. Person B1 zeichnet sich auf dem Plan ein, was sie hört und wiederholt die Anweisungen («Ich gehe also geradeaus. . .»). Rückfragen sind erlaubt («Wie war das noch mal?»).

Vergleichen Sie nun mit Ihrem Partner die ursprüngliche Route mit dem Ergebnis Ihrer Anweisungen.

memomemor

zunächst/zuerst	first
danach/dann	then
Gut, also jetzt	OK, now . . .
Richtig. Nun . . .	Right. Now
Ich habe fast vergessen zu sagen . . .	I almost forgot to say . . .
Ach so, da ist noch was . . .	Oh, one more thing . . .
Paß auf:	Now listen:
rechts/links abbiegen	turn right/left
geradeaus	straight ahead
erste Straße links/rechts	take your first left/right
Geh an (der Post) vorbei.	Go past (the post office).
Geh in die XYZ-Straße . . .	Go down XYZ street . . .
Geh die Straße entlang bis zu . . .	Go along the street till . . .

4

ROLLENSPIELE

Bilden Sie Gruppen zu viert. Drei von Ihnen machen Pläne—ohne Vorbereitung. Der vierte schreibt auf, welche Redemittel gebraucht werden. Nachher werden diese Redemittel in der Gruppe diskutiert. Die Klasse kann eine Liste zusammenstellen. Zeitgrenze pro Spiel: 4 Minuten.

BETRIEBSAUSFLUG
Sie und zwei andere Mitarbeiter sollen dieses Jahr den Betriebsausflug Ihrer Firma organisieren. Man fährt mit dem Zug oder mit dem Bus einen Tag irgendwohin, wo irgendwas von der Gruppe unternommen wird. Planen Sie für 30 Personen!

UNTERRICHT IM FREIEN
Zwei Schüler sprechen mit ihrem etwas konservativen und strengen Lehrer. Weil es heute so schön warm ist, wollen die Schüler nicht im Klassenzimmer sitzen. Sie bitten den Lehrer, den Unterricht draußen im Freien abzuhalten. Der Lehrer will wissen, wie man das organisieren soll.

SONNTAG IN DER FAMILIE
Mutter, Vater und Sohn (15 Jahre alt) besprechen am Frühstückstisch,wie sie den Sonntag verbringen wollen. Es gibt nur ein Auto in der Familie. Die Mutter möchte den Sonntag im Freien verbringen; der Vater möchte gern mit dem Sohn nur unter Männern sein; der Sohn möchte irgendwas erleben.

WOHNGEMEINSCHAFT

Bilden Sie Gruppen von 5-6 Personen. Sie haben sich durch Zeitungsannoncen gefunden, da Sie alle in einer Wohngemeinschaft wohnen wollen. Nun, am ersten Abend nach dem großen Einzug wollen Sie die tägliche Routine besprechen und die Arbeitsteilung organisieren. Die Mitbewohner sind

1. ein Reporter bei einem billigen Straßenblatt
2. ein Verkäufer in einem großen Möbelgeschäft
3. eine Studentin der Elektrotechnik
4. eine Innenarchitektin
5. eine Studentin der Zahnmedizin
6. ein Taxifahrer, ausgebildet als Jurist

Jeder soll für sich erst eine Liste von fünf Tätigkeiten aufstellen, die er/sie gern für das Haus und die Gruppe übernehmen möchte, und die auch wichtig für das Gruppenleben sind. Zeitgrenze: 5 Minuten.
Was ich machen kann und will:

1. ______________________________

2. ______________________________

3. ______________________________

4. ______________________________

5. ______________________________

Mit der Gruppe zusammen besprechen Sie, wer was machen soll. Versuchen Sie, die Arbeit gleichmäßig aufzuteilen. Streichen Sie unnötige Tätigkeiten von dem Plan. Schreiben Sie den Arbeitsplan auf.

memo

jeden Morgen/Abend/Tag
einmal die Woche/im Monat
Wir können uns mal abwechseln, wenn du willst.

Geschirr spülen	do the dishes
Fenster putzen	wash the windows
Boden kehren	sweep the floor
Teppich staubsaugen	vacuum the carpet
Rasen mähen	mow the lawn
Mülleimer leeren	empty the garbage can

NICHT VERGESSEN!

- Elektriker anrufen
- Reinigung
- Schuhe beim Schuster abholen
- Post: Briefmarken kaufen
- an Tante Hilde schreiben (80. Geburtstag)
- Franzens einladen 27. Oktober 19³⁰

4

Arbeitsplan der Wohngemeinschaft ______________________.

Tätigkeit	Dauer/Häufigkeit	Name

Wenn der Plan fertig ist, wählen Sie einen Stellvertreter, der vor der Klasse über die Organisation Ihrer Wohngemeinschaft berichtet.

WAS MACHEN WIR BLOSS DAMIT?

Morgen werden eine Million alte deutsche Taschenbücher in Ihr Klassenzimmer geliefert. Auf einem Lehrerkongress wurde mal eine Bitte um Lesestoff an deutsche Bücherantiquariate gerichtet. Jetzt sind sämtliche Bücher aus Versehen an Ihre Universität geschickt worden. Leider haben Sie keinen Platz für so viele Bücher! Sie können die Bücher aber nicht zurückschicken. Als Klasse können Sie aber vielleicht Geld damit verdienen.

Bilden Sie Gruppen von fünf Personen und überlegen Sie sich einen Plan, wie Sie mit den deutschen Taschenbüchern möglichst viel Geld verdienen können. Benutzen Sie Ihre Fantasie!

memo

Das schaffen wir nie.	We'll never be able to manage that.
Hast du daran gedacht, daß...	Did you consider that...
Ich hätte einen besseren Vorschlag.	I've got a better idea.
Wie wäre es, wenn...	How about...?

UND JETZT LOS!

FREMDENFÜHRER

Bitten Sie beim Admissions Office Ihrer Universität um eine Liste aller neuen Studenten, die an der High School Deutsch gelernt haben. Organisieren Sie für sie eine Campus- oder Stadtführung . . . auf Deutsch! Kündigen Sie die Tour in Ihrer Universitätszeitung an.

Treffpunkt:

Treffzeit:

VOKABELNPAUKEN

Wie lernt man am besten neue Vokabeln in der Fremdsprache? Arbeiten Sie zuerst allein und notieren Sie die Schritte, die Sie selbst durchmachen.

1. ______________________________
2. ______________________________
3. ______________________________
4. ______________________________
5. ______________________________

Vergleichen Sie nun in Gruppen zu viert Ihre Anweisungen. Machen Sie alle zuerst den gleichen Schritt? Welche Schritte finden Sie besonders nützlich? Stellen sie eine vollständige Anweisung in schriftlicher Form zusammen. Achten Sie auf die Reihenfolge: welcher Schritt folgt am besten dem anderen?

EIN REZEPT ZUM VOKABELLERNEN

Zuerst ______________________________

Dann ______________________________

Gleichzeitig ______________________________

Danach ______________________________

Und später ______________________________

und zwar erstens, ______________________________

zweitens, ______________________________

drittens, ______________________________

Nachher ______________________________

Hängen Sie die fertigen Anweisungen auf, wo die Klasse sie lesen kann. Verteilen Sie sie auch in den anderen Deutschklassen.

SPIEL MIT!

Organisieren Sie in Ihrer Klasse ein deutsches BINGO Spiel für alle Deutschklassen. Als Klasse entscheiden Sie zunächst:

Wann findet es statt? Am __________ von __________ bis __________

Wo? ______________________ oder ______________________

Wen laden Sie ein? ______________________________

____

VORBEREITUNG

Bilden Sie Vierergruppen

Gruppe A: Stellen Sie verschieden numerierte BINGO-Tafeln her, insgesamt zweimal so viele Tafeln, wie Teilnehmer am BINGO-Spiel. Benutzen Sie die Zahlen von 1-30.
15 leere Deckkarten (Knöpfe, Pfennige, Bohnen u.s.w.) pro Teilnehmer;
30 einzelne Karten mit den Zahlen 1-30

Gruppe B: Schreiben Sie die Einladung und schicken Sie sie ab.

Gruppe C: Schreiben Sie die Spielregeln auf.

AM SPIELTAG

Wählen Sie drei oder vier Spielleiter, die sich abwechseln können, um die BINGO-Nummern auszurufen und den Gewinner bei jedem Spiel zu bestimmen. Wer zuerst «BINGO» ruft, soll seine Zahlen laut vorlesen.

UNTERRICHTSSTRUKTUR

Wie organisiert Ihr(e) Deutschlehrer(in) das Unterrichtsgespräch? Welche Redemittel werden im Klassenzimmer benutzt, um das Gespräch zu steuern und zu strukturieren? Beobachten Sie Ihren Deutschlehrer während einer Stunde und notieren Sie, was er sagt.

Wie reagiert Ihr Lehrer auf Aussagen von Studenten?

positiv	**negativ**
z.B. «gut»	z.B. «nein»
______	______
______	______
______	______

Wie wechselt der Lehrer zu einer anderen Tätigkeit über?
z.B. Seid Ihr soweit? Gut.

Wie beginnt und beendet er die Stunde?
z.B. Guten Morgen! - Also, bis Montag!

Besprechen Sie nun in der Klasse die Redemittel, die Sie aufgeschrieben haben. Haben Sie sie richtig mitgeschrieben?

Manchmal sagt der/die Lehrer(in) einiges auf Englisch. Wie hätte er/sie es auf Deutsch sagen können?

auf Englisch	**auf Deutsch**

vokabeln die ich aus diesem Kapitel festhalten möchte

Kapitel 5

ICH KANN ES NICHT! NEIN! ICH KANN ES NICHT!
Nun aber geschwinde zum Geburtstagskinde!
Ein frohes Weihnachtsfest und viel Glück zum Jahreswechsel

MIST!
?
Schenk ich Dir
Janosch

5

GEFÜHLE AUSDRÜCKEN UND DARAUF REAGIEREN

«Das ist nett von dir.»

HÖREN UND VERSTEHEN

ÜBUNG 1

Hören Sie den folgenden Gesprächen zu und entscheiden Sie, ob die Sprecher a) glücklich, b) verärgert oder c) überrascht sind und mit welchen Redemitteln sie ihre Gefühle ausdrücken.

	das Gefühl	**die Redemittel**
Gespräch 1	________	________________
		________________
Gespräch 2	________	________________
		________________
Gespräch 3	________	________________
		________________

ÜBUNG 2

Hören Sie den folgenden Gesprächen zu und notieren Sie, wie die zweite Sprecherin ihr Mitleid für ihre Nachbarin ausspricht. Schreiben Sie mindestens drei Redemittel auf.

z.B. Das tut mir leid.

1. ____
2. ____
3. ____

ÜBUNG 3

Transkribieren sie eine Minute von einem der Gespräche in Übung 1 oder Übung 2. Zeichnen Sie ein, wo die Stimmen besonders hoch steigen oder besonders niedrig fallen.

z.B. Mensch, das ist Klasse!

____

____

____

____

WORTSCHATZERWEITERUNG

LAUNEN

Wann sind Sie guter Laune, wann schlechter Laune? Geben Sie mindestens zwei Situationen für jede Laune an (z.B.: Ich habe schlechte Laune, wenn ich einen Streit mit meinem Freund gehabt habe).

1. Ich bin ganz schön deprimiert. ______________________

   ____
2. Ich bin unheimlich böse. ______________________

   ____
3. Ich bin wahnsinnig glücklich! ______________________

   ____
4. Ich bin vollkommen überrascht! ______________________

   ____

MENSCHLICHE EIGENSCHAFTEN

Hier ist eine Liste von Adjektiven zur Beschreibung von menschlichen Eigenschaften und Stimmungen. Besprechen Sie in Dreiergruppen, in welche Kategorie jedes Adjektiv am besten paßt. Suchen Sie noch zwei weitere Synonyme für jede Gruppe. Dazu können Sie ein deutsch-deutsches oder ein englisch-deutsches Wörterbuch benutzen. Vergleichen Sie Ihre Synonymlisten mit denen der anderen Gruppen, und begründen Sie Ihre Auswahl.

Unintelligent • brillant • höflich • herrlich • reizend • witzig • begabt • böse • salopp • reizvoll • gut aussehend • amüsant • elend • weise • gütig • sympathisch • scharfsinnig • sauer • munter • verzagt • fesselnd • zornig • traumhaft • dämlich • köstlich • trostlos • gescheit • wütend • albern • blöde • bekümmert • bezaubernd

schön	fröhlich	dumm

nett	interessant	traurig

5

DU UND ICH

DIE MIENE

Was sagen diese Leute? Lesen Sie diese Ausrufe mit der richtigen Intonation. Achten Sie auf das Register: grob/vulgär (-), familiär (o), neutral/höflich (+).

Mitleid

Du Ärmste(r)!	+
Das tut mir leid!	+
Das gibt's doch nicht!	+

Ärger

Ich bin sauer!	o
So ein Mist!	o
das ist Unsinn!	o
Scheiße!	-
Verdammt!	-
Verflixt noch mal!	o
Das geht zu weit!	+

Enttäuschung

Oh jeh!	o
Schade!	+
Mensch!	o
Ach!	+

Mißfallen

Pfui!	o
Um Himmelswillen!	+
Scheußlich!	+
Schrecklich!	+

5

Freude

Prima!	o
Fantastisch!	o
Toll!	o
Klasse!	o
Sagenhaft!	+
Das freut mich!	+
Mensch!	o
Menschenskind!	o

Überraschung

Mann oh Mann!	o
Na sowas!	o
Donnerwetter!	o
Unglaublich!	+
Ach du lieber Gott!	+
Stimmt's?	+
Wirklich?	+

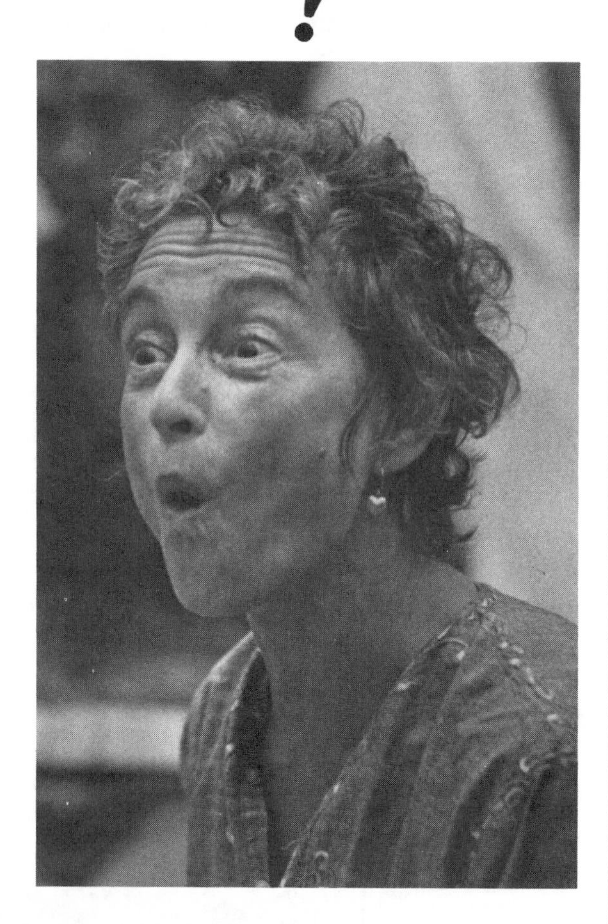

Schreiben Sie einen Gefühlsausruf unter jedes Bild. Vergleichen Sie Ihren Text mit dem von zwei anderen Studenten. Erfinden Sie gemeinsam einen Grund, warum die Person auf dem Bild in dieser Laune ist.

WAS SOLL ICH SAGEN?

Was sagen Sie einem Freund, dem gerade etwas sehr Schönes oder sehr Schlechtes passiert ist? Arbeiten Sie zu zweit und machen Sie eine Liste von jeweils fünf freudigen und fünf traurigen Situationen.

ICH FREUE MICH DARÜBER.

1. ______________________________
2. ______________________________
3. ______________________________
4. ______________________________
5. ______________________________

ICH BIN TRAURIG DARÜBER.

1. ______________________________
2. ______________________________
3. ______________________________
4. ______________________________
5. ______________________________

Sprechen sie nun mit einem Klassenkameraden. Beschreiben Sie ihm eine der Situationen auf Ihrer Liste. Er soll als Hörer mit passenden Ausrufen auf Ihre Situation reagieren.

memomen

Das freut mich wirklich.	I'm happy to hear that.
Ich freue mich riesig für dich.	I'm delighted for you.
Fantastisch!	Fabulous!
Mensch! Klasse!	Wow!
Spitze!	Great!
Das tut mir leid!	I'm so sorry.
Du Ärmste(r)!	Poor you!
Wie schrecklich!	How awful.
Mein Gott, wie ist denn das passiert?	My God, how did that ever happen?
So ein Pech!	What bad luck!

VIEL GLÜCK!

Worauf freuen Sie sich? Gibt es in der nächsten Zeit besonders wichtige Tage für Sie? Schreiben Sie auf, worauf Sie sich freuen!

heute abend: ______________________________

morgen: ______________________________

5

nächste Woche: ______________________

nächsten Monat: ______________________

in sechs Wochen: ______________________

Besprechen Sie zu zweit, was Sie in der nächsten Zeit vorhaben. Reagieren Sie immer mit einem passenden Redemittel. Dann suchen Sie sich einen neuen Partner. Beispiel:

A: Wann hast du Geburstag?
B: Morgen!
A: Wirklich? Ich auch. Herzlichen Glückwunsch.
B: Dir auch!

A: Was machst du im Juni?
B: Ich fahre nach . . .
A: . . .

memomemomen

Viel Glück!	Good luck.
Mach's gut!	Keep well.
Alles Gute!	All the best.
Hals- und Beinbruch!	Break a leg!
Schönen Abend/Tag noch!	Have a nice evening/day.
Schöne Ferien!	Have a nice vacation.
Gute Reise!	Have a nice trip.
Frohe Weihnachten!	Merry Christmas.
Frohes Fest!	Happy Holidays.
Herzlichen Glückwunsch (zum Geburtstag)!	Congratulations. (Happy Birthday)
Ja, dann wünsche ich dir . . .	Well, I wish you . . .
Danke schön!	Thank you.
Vielen Dank!	Many thanks.
Danke, gleichfalls!	Thanks to you, too.
Ebenfalls!	Same to you.
Dir auch! (*as response to* Ich wünsche . . .)	You, too.
Mach's besser! (*as response to* Mach's gut!)	You, too. (*as response to* Take care!)

WEN FINDEN SIE SYMPATHISCH?

▶◀ Lesen Sie mit Ihrem Gesprächspartner die folgenden Heiratsanzeigen. Schreiben sie eine Liste von Eigenschaften auf.

Freundschaften

Nette SIE sucht tolerante Bi-Freundin Raum Allgäu (Bildzuschrift erwünscht). Ch. B 2467

Raum Heidelberg-Heilbronn: Er, Prakt.-Betriebswirt, 37, 170 cm, ledig, rk., sportlich, sucht nette und sympath. SIE, welche noch etwas von Liebe und Treue hält. Bildzuschrift erbeten. Ch. B 2452

Sie, 38 J., sucht Bi-Freundin i. Bodenseeraum, Ch. B 2454

Junggeselle, Niedersachsen, 42/173, jünger auss., 75 kg, dunkelhaarig, solide, humorvoll u. ernsthaft, sucht nette Freundin, ca. 30–40 J. Bei Zuneigung u. echtem Verstehen Heirat erwünscht. Mag gern Wandern, Musik u. ä. Ch. B 2455

Ing., 37/176, sportlich, romantisch, m. schlanke SIE kennenlernen. Ganzbildzuschrift. Ch. B 2463

Hallo, nettes Mädchen! 20–29 J. jung, 165 cm groß. Gestern eilten wir auf der Straße aneinander vorbei – ein kurzes Lächeln – Du bist verschwunden. In den Kneipen warst Du nicht zu finden. – Ich, 30/183, interessanter Typ, möchte Dich wiedersehen! Raum HD + 200 km! Komm – gib Deinem Herzen einen Stoß und schreib! Ch. B 2457

Raum 2 oder sonstwo: Ein Mann für die Liebe, mit allem, was dazugehört, zu vergeben (spätere Ehe erwünscht): 37/185, sehr gut vorzeigbar, akad. Ausb., Spitzensportler, höherer Staatsdienst. – Ich freue mich auf die bebilderte Zuschrift einer jungen, hübschen, sehr zärtlichen und wohlgeformten Frau. Ch. B 2460

ER, 23/172, schwarzhaarig, gutaussehend, unabhängig u. reisefreudig, sucht tolerante, reife attraktive SIE. Ernstgemeinte Bildzuschrift bitte an Ch. B 2459

Raum Stuttgart: ER, 40/170, sucht nette Partnerin. CH B 2449

Raum Oldenburg/Ammerland: Bin 58, 31 Jahre verheiratet, lesbisch. Familie intakt dank immerwährender Selbstdisziplin und Rücksichtnahme meinerseits. Vor Jahren Freundin verloren, seither innerlich vereinsamt. Ich wage diesen Versuch! Erwünscht wäre: Niveau, Bildung, heiteres, liebevolles Wesen, gepflegte, ansprechende Erscheinung, einige Unabhängigkeiten. Alter etwa 40–55. Möglichst hiesiger Raum. Foto erbeten. Ch. B 2465

Diplom-Kaufmann, 40/178, schlank, Münchner, möchte seinem Leben mehr Inhalt geben und einer liebenswerten SIE, Anfang 30, auch mit Kind, Geborgenheit vermitteln. Ch. B 2464

Amerikaner, in Afrika geboren, 36/172/72, Kunstmaler, Techniker, spricht Englisch und etwas Deutsch, möchte auf diesem Wege Brieffreundschaft mit weiblicher, hübscher SIE, 23/160/72 (Hochschulbildung), anknüpfen. B. Iris, POB 309, Argo, Ill. 60501, USA

AUSTRALISCHE MÄNNER und Deutsche in Australien suchen deutsche Frauen und Mädchen zwecks Briefwechsel, Freundschaft o. Heirat. Senden Sie zur Kontaktaufnahme Foto, persönliche Angaben per Luftpost an Ihre DEUTSCHE HEIRATSVERMITTLUNG in Melbourne: P.O. Box 331, Elsternwick, 3185, AUSTRALIA

Welcher Mann hat das Aussehen von Alain Delon und besitzt ein Bankkonto wie Onassis? Der darf mir schreiben. Mannequin, 25/170/154. Nur Bildzuschrift. CH B 2447

25jähriger in abgewetzter Lederjacke sucht Partnerin, um durch Berlin zu streifen. CH B 2445

Im Club „Wir + das Menschliche e. V." finden Sie den gewünschten Kontakt. Werden Sie Mitglied. Treffpunkte in Ihrer Nähe. Anfr.: Postfach 91 03 08/9 – 8500 Nürnberg 91

Die Männer wünschen sich bei einer Frau:

____

____

Die Frauen wünschen sich bei einem Mann:

____

____

Notieren Sie, wie die Männer und Frauen sich selber beschreiben und anpreisen.

Frauen über sich:

____

____

Männer über sich:

____

____

Passen die Männer zu den Frauen? Würden diese Frauen die Männer in den Anzeigen sympathisch finden? Erzählen Sie der Klasse, was Sie herausgefunden haben.

5

GRUPPENAUFGABEN

DER IDEALE EHEPARTNER

Was sind für Sie die wichtigsten Eigenschaften eines Ehepartners? Bilden Sie kleine Gruppen von nur Männern oder nur Frauen. Stellen Sie eine Liste mit den Eigenschaften eines perfekten Partners zusammen.

Ich mag ______________________________ Männer/Frauen.

Ich habe gern ______________________________ Männer/Frauen.

Ich finde ______________ Männer/Frauen sehr attraktiv/ganz angenehm.

Mir sind ______________ Männer/Frauen sympathisch/unsympathisch.

______________________ Männer/Frauen gefallen mir besonders gut.

______________________ Männer/Frauen kann ich nicht leiden.

Je eine Männer- und Frauengruppe vergleichen ihre Listen. Was halten Sie von den beiden Listen? Fehlen irgendwelche Eigenschaften?

Waaas?	What?
Ach so.	Oh.
Unglaublich!	unbelievable!
Hätte ich nie gedacht!	I'd never have guessed.
Stimmt das?	Really?

GRATULIERE!

In einer Gruppe von sechs Personen werfen Sie einen Würfel. Wer die höchste Zahl bekommt, erhält nun die folgende Nachricht (der Lehrer kann folgendes bekanntgeben):

> *"Sie haben gewonnen! Herzlichen Glückwunsch! Wir freuen uns, Ihnen mitteilen zu können, daß Sie einstimmig zum Sieger erklärt wurden. Wir werden Ihnen per Telephon in den nächsten Tagen ausrichten, wo und wie Ihnen der Preis zugeteilt wird."*

DER SIEGER
Sie wissen nicht, warum oder wofür Sie plötzlich einen Preis gewinnen sollen. Ihrer Meinung nach haben Sie nichts Besonderes geleistet. Den anderen Leuten gegenüber zeigen Sie aber keinen Zweifel und sind nur stolz und glücklich.

DIE GRUPPE
Sie freuen sich riesig daß Ihr(e) Freund(in) gewonnen hat, obwohl Sie noch nicht wissen, warum oder was. Jeder gratuliert ihm/ihr.

Plötzlich wird wieder eine Nachricht durchgegeben (der Lehrer kann noch einmal vorlesen):

> *"Es wurde gerade ein schrecklich peinlicher Fehler entdeckt. Leider haben wir es nicht verhindern können, daß Sie die falsche Nachricht bekamen. Der vorhin genannte Preis ist an jemand anderen verliehen worden. Wir bedauern sehr, daß wir Sie enttäuschen müssen."*

Ihre Freunde drücken ihr Mitgefühl aus. Was sagt der Sieger jetzt? Gibt er zu, daß er den Preis nicht verdient hat, oder daß auch er enttäuscht ist? Spielen Sie die Szene weiter. Zeitgrenze: 3 Minuten.

SCHON WIEDER?

Manchmal ärgern wir uns, wenn gute Freunde ohne eigene Schuld in einer schwierigen Lage sind, z.B. wenn ihnen das Auto gestohlen wird, oder sie nach 15 Jahren von einer Arbeitsstelle entlassen werden. Doch steckt der Freund andererseits manchmal in einer Lage, die er eigentlich hätte vermeiden können. Dann hat man wenig Mitgefühl und möchte ihm alles vorwerfen.

Bilden Sie Vierergruppen. Eine Person hört zu und reagiert auf die Geschichte, die die drei anderen gemeinsam erzählen. Vertauschen Sie die Rollen.

DIE GRUPPE: "UNS IST WAS SCHRECKLICHES PASSIERT!"

1. Unglück: Wir dürfen nicht mehr im Studentenheim wohnen.
2. Unglück: Der Lehrer hat uns schlechte Noten für das Gruppenreferat gegeben.
3. Unglück: Die Polizei hat uns bei der Demonstration verhaftet.
4. Unglück: Wir können diesen Monat die Miete nicht bezahlen.

WIE REAGIERT DER HÖRER AUF DIE GESCHICHTE?

memomemome

ICH ÄRGERE MICH AUCH DARÜBER:

Das gibt's doch nicht.	That's impossible.
Das ist Unsinn.	That's crazy.
Ich bin so sauer.	I'm furious.
Da könnte ich mich aber aufregen.	I'm going to blow up.
Das macht mich verrückt.	That ticks me off.

DAS IST WIRKLICH EURE SCHULD:

Na ja, was wollt ihr denn?	Well, what do you want?
Schon wieder?	Not again?
Das habe ich doch gewußt.	I knew it!
Das geschieht euch recht!	It serves you right.
Ihr seid selber schuld.	You're guilty.
Das hättet ihr nicht tun sollen.	You shouldn't have done it.
Wie konntet ihr das bloß tun?	How could you do it?

DIE PEANUTS

Von Charles M. Schulz

UND JETZT LOS!

IN DEN MUND GELEGT

Schreiben Sie neue Texte für die Sprechblasen von Charlie und Linus. Verwenden Sie möglichst Redemittel aus diesem Kapitel. Hängen Sie die neuen Comics an die Wand, damit alle in der Klasse sie lesen können.

LESERBRIEFE

Schreiben Sie einen Leserbrief an die Autoren dieses Buches. Was halten Sie von diesem Buch? Entspricht es Ihren Erwartungen? Geben Sie Beispiele.

Adresse: Professors Kramsch and Crocker
Foreign Languages and Literatures
Massachusetts Institute of Technology
Cambridge, MA 02139

memo

POSITIV	NEUTRAL	NEGATIV
neu	**weder gut noch schlecht**	**schrecklich**
attraktiv	**einigermaßen ...**	**gräßlich**
witzig	**passabel**	**unmöglich**
pfiffig	**ganz angenehm**	**furchtbar**
sympathisch	**nicht schlecht**	**scheußlich**
	interessant, aber ...	

MIT GEFÜHL

MANN! OH! MENSCH! SO! ALSO! NUN ACH!

Man kann diese Wörter mit unterschiedlichem Tonfall sagen und schon nehmen sie eine andere Bedeutung an. Wählen Sie mit einem Partner zusammen jeweils ein Wort und sprechen Sie es mit den folgenden Gefühlen aus. Nehmen Sie sich auf Tonband auf.

Überraschung Mitleid Angst Langeweile Ärger Enttäuschung Verzweiflung Beunruhigung Erstaunen Schmerz Sorge

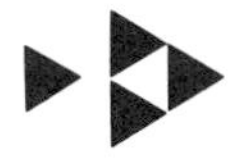

Nun nehmen Sie irgendeinen deutschen Text: ein Telefonbuch, ein Wörterbuch, ein Inhaltsverzeichnis, einen Veranstaltungskalender, den Sie normalerweise nie vorlesen oder vorspielen würden. Lesen Sie diesen Text laut mit einem dieser Gefühle vor. Zeichnen Sie am besten im Text ein, wo Ihre Stimme besonders hoch steigen oder niedrig fallen muß. Üben Sie möglichst mit einem Tonband. Lesen Sie diese Texte der Klasse vor. Die anderen sollen raten, mit welchem Gefühl Sie sprechen.

vokabeln die ich aus diesem Kapitel festhalten möchte

Kapitel 6

6

GESCHICHTEN ERZÄHLEN, GESCHICHTEN HÖREN

«Erzähl' doch mal»

HÖREN UND VERSTEHEN

Hören Sie sich bitte die drei Geschichten auf dem Tonband an.

Übung 1: Martin erzählt, wie er einmal auf der Autobahn am Steuer seines Autos eingeschlafen ist, und wie er fast einen Unfall gehabt hätte.

Übung 2: Helga erzählt, wie sie eines Nachts aufgewacht ist, und das Haus gegenüber mit riesigen Stichflammen brannte.

Übung 3: Jörg erzählt seiner jungen Nichte vor dem Schlafengehen ein Märchen.

Hören Sie jede Geschichte ein zweites Mal an und notieren Sie, mit welchen Mitteln der Erzähler und der Zuhörer die Geschichte gestalten.

1. Wie beginnt der Erzähler seine Geschichte: z.B. *«Ja also, es ist mir neulich etwas Komisches passiert.»* — *«Es war einmal . . .»*
2. Mit welchen Worten wird der Geschichte eine Struktur gegeben, die die Aufmerksamkeit und das Interesse des Zuhörers sichert? z.B. *«Und plötzlich . . . »* (zeitlich strukturierend) — *«Stell dir vor . . .»* (den Zuhörer einbeziehend)
3. Wie hilft der Zuhörer dem Erzähler im Laufe des Erzählens? z.B. *«Und dann?»* (direkte Frage) — *«Da konntet ihr wahrscheinlich nicht mehr schlafen»* (Kommentar) *«Oh! Wirklich? Mein Gott!»* (Ausrufe)
4. Wie beendet der Erzähler seine Geschichte? z.B. *«Das tue ich nie wieder, das kann ich dir sagen!* (Kommentar) — *«Und wenn sie nicht gestorben sind, so leben sie noch heute»* (Standardformel für Märchen)

	Anfang	*Sicherung des Interesses*	*Hörersignale*	*Ende*
Übung 1				
Übung 2				
Übung 3				

WORTSCHATZERWEITERUNG

ERLEBNISSE

Schreiben Sie vier Wörter oder Redewendungen auf, die Sie brauchen würden, um die folgenden wahren oder erfundenen Erlebnisse zu erzählen.

«DAS TOLLSTE, WAS ICH JE ERLEBT HABE»

z.B. riesengroß

____________________ ____________________

____________________ ____________________

«DAS FURCHTBARSTE, WAS ICH JE ERLEBT HABE»

z.B. Angst haben vor (+ *Dat.*)

____________________ ____________________

____________________ ____________________

«DAS LUSTIGSTE, WAS ICH JE ERLEBT HABE»

z.B. sich kaputt lachen

____________________ ____________________

____________________ ____________________

«EINE ANEKDOTE AUS MEINER FAMILIENGESCHICHTE»

z.B. böse sein auf (+ *Akk.*)

____________________ ____________________

____________________ ____________________

Fragen Sie Ihren Lehrer oder schlagen Sie im Wörterbuch nach, wenn Sie den deutschen Ausdruck nicht kennen.

6

MÄRCHEN

Denken Sie an bekannte Märchen wie «Hänsel und Gretel», «Schneewittchen» (*Snow White*), «Rotkäppchen» (*Little Red Riding Hood*), «Dornröschen» (*Sleeping Beauty*), «Aschenputtel» (*Cinderella*). Diese Märchen besitzen typische Elemente. Phantasieren Sie und erfinden Sie noch zwei Elemente in jeder Kategorie.

Wann findet das Märchen statt?
im Winter
____
____

Wo spielt sich das Märchen ab?
auf dem Land
____
____

Wer ist der Held/die Heldin?
ein Prinz/eine Prinzessin
____
____

Was wünscht er, bzw. was fehlt ihm zu seinem Glück?
Liebe
____
____

Von wem bekommt er Ratschläge bzw. Auskunft?
von einem alten Mann
____
____

Wie macht der Held sich auf den Weg?
er geht in den Wald
____
____

Wen trifft er unterwegs?
ein Tier
____
____
____

Welche Hindernisse muß der Held überwinden?
Gespenster
____
____

Wo kommt der Held am Ende seiner Reise an?
an einem Schloß
____
____

Wer wohnt dort?
ein böser König
____
____

Wie wird der Held besiegt?
er wird verletzt
____
____

Wie hilft ihm sein Freund?
er macht ihn wieder gesund
____
____

Wie wird der Feind bestraft?
er wird getötet
____
____

Was bekommt der Held als Belohnung?
einen Schatz
____
____
____

DU UND ICH

HÄNDE UND GESICHT SPRECHEN MIT!

Spielen Sie zu zweit folgendes Rollenspiel. Sie wenden sich Ihrem Nachbarn zu und erzählen ihm/ihr das Furchtbarste, was Sie je erlebt haben (Vokabeln siehe S. 95). Sie haben vier Minuten Zeit. Sie müssen nicht immer die Wahrheit sagen, Sie dürfen ruhig übertreiben! Gebrauchen Sie Ihre Hände, Ihr Gesicht und Lautmalerei, um Ihre Geschichte interessanter zu machen. Als Zuhörer helfen Sie Ihrem Partner mit aktiver Teilnahme (siehe S. 94), Kopfnicken und interessiertem Gesichtsausdruck.

memomemomemomemomemomen

LAUTMALEREI:

es war soooo groß (Händezeichen)	it was thaaaat big!
bums! klatsch!	sound of hitting or falling
plumps! platsch!	sound of falling into water
husch! wupp! hopp!	rapid movement (*such as disappearing suddenly or moving quickly from one place to the other*)
schnipp, schnapp!	sound of cutting something to pieces
pitsch, patsch	walking in water puddles, wet feet on floor
puff! peng!	shooting
Au! Aua!	expression of pain
He!	expression of surprise or indignation
Hau ruck!	pulling/tugging together on something
Futsch!	broken, lost, gone!
bim bam	sound of bell

ZUHÖRERREAKTIONEN

Ach was!	Is that so?
Wahrhaftig?	Honest?
Tatsächlich?	Really?
Das ist nicht möglich!	That's impossible.
Nicht zu glauben	Unbelievable!
Du meinst . . .	You mean . . .

Jetzt wählen Sie einen anderen Partner. Erzählen Sie ihm *dieselbe* Geschichte. Sie haben diesmal nur drei Minuten! Dann wiederholen Sie ihre Geschichte einem dritten Partner. Sie haben diesmal nur zwei Minuten! Jedesmal werden Sie die Geschichte mit größerer Sprechfertigkeit erzählen können.

Wie haben sich die drei Zuhörer verhalten? ______________________

Notieren Sie hier den Namen des besten Zuhörers: ______________________

Begründen Sie Ihre Wahl: ______________________

____

Besprechen Sie in der Klasse, wie ein guter Zuhörer dem Erzähler helfen kann.

ERZÄHLRHYTHMUS

Ein Geschichtenerzähler *erzählt* nicht nur, *was geschah*, sondern macht immer wieder Pausen, um zu *beschreiben*, *wie die Lage war*. Diese Abwechslung von Erzählung und Beschreibung (oder Kommentar) gibt der Geschichte einen gewissen Rhythmus, der die Erzählung erst spannend macht.

Lesen Sie das Märchen von Hänsel und Gretel, bzw. die Urfassung, *Das Brüderchen und das Schwesterchen*.

DAS BRÜDERCHEN UND DAS SCHWESTERCHEN

Es war einmal ein armer Holzhacker, der wohnte vor einem großen Wald. Er war so arm, daß er kaum seine Frau und seine zwei Kinder ernähren konnte. Eines Tages hatte er auch kein Brot mehr und war in großer Angst, da sprach seine Frau abends im Bett zu ihm: «Nimm die beiden Kinder morgen früh und führe sie in den großen Wald, gib ihnen das übrige Brot und mach ihnen ein großes Feuer an und dann geh weg und laß sie allein.» Der Mann wollte lange nicht, aber die Frau ließ ihm keine Ruhe, bis er endlich einwilligte.

Aber die Kinder hatten alles gehört, was die Mutter gesagt hatte. Das Schwesterchen begann zu weinen, das Brüderchen sagte ihm, es solle still sein, und tröstete es. Dann stand er leise auf und ging hinaus vor die Tür. Da war es Mondenschein, und die kleinen weißen Steine glänzten vor dem Haus. Der Knabe las sie sorgfältig auf und füllte seine Taschen damit, soviel er nur hineinbringen konnte. Dann ging er wieder zu seinem Schwesterchen ins Bett und schlief ein.

Früh am Morgen, bevor die Sonne aufgegangen war, kamen der Vater und die Mutter und weckten die Kinder auf, die mit in den großen Wald sollten. Sie gaben jedem ein Stück Brot. Das Schwesterchen steckte sie unter das Schürzchen, denn das Brüderchen hatte die Tasche voll von den Kieselsteinen. Dann machten sie sich fort auf den Weg zu dem großen Wald. Wie sie nun so gingen, da stand das Brüderchen oft still und guckte nach ihrem Haus zurück. Der Vater sagte: «Warum bleibst du immer stehen und guckst zurück?» «Ach,» antwortete das Brüderchen, «ich sehe nach meinem weißen Kätzchen, das sitzt auf dem Dach und will mir Ade sagen». Heimlich aber ließ es immer eins von den weißen Kieselsteinchen fallen. Die Mutter sprach: «Geh nur fort, es ist dein

Kätzchen nicht. Es ist das Morgenrot, das auf den Schornstein scheint». Aber der Knabe blickte immer noch zurück, und immer wieder ließ er ein Steinchen fallen.

So gingen sie lange und kamen endlich mitten in den großen Wald. Da machte der Vater ein großes Feuer an, und die Mutter sagte: «Schlaft, ihr Kinder, wir wollen in den Wald gehen und Holz suchen. Wartet, bis wir wieder kommen.» Die Kinder setzten sich ans Feuer, und jedes aß sein Stück Brot. Sie warteten lange, bis es Nacht wurde, aber die Eltern kamen nicht wieder. Da fing das Schwesterchen an zu weinen, das Brüderchen tröstete es aber und nahm es an die Hand. Da schien der Mond, und die weißen Kieselsteinchen glänzten und zeigten ihnen den Weg. Und das Brüderchen führte das Schwesterchen die ganze Nacht durch, und sie kamen am Morgen wieder vor das Haus. Der Vater war froh, denn er hatte es nicht gern getan. Aber die Mutter war böse.

Bald danach hatten sie wieder kein Brot, und das Brüderchen hörte wieder abends im Bett, wie die Mutter zu dem Vater sagte, er solle die Kinder hinaus in den großen Wald bringen. Da fing das Schwesterchen wieder an heftig zu weinen, und das Brüderchen stand wieder auf und wollte Steinchen finden. Als es aber an die Tür kam, war sie verschlossen von der Mutter. Da fing das Brüderchen an traurig zu werden, und konnte das Schwesterchen nicht trösten.

Bevor es Tag wurde, standen sie wieder auf, jedes bekam wieder ein Stück Brot. Wie sie auf dem Weg waren, guckte das Brüderchen oft zurück. Der Vater sagte: «Mein Kind, warum bleibst du immer stehen und guckst zurück nach dem Haus?». «Ach,» antwortete das Brüderchen, «ich sehe nach meinem Täubchen, das sitzt auf dem Dach und will mir Ade sagen». Heimlich aber zerbröselte er sein Stückchen Brot und ließ immer wieder ein Krümchen fallen. Die Mutter sprach: «Geh nur fort, es ist dein Täubchen nicht, es ist das Morgenrot, das auf den Schornstein scheint». Aber das Brüderchen blickte immer noch zurück, und immer ließ es ein Krümchen fallen.

Als sie mitten in den großen Wald gekommen waren, machte der Vater wieder ein großes Feuer an, die Mutter sprach wieder dieselben Worte, und beide gingen fort. Das Schwesterchen gab dem Brüderchen die Hälfte von seinem Stück Brot, denn das Brüderchen hatte seins auf den Weg geworfen. Sie warteten bis zum Abend, da wollte das Brüderchen das Schwesterchen beim Mondschein wieder zurückführen. Aber die Vögel hatten die Brotkrümchen aufgefressen, und sie konnten den Weg nicht finden. Sie gingen immer fort und verirrten sich in dem großen Wald. Am dritten Tag kamen sie an ein Häuschen, das war aus Brot gemacht. Das Dach war mit Kuchen gedeckt, und die Fenster waren aus Zucker. Die Kinder waren froh, als sie das sahen, und das Brüderchen aß von dem Dach und das Schwesterchen von dem Fenster. Wie sie so standen und sich's gut schmecken ließen, da rief eine feine Stimme heraus:

> *«Knusper, knusper, Kneischen!*
> *Wer knuspert an meinem Häuschen?»*

Die Kinder erschraken sehr. Bald darauf kam eine kleine, alte Frau heraus, die nahm die Kinder freundlich bei der

Hand, führte sie in das Haus und gab ihnen gutes Essen und legte sie in ein schönes Bett. Am nächsten Morgen aber steckte sie das Brüderchen in einen Stall, es sollte ein Schwein sein und das Schwesterchen mußte ihm Wasser bringen und gutes Essen. Jeden Tag kam die alte Frau zum Brüderchen. Er mußte den Finger herausstrecken, und sie fühlte, ob er bald fett wäre. Er streckte aber immer dafür Knöchelchen heraus, da meinte sie, er wäre noch nicht fett genug. Dem Schwesterchen gab sie nicht zu essen, weil es nicht fett werden sollte. Nach vier Wochen sagte sie am Abend zu dem Schwesterchen: «Geh hin und hole Wasser und mach es morgen früh heiß, wir wollen dein Brüderchen schlachten und sieden, und ich will indessen den Teig zurecht machen, daß wir auch backen können dazu.» Am nächsten Morgen, als das Wasser heiß war, rief sie das Schwesterchen vor den Backofen und sprach zu ihm:« Setz dich auf das Brett, ich will dich in den Ofen schieben, sieh, ob das Brot bald fertig ist.» Sie wollte aber das Schwesterchen darin lassen und braten. Das merkte das Schwesterchen und sprach zu ihr: «Ich versteh das nicht, setz dich zuerst darauf, ich will dich hineinschieben.» Die Alte setzte sich darauf, und das Schwesterchen schob sie hinein, machte die Tür zu, und die Hexe verbrannte. Dann ging die Schwester zu dem Bruder und machte ihm seinen Stall auf. Sie fanden das ganze Haus voll Diamanten und Edelsteinen. Damit füllten sie alle Taschen und brachten sie ihrem Vater, der wurde ein reicher Mann. Die Mutter aber war gestorben.

Nach den Brüdern Grimm,
Hänsel und Gretel Urfassung. 1812.

Erzählen Sie jetzt die Geschichte zu zweit. A erzählt, B beschreibt mit je mindestens 4-5 Sätzen.

A: «Vor einem großen Walde wohnte einmal ein armer Holzhacker mit seiner Frau und seinen zwei Kindern. Einmal kamen große Armut und großer Hunger ins Land, und er konnte seine Familie nicht mehr ernähren.»
B *(beschreibt die Armut und den Hunger):* «Es war nämlich so: . . .»

A *(erzählt, was wegen des Hungers geschah: Kinder in den Wald geführt; wie sie den Weg nach Hause finden):* «Eines Tages ....»
B *(beschreibt, wie die Lage war, als die Kinder wieder zu Hause waren):* «Ja, nach einer Weile war es so, daß. . .»

A *(erzählt, was dann geschah: wieder Hunger; Kinder wieder in den Wald geführt; Kinder verirren sich und kommen zum Knusperhäuschen):* «Nun geschah es, daß . . .»
B *(beschreibt das Knusperhäuschen):* «Es war ein ganz sonderbares Haus . . . .»

A *(erzählt, was im Knusperhäuschen geschah: freundlicher Empfang; Hänsel mußte ins Ställchen und Gretel mußte dienen):* «Als . . ..»
B *(beschreibt, wie die Lage war, vierzig Tage lang):* «Vierzig Tage lang. . .»

A *(erzählt, was nach vierzig Tagen geschah: Hänsel sollte gebacken werden; Hexe wurde von Gretel in den Ofen geschoben):* «Nach vierzig Tagen. . .»
B *(beschreibt, was Hänsel und Gretel im Haus fanden, nachdem die Hexe gestorben war):* «Gretel befreite ihren Bruder und. . .»

A *(erzählt, was am Ende geschah: Rückkehr nach Hause):* «Dann. . .»

Erfinden Sie mit dem Lehrer zusammen eine andere Geschichte: die Klasse übernimmt die Rolle des Beschreibers (ein Satz pro Student), der Lehrer die Rolle des Erzählers.

6

ROLLENSPIELE

Nehmen sie sich zwei Minuten Zeit, um über Ihre Rolle nachzudenken. Benutzen Sie dabei die Vokabeln, die Sie auf Seite 95 gesammelt haben. Dann spielen Sie zu zweit folgende Rollenspiele vor einem dritten Studenten als Beobachter. Der Beobachter soll notieren, wie Sprecher und Hörer sich verhalten und vor der Klasse darüber berichten.

Sie sind bei einer Party. Sie wollen Ihrem Gesprächspartner imponieren, und Sie erzählen ihm etwas Tolles, was Sie neulich erlebt haben. (Reise, Kino, Lotteriegewinn, neue Freundschaft, Führerschein. . .)

Sie werden angeklagt, am Abend des 15. August an einer Tankstelle Geld gestohlen zu haben. Erzählen Sie der Polizei, was Sie an dem Abend gemacht haben, und warum Sie nicht der Täter sein können.

Sie kommen erst um 3 Uhr morgens nach Hause. Ihre Eltern warten besorgt auf Sie. Erklären Sie, warum Sie so spät zurückkommen. Erzählen Sie, was passiert ist (etwas Furchtbares oder Lustiges). Gebrauchen Sie Verzögerungstaktiken, siehe Kapitel 1, S. 12.

GRUPPENAUFGABEN

KOLLEKTIVES ERZÄHLEN UND HÖREN

In kleinen Gruppen werden 14 Kärtchen mit je einem der 14 Märchenelemente von S. 96 beschriftet (z.B.: 5. der Held bekommt Auskunft im Traum). Jede Gruppe tauscht ihre 14 Karten gegen die Karten einer anderen Gruppe. An Hand dieser Karten erfindet die Gruppe gemeinsam ein Märchen und einen passenden Titel. Gruppe 1 und Gruppe 2 erzählen dann einander ihre Märchen.

memomemo

Es war(en) einmal	Once upon a time
Bald danach / Kurz darauf	Shortly thereafter
einmal, zweimal, dreimal	Once, twice, three times
zum ersten / zweiten / dritten Mal	for the first/the second/the third time
Als er zum ersten Mal nach Hause kam. . .	The first time he came home. . .
noch einmal / wieder	one more time / again
Eines Tages . . .	One day . . .
Zuerst/ dann/ am Ende	at first/then/ in the end
Nach langer Zeit	after a long period of time
Als nun . . .	Now when . . .
Doch der König. . .	The king, however, . . .
. . .bis er starb.	. . .until he died.
. . .solange er lebte.	. . .as long as he lived.

ERZÄHLBLUME

Hier ist eine «Erzählblume». Arbeiten Sie in Gruppen. Jede Gruppe erfindet eine Geschichte, die die Wörter der Blume enthält. Erzählen Sie Ihre Geschichte vor der Klasse. Jeder übernimmt und erzählt ein oder zwei Blumenblätter. Notieren Sie sich auch die Sätze, in denen Ihre Wörter bei den anderen Geschichten vorkommen.

Blumenblatt	Satz
____________	Geschichte 1: ____________
	Geschichte 2: ____________
	Geschichte 3: ____________
	Geschichte 4: ____________
____________	Geschichte 1: ____________
	Geschichte 2: ____________
	Geschichte 3: ____________
	Geschichte 4: ____________

Geben Sie jeder Geschichte, die Sie hören, einen Titel. Vergleichen Sie ihn mit den Titeln, die die anderen erfunden haben. Meine Titel:

1. ____________
2. ____________
3. ____________
4. ____________

RATE MAL

Bilden Sie Gruppen von vier oder fünf Studenten. Einigen Sie sich auf einen Film, den Sie alle kennen. Jeder von Ihnen schreibt einen Satz über diesen Film. Was werden *Sie* über den Film sagen?

____

Lesen Sie der Klasse Ihre Sätze vor. Die Zuhörer dürfen fünf weitere Fragen stellen, um zu erraten, um welchen Film es sich handelt.

memomemomemome

Es geht um (+ *Akk.*)	it is about
Es handelt sich um (+ *Akk.*)	the film is about
Es ist die Geschichte eines	it is the story of
wunderschön	beautiful
wundersam, wunderlich	strange, amazing
prachtvoll	splendid
vortrefflich	exquisite
mächtig, kräftig	powerful, strong
nützlich	useful
toll	great
lustig	funny
häßlich	ugly
abscheulich	repulsive
fürchterlich	awful, terrible
miserabel	wretched
grausam	cruel
böse	wicked
komisch	bizarre
traurig	sad
gemein	mean

WIE GEHT ES WEITER?

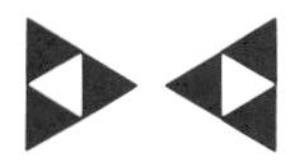

Hier ist der Anfang einer Geschichte. Erfinden Sie das Ende der Geschichte in Dreiergruppen und erzählen Sie es einer anderen Gruppe. Sie haben die Wahl zwischen einer Geschichte mit einem Helden und einer mit einer Heldin.

Es war einmal eine Königstochter, die hatte in ihrem Schloß unter dem Dach einen Saal mit zwölf Fenstern, die gingen in alle Richtungen, und wenn sie hinaufstieg und umherschaute, so konnte sie ihr ganzes Reich übersehen. Aus dem ersten sah sie schon schärfer als andere Menschen, aus dem zweiten noch besser, aus dem dritten noch deutlicher und so immer weiter bis zum zwölften, wo sie alles sah, was über und unter der Erde war, so daß ihr nichts verborgen bleiben konnte.

Weil sie aber stolz war, ließ sie bekanntgeben, nur der solle ihr Gemahl werden, der sich so gut vor ihr verstecken könne, daß sie ihn nicht fände. Wer es aber versuche und sie entdecke ihn, dem werde das Haupt abgeschlagen und auf einen Pfahl gesteckt. Es standen schon 97 Pfähle mit toten Häuptern vor dem Schloß, und seit langer Zeit hatte sich niemand gemeldet. . .

✱

Es war einmal in einem kleinen Dorf ein Besenbinder, der hieß Antek Pistulka. Das Besenbinden hatte er von seinem Vater gelernt, und der hatte es auch von seinem Vater gelernt, und der auch von seinem Vater. Jeder hatte es von seinem Vater gelernt. Darum machte Antek Pistulka auch so gute Besen.

Antek Pistulka war ein guter, ehrlicher Mensch. Er lebte friedlich mit allen Menschen zusammen und hatte nie Streit. Er arbeitete Tag für Tag und machte Besen, sehr gute Besen, die nie kaputt gingen.

Nun geschah es, daß bald jeder im Dorf einen Besen hatte, und auch einen Besen für Sonntag, und die waren so gut, daß sie nie kaputt gingen. Antek konnte also keine Besen mehr verkaufen, und die Leute gingen ihm aus dem Weg, sobald sie ihn sahen, aus Angst, er könnte ihnen wieder einen Besen verkaufen wollen. . .

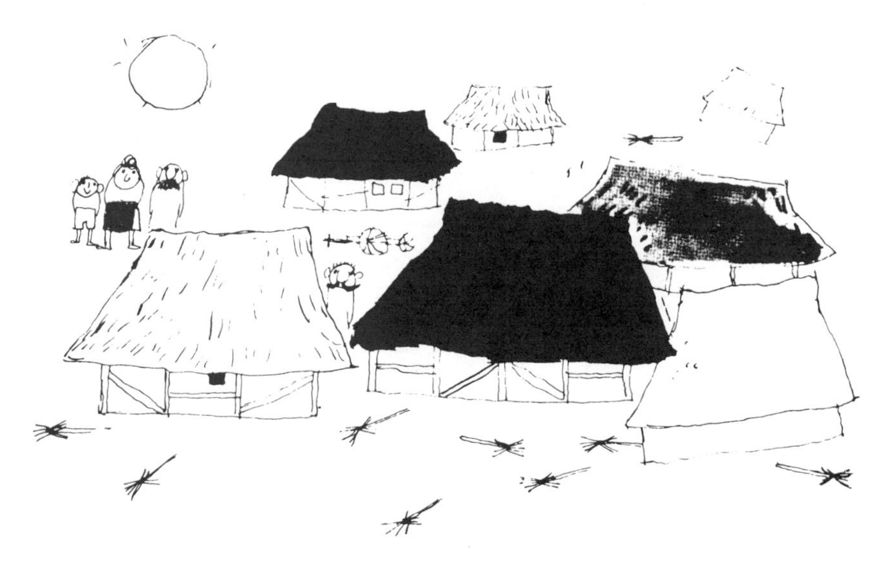

6

UND JETZT LOS!

MÜNDLICHE ÜBERLIEFERUNG

Geschichten wurden früher mündlich weitererzählt und bekamen dadurch jedesmal neue Variationen. Bilden Sie eine Gruppe mit fünf anderen Studenten. Jeder schreibt die Telefonnummer eines anderen in der Gruppe auf. A ruft B am Telefon an und erzählt ihm/ihr eine kurze Geschichte. B erzählt C diese Geschichte am Telefon weiter, C erzählt sie D, usw. Der erste und der letzte sollen die Geschichte am nächsten Tag in der Klasse erzählen. Notieren Sie die beiden Geschichten in Stichworten.

letzte Variante	**Originalgeschichte**

Vergleichen Sie die letzte Variante mit der Originalgeschichte: was ist ausgelassen, was hinzugedichtet worden? Besprechen Sie die Unterschiede.

memo

Es gibt ein paar Unterschiede, nämlich . . .	There are a few differences:
ganz anders	totally different
ungefähr so wie	roughly the same as
genauso wie	exactly the same as
Du hast vieles geändert.	You changed a lot of things.
In meiner Variante hieß es: . . .	in my version it said:. . .

ERZÄHL DOCH MAL!

Erzählen Sie einem Studenten aus einer Deutschklasse im 2. Semester eine einfache Geschichte, die Sie gehört, gelesen oder erfunden haben. Gebrauchen Sie dabei Gesten, Gesichtsausdruck, Lautmalerei, um Ihre Geschichte verständlich zu machen (kein Englisch!).

Bitten Sie den Studenten, vier Bilder zu Ihrer Geschichte zu malen, damit Sie sehen, ob er die Geschichte verstanden hat.

KÖRPERSPRACHE

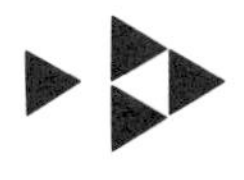

Was macht ihr(e) Lehrer(in), während er/sie eine Geschichte erzählt? Beobachten Sie ihn beim Erzählen. Zeichnen Sie eine seiner Gesten und notieren Sie, was er dabei sagt. Spielen Sie der Klasse vor, was Sie beobachtet haben.

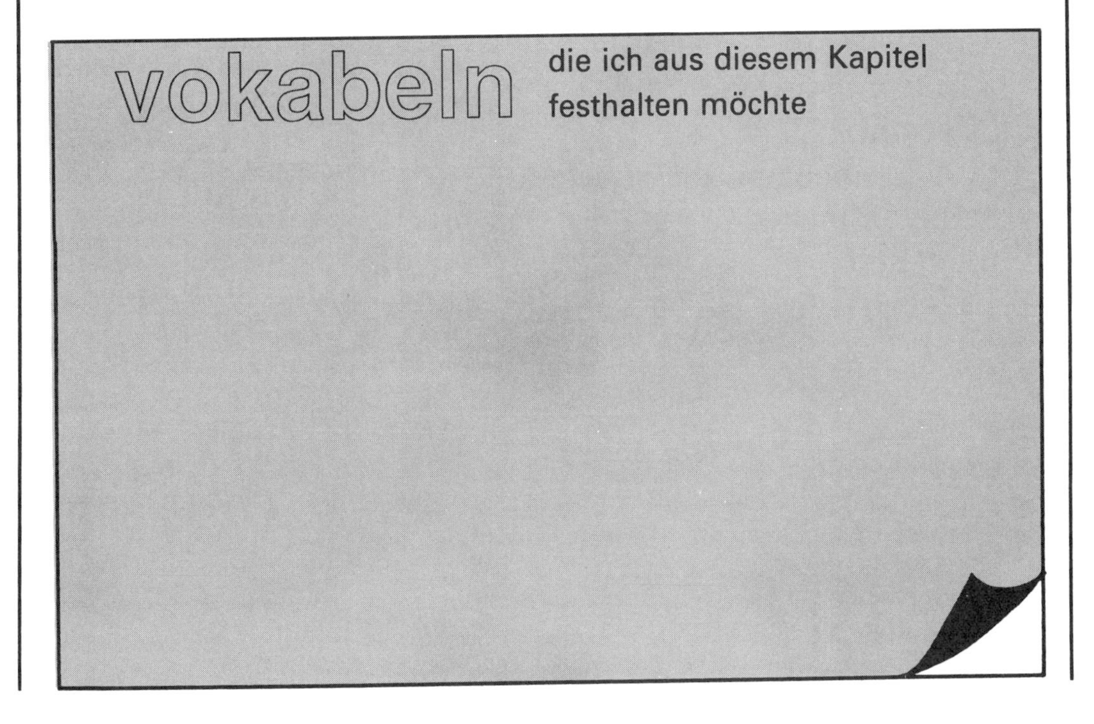

Kapitel 7

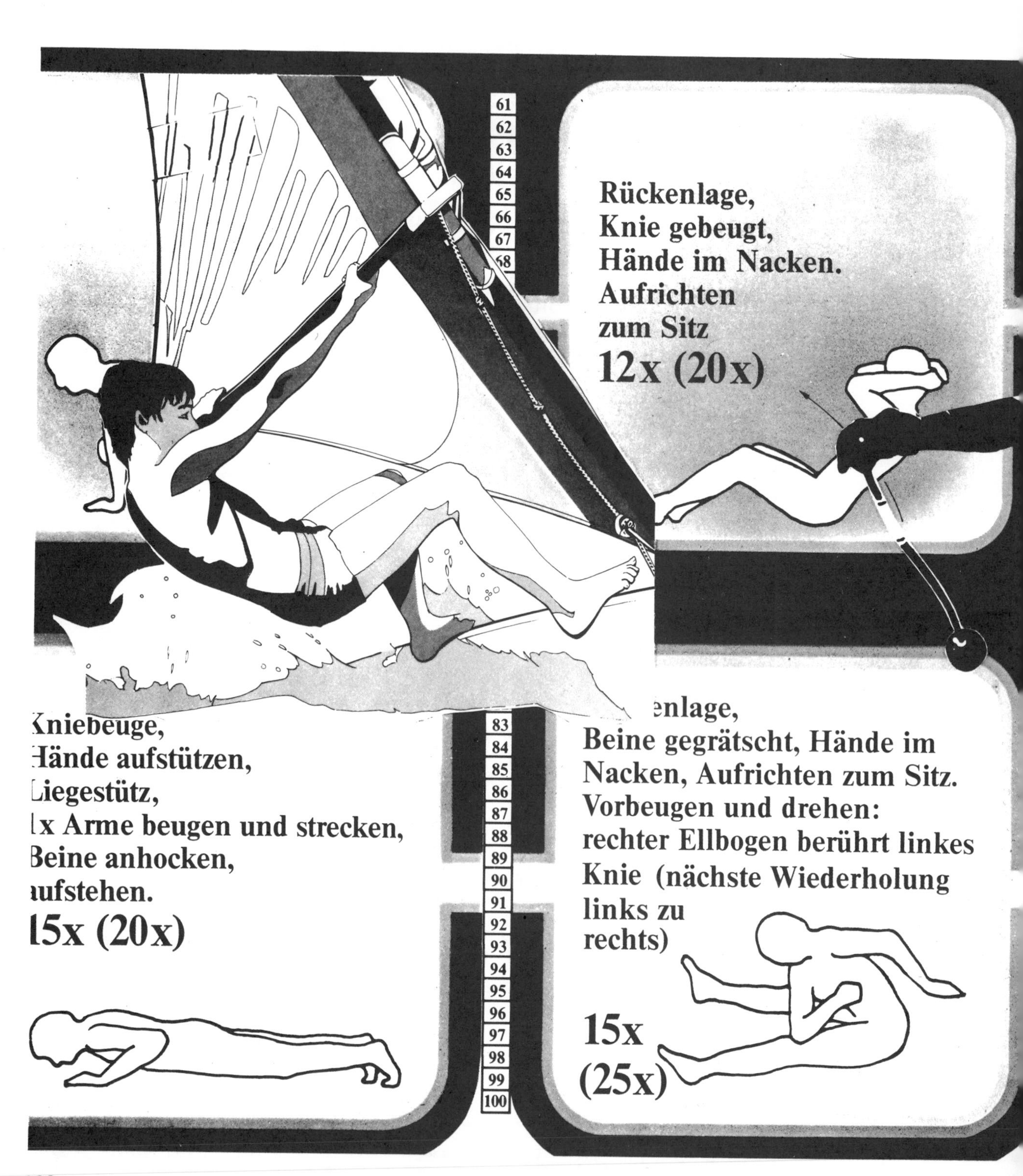

Rückenlage,
Knie gebeugt,
Hände im Nacken.
Aufrichten
zum Sitz
12x (20x)
Kniebeuge,
Hände aufstützen,
Liegestütz,
1x Arme beugen und strecken,
Beine anhocken,
aufstehen.
15x (20x)
enlage,
Beine gegrätscht, Hände im
Nacken, Aufrichten zum Sitz.
Vorbeugen und drehen:
rechter Ellbogen berührt linkes
Knie (nächste Wiederholung
links zu
rechts)
15x
(25x)

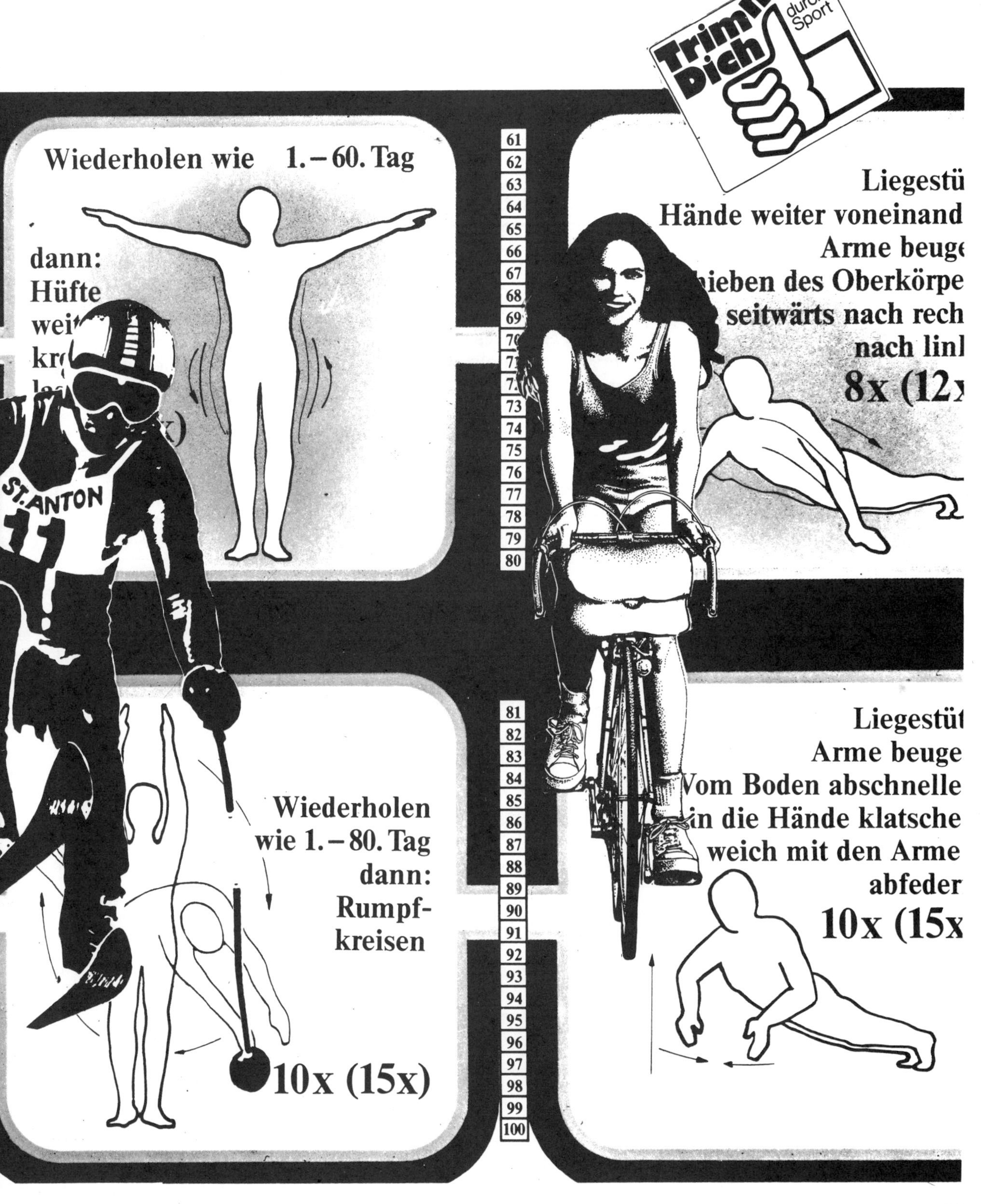
Trimm Dich
durch Sport
Wiederholen wie 1.–60. Tag
dann:
Hüfte
ST. ANTON
61
62
63
64
65
66
67
68
69
73
74
75
76
77
78
79
80
Liegestü
Hände weiter voneinand
Arme beug
seitwärts nach rech
nach linl
8x (12
81
82
83
84
85
86
87
88
89
90
91
92
93
94
95
96
97
98
99
100
Wiederholen
wie 1.–80. Tag
dann:
Rumpf-
kreisen
10x (15x)
Liegestüt
Arme beuge
Vom Boden abschnelle
in die Hände klatsche
weich mit den Arme
abfeder
10x (15x

7

RAT HOLEN UND RAT GEBEN

«An deiner Stelle würde ich. . .»

HÖREN UND VERSTEHEN

ÜBUNG 1

Hören Sie sich bitte das folgende Gespräch mehrmals an. Versuchen Sie herauszuhören, wie die Frau versucht einen Rat zu geben, und wie der Mann ihn ablehnt. Schreiben sie für jede Kategorie drei Redemittel auf.

einen Rat geben	**einen Rat ablehnen**
z.B. Da rate ich dir. . .	z.B. Es geht doch nicht. . .
______________________	______________________
______________________	______________________
______________________	______________________

ÜBUNG 2

Zwei junge Frauen sprechen über ihr Befinden. Hören Sie sich das Gespräch mehrmals an. Versuchen Sie herauszuhören, wie die eine Frau um Rat bittet und den Rat ihrer Freundin annimmt.

um Rat fragen	**einen Rat annehmen**
z.B. Ich weiß nicht, was ich machen soll.	z.B. Das ist sicher gut.
______________________	______________________
______________________	______________________

WORTSCHATZERWEITERUNG

Welche Wörter oder Ausdrücke brauchen Sie, um das Thema «physical fitness» zu besprechen? Machen Sie eine Liste von 10 englischen Wörtern. Dann schlagen Sie im Wörterbuch nach, wie die Ausdrücke auf deutsch heißen. Für jedes Wort, das Ihre Klassenkameraden nicht in ihrer Liste haben, bekommen Sie einen Punkt. Wer die meisten Punkte hat, gewinnt.

Physical Fitness	**Trimmsport**
Englisch	*Deutsch*
z.B. to stay fit	fit bleiben
________________	________________
________________	________________
________________	________________
________________	________________
________________	________________
________________	________________
________________	________________

DU UND ICH

WIE SOLL ICH MICH TRIMMEN?

Ihr(e) Lehrer(in) ist immer erschöpft, hat keine Energie. Der Arzt meint, es wäre gut, neben der Arbeit auch Sport zu treiben. Letzte Woche fing er/sie mit Jogging an, aber das findet er/sie doch sehr langweilig. Was würden Sie ihm/ihr empfehlen? Sie haben zwei Minuten, um eine Liste zu machen.

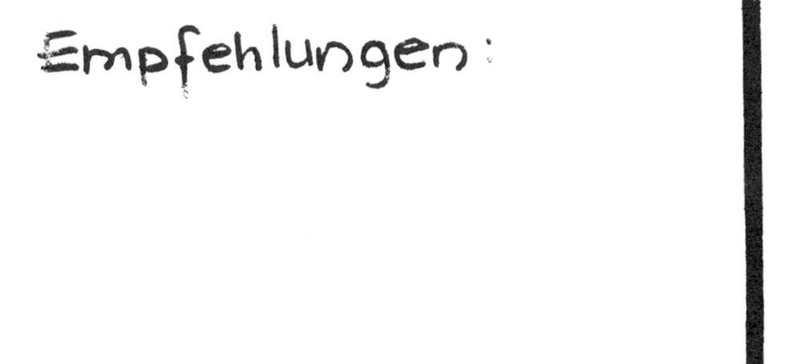

Nun sprechen Sie mit dem (der) Lehrer(in) in der Klasse und versuchen Sie, ihm (ihr) guten Rat zu geben. Benutzen Sie Ihre Notizen zu Übung 1, S. 110. Wenn Ihre erste Idee abgelehnt wird, versuchen Sie es weiter.

memo

RAT GEBEN
Sie sollten unbedingt . . .
An Ihrer Stelle würde ich . . .
Ich würde Ihnen vorschlagen . . .
Wenn ich Ihnen einen Rat (Tip) geben darf, . . .
(*Verb*) Sie doch lieber!
Ist es nicht besser, wenn . . .
Sie könnten ja immer . . .
Warum (*Verb*) Sie nicht?

7

MENSCH, WEISST DU WAS!

Wenn Sie wollen, daß Ihr Rat akzeptiert wird, müssen Sie Ihre Vorschläge besonders attraktiv machen. Wenn Sie richtig enthusiastisch reden, hört der andere bestimmt zu. Überlegen Sie sich zu zweit für jedes Thema zwei Vorschläge. Schreiben Sie Stichwörter auf. Zeitgrenze: 5 Minuten.

Ein Film, den man unbedingt sehen sollte:

1. ______________________________

2. ______________________________

Wie man schnell reich werden kann:

1. ______________________________

2. ______________________________

Wo man außerhalb des Unterrichts Deutsch üben kann:

1. ______________________________

2. ______________________________

Was man in der nächsten Deutschstunde machen könnte:

1. ______________________________

2. ______________________________

Wie man leichter einschläft.

1. ______________________________

2. ______________________________

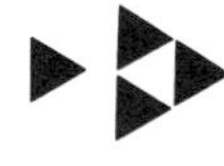

Jetzt versucht jede Person seine/ihre Ideen den anderen Klassenkameraden zu «verkaufen» oder besonders enthusiastisch vorzuschlagen. Merken Sie sich, welche Ideen am besten angekommen sind. Teilen Sie Ihre Ergebnisse der ganzen Klasse mit.

memo

Mensch, weißt du was!	Hey, you know what?
Weißt du, mir ist was Tolles eingefallen!	You know, I just had a great idea!
Das mußt du dir unbedingt anhören (ansehen)!	You've got to hear (see) this!
Du, ich hab da eine tolle Idee.	Hey, I have a great idea.
Hör mal zu!	Listen to this!
Ich hab's!	I've got it!

LIEBER NICHT

Sie können bestimmt auch Ratschläge geben, was man nicht machen soll, wenn man schnell einschlafen möchte. Sie haben zwei Minuten, um eine Liste aufzustellen.

____

____

____

____

Versuchen Sie nun, anderen in der Klasse Rat zu geben.

memo

Ja, aber was noch schlimmer ist	Yes, but what's even worse is . . .
Du schläfst besser nicht am Nachmittag.	It's better for you not to sleep in the afternoon.
Dusche bloß nicht/nur nicht/ja nicht.	Just don't shower!

TEST

Bitte kreuzen Sie die Antworten der folgenden sechs Fragen in der entsprechenden Rubrik der Tabelle an.

Frage 1:
Wenn es ums Essen geht
- können Sie sich einfach nicht beherrschen? A
- Passen Sie grundsätzlich auf, daß Sie vollwertige Kost, aber nicht zuviel Fett und Kohlenhydrate verdrücken? B
- Achten Sie nur dann auf die Nahrungszusammenstellung, wenn Sie abnehmen wollen? C

Frage 2:
Wie stehen Sie zum Alkohol?
- Sie trinken nur zu besonderen Anlässen bzw. sehr kontrolliert B
- Sie trinken täglich mindestens eine Flasche Wein oder einen Liter Bier A
- Sie trinken fast täglich bis zu drei Glas Wein oder einen halben Liter Bier C

Frage 3:
Was bedeutet Ihnen Rauchen?
- Nichts – Sie haben aufgehört zu rauchen oder nie geraucht B
- Sie rauchen zwischen 10 und 20 Zigaretten täglich C
- Sie rauchen mehr als 20 Zigaretten pro Tag A

Frage 4:
Durch Ihre Arbeit fühlen Sie sich
- sehr befriedigt B
- überfordert A
- ausgelastet C

Frage 5:
Was Medikamente angeht :
- Sie nehmen nur in akuten Fällen welche B
- Sie machen gerne Gebrauch von den Fortschritten der Chemie C
- Sie brauchen regelmäßig Beruhigungstabletten oder Tabletten zum Einschlafen A

Frage 6:
Das Thema Ausgleichssport
- gibt es für Sie nicht A
- Sie tun nur gelegentlich etwas C
- Sie betreiben regelmäßig Sport oder sorgen zumindest für körperliche Bewegung B

	A	*B*	*C*
Frage 1			
Frage 2			
Frage 3			
Frage 4			
Frage 5			
Frage 6			

Zählen Sie jetzt zusammen, unter welchem Buchstaben Sie die meisten Kreuze haben.

Wenn die A-Antworten überwiegen:
Sie treiben Raubbau mit Ihrer Gesundheit! Haben Sie schon mal nachgedacht, woran es liegen könnte, daß Sie Ihre Schwächen und Ihre unkontrollierte Lebensweise nicht in den Griff bekommen? Sprechen Sie doch einmal offen mit einem verständnisvollen Arzt oder Therapeuten. Auch wenn Sie sich jetzt noch rundum wohl fühlen – denken Sie daran, daß man gesundheitliches Fehlverhalten eines Tages büßen muß.

Wenn die B-Antworten überwiegen:
Gratulation! Sie sind das Musterbeispiel eines gesundheitsbewußten Menschen. Wenn Sie nicht gerade das Pech haben und mit einer schlechten Kondition erblich belastet sind, garantiert Ihnen Ihre Lebensweise eine stabile, blühende Gesundheit.

Wenn die C-Antworten überwiegen:
Sie wollen das Leben ohne frustrierende Auflagen genießen. Deshalb haben Sie kein sinnvolles Gesundheitskonzept. Andererseits aber strapazieren Sie Ihre Gesundheit nicht durch Exzesse. Trotzdem: Etwas mehr gesundheitliches Verantwortungsbewußtsein wäre eine wertvolle Investition in Ihr zukünftiges Allgemeinbefinden.

7

Führen Sie diesen Test allein durch. Dann lesen Sie zusammen mit Ihrem Partner die Erklärungen. Was raten Sie Ihrem Partner an Hand der Ergebnisse dieses Tests? Benutzen Sie die Redemittel, die Sie auf Seite 110 aufgeschrieben haben.

Meine Ratschläge

1. ____________________
2. ____________________
3. ____________________

Welche Fragen fehlten Ihrer Meinung nach bei diesem Test?

1. ____________________
2. ____________________
3. ____________________

GRUPPENAUFGABEN

STUDENTENBERATUNG

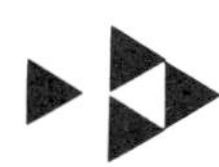

In kleinen Gruppen übernimmt eine Person die Rolle eines Studienanfängers an Ihrer Universität, der bei den fortgeschrittenen Studenten Rat sucht. Es geht um typische Probleme am Studienbeginn, z.B.:

- Wie sucht man am besten ein Zimmer?
- Soll ich vor dem ersten Tag Bücher besorgen?
- Wo kann man als Vegetarier essen?
- Wo kann ich andere Studenten treffen?

Der Ratsuchende soll nun verschiedene Ratschläge von den anderen in der Gruppe sammeln und den besten aufschreiben. Tauschen Sie die Rollen, bis alle den Ratsuchenden gespielt haben. Sammeln und heften Sie die Ergebnisse Ihrer Studentenberatung an die Klassenzimmerwand, damit die anderen Studenten davon profitieren können.

memomem

FÜR DEN RATSUCHENDEN.

Was soll ich tun?
Was mache ich da am besten?
Ist es besser, wenn . . .
Was rätst du mir?

FÜR DIE BERATER:

Du solltest . . .
Es wäre gut, wenn . . .
Geh doch zum/ins . . .
Da kann ich dir einen guten Tip geben.
Das lohnt sich! (Es lohnt sich, dahin zu gehen.)

AM APPARAT

Sie suchen telefonisch Rat beim Arzt für:

1. Ihren Gatten/Ihre Gattin, der/die keine Stimme hat und nur flüstern kann;
2. Ihren Zimmerfreund, der Rückenschmerzen hat;
3. Ihren Arbeitskollegen, dem plötzlich schwindlig wurde.

Vertauschen Sie die Rollen, damit jeder Patient, Arzt und Anrufer spielen kann. Da der Patient nicht ans Telefon kann, muß die Information durch den Anrufer erfragt werden. Der Arzt stellt für seine Diagnose weitere Fragen.

memomem

(Frau)/Doktor X am Apparat.	Here is Dr. X.
Was fehlt ihm/ihr denn?	What's wrong?
Sagen Sie, raucht er viel?	Tell me, does he smoke a lot?
Wie steht es mit Sport?	What about sports?
Ich rate Ihnen dringend	I urgently advise you
eine Woche Bettruhe.	a week in bed.
verschiedene Arzneien.	various medicines.
das Rauchen aufzugeben.	to give up smoking.
vernünftig zu essen.	to eat sensibly.

FIT BLEIBEN IM ALLTAG—EIN FERNSEHINTERVIEW

Rollenspiel: 15 Minuten

Redakteurin einer Gesundheitszeitschrift: Sie möchten einige Mißverständnisse über das Thema «Fit bleiben im Alltag» klären und sind bereit, weitere Zuschauerfragen zu beantworten.

Einige Mißverständnisse:

1. Der Mensch braucht eigentlich weniger Schlaf, als man denkt.
2. Ältere Menschen machen sich mehr Sorgen über ihren Schlafbedarf.

3. Je aktiver man ist, umso gesünder ist man.

4. ____

5. ____

Fernsehinterviewer: Sie interviewen die Redakteurin im Fernsehmagazin über die neue Gesundheitszeitschrift. Bei manchen Fragen stimmen Sie aber nicht mit ihr überein. Sie laden die Zuschauer ein, weitere Fragen zu stellen.

memo

Meinen Sie nicht, daß . . .	Don't you think that . . .
Übertreiben Sie da nicht, wenn Sie sagen . . .	Aren't you exaggerating in saying . . .
Mir scheint aber, daß . . .	It seems to me that

Zuschauer: Sie stellen weitere Fragen zum Thema «Fit bleiben, fit werden». Sie berichten zum Schluß, was Sie dabei gelernt haben.

MEINE FRAGEN:

?

?

?

?

Fit bleiben! Fit werden!

LIEBE SYBILLE

In Zeitschriften und Illustrierten gibt es oft eine Ratgeberspalte, wo Leser und Leserinnen bei Gleichaltrigen oder Gleichgesinnten Rat suchen können. Es geht oft um Gesundheitsfragen, Liebe und Freundschaft, Familienprobleme oder auch um richtiges Benehmen. Wie würden Sie auf die folgenden Briefe antworten?

Besprechen Sie mit Ihrem Partner die Probleme, die diese Leute schildern. Was würden Sie an ihrer Stelle tun? Nach fünf Minuten vergleichen Sie Ihre Ratschläge mit denen von zwei anderen Partnerpaaren.

Die Antworten auf diese Briefe sind im Lehrerheft abgedruckt. Fragen Sie danach.

Sie fragen -

Seine Mutter ist ihm wichtiger als ich!

Sybille W., 21, Angestellte: *Mein Freund und ich hatten die Absicht, am 13. Juli zu heiraten, aber dieser Termin wurde wieder verschoben, weil seine Mutter zur Kur fährt. Und sobald sie zurückkommt, erwartet sie seine täglichen Besuche, so wie gewohnt. Er wird sich dann wieder um sie kümmern, mehr als um mich, und das ist mein Problem! Er hängt mit abgöttischer Liebe an seiner Mutter; Geschwister hat er nicht. Wird unsere Ehe darunter leiden? Ich bin plötzlich so unsicher geworden!*

Hände aus den Taschen

FRAGE: Man sieht immer häufiger Leute, die ihre Hände in den Taschen vergraben, nicht nur, wenn sie über die Straße gehen, sondern auch im Gespräch. Ich bin durchaus für lockere Sitten und meine, daß Hände bei Kälte in den Taschen verschwinden dürfen oder meinetwegen auch, weil es modisch ist. Aber beim Gespräch sollten sie doch nicht derart versteckt sein. Kürzlich hörte ich, wie ein sechzehnjähriger Junge von einer Lehrperson deshalb scharf getadelt wurde. Angeblich wußte er gar nicht, worum es ging.

Ich habe mich verliebt, aber er beachtet mich überhaupt nicht

FRAGE: Ich (15) habe mich in einen Jungen verliebt, von dem ich nur den Namen weiß. Er geht in eine Parallelklasse. Fast in jeder Pause beobachte ich ihn heimlich, aber er sieht mich überhaupt nicht. Obwohl ich versucht habe, ihn zu vergessen, muß ich immer nur an ihn denken. Da ich noch nie einen Freund hatte, weiß ich nicht, was ich machen soll, damit er wenigstens mal auf mich aufmerksam wird.

Auf Partys fange ich oft Streit an

FRAGE: Es passiert mir (37) häufiger, daß ich auf Festen sehr aggressiv werde. Manchmal trinke ich auch zuviel. Mein Mann ärgert sich natürlich darüber und wird immer stiller. Ich bin dann in den Augen der anderen die Böse, mein Mann tut allen leid. Ich bin lebhaft, hilfsbereit und gutmütig. Mein Mann ist ruhiger, fast ein wenig menschenscheu. Er hat oft keine Lust, auf Partys zu gehen, ich muß ihn regelrecht drängen. Mißmutig kommt er mit, und wir fahren nicht gerade gutgelaunt los. Oder bin ich aggressiv, weil ich zwar gern unter Menschen bin, unseren Bekanntenkreis aber oft langweilig finde?

Was mich daran stört ist ...	What bothers me about that is ...
Da bin ich mir nicht sicher.	I'm not sure about that.
Das ist alles schön und gut, aber	That's okay, but ...
Ich finde es wichtiger, daß	I think it's more important
Ich habe den Eindruck, daß ...	I have the feeling that ...
Meinetwegen!	Sure. I agree.
Von mir aus schon.	As far as I'm concerned, sure.
Wie du meinst.	O.K. Whatever you think.
An seiner Stelle würde ich ...	In his place, I would ...

7

EIN BRIEF

Welches Problem beschäftigt *Sie* im Moment? Schreiben Sie «Sybille» einen kurzen Brief und schildern Sie ein Problem aus Ihrem Privat- oder Berufsleben. Lassen Sie Ihre Fantasie frei spielen. Um Ihre Anonymität zu wahren, unterschreiben Sie mit einem Spitznamen. Aus dem Stapel eingereichter Briefe zieht jeder einen Brief und schreibt als «Sybille» eine Antwort darauf. Hängen Sie Brief und Antwort in Ihrem Klassenzimmer an die Wand, damit alle an den klugen Ratschlägen Spaß haben können.

UND JETZT LOS!

WAS ICH SCHON IMMER FRAGEN WOLLTE . . .

Welche Probleme gibt es beim Lernen einer Fremdsprache? Sicherlich haben Sie in Ihrer bisherigen Erfahrung als Fremdsprachenstudent(in) Fragen und Probleme gehabt, die eventuell bis heute noch unbeantwortet oder ungelöst geblieben sind. Nicht alle Studenten haben die gleichen Fragen, doch manchmal geniert man sich, gewisse Fragen zu stellen.

Im Klassenzimmer wird eine Schachtel aufgestellt. Im Laufe von zwei bis drei Tagen steckt jeder seinen Fragezettel hinein. Die Klasse wird dann in Gruppen geteilt. Jede Gruppe bespricht ein bis zwei Fragen. Nach fünf Minuten (pro Frage) soll die Gruppe mindestens einen passenden Ratschlag auf den Fragezettel schreiben. Alle Ratschläge werden gesammelt und im Klassenzimmer aufgehängt, bzw. für andere Klassen fotokopiert.

FITNESS-KURSUS

Reine Kopfarbeit führt bekanntlich oft zu Schlaflosigkeit, nervöser Erschöpfung und Konzentrationsschwäche.

«TRIMMING 130»

Lesen Sie diese kurze Beschreibung vom Deutschen Sportbund.

Was heißt ‚Trimming 130'?

- gesundheitlich wirksamer, spielerisch ausgeführter Freizeitsport,
- bei dem ca. 130 Pulsschläge je Minute
- während 10 Minuten oder länger gehalten,
- viele Muskeln und Gelenke bewegt
- und in der Woche bei wenigstens zweimaliger Aktivität mindestens 60 Minuten Gesamtübungszeit erreicht werden.

130

Mit der folgenden Anweisung können Sie mit einem Trimmingpartner zusammen den Puls messen.

Pulsmessen, wie funktioniert das überhaupt?

- **Nehmen Sie sich eine Uhr mit Sekundenzeiger und versuchen Sie, mit dem Zeige- und Mittelfinger Ihren Pulsschlag an der Hals- oder Handschlagader zu tasten.**
- **Messen Sie 10 Sekunden lang und nehmen Sie dann die Zahl mit 6mal (= Pulsschlag in der Minute).**

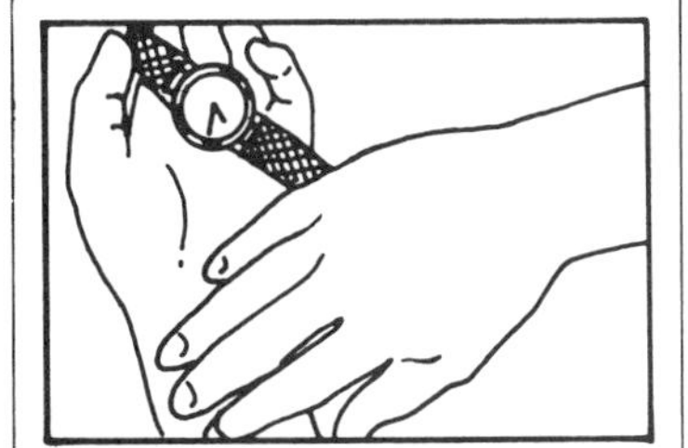

Wenn man Puls mißt, ohne sich vorher angestrengt zu haben, also in Ruhe, dann erhält man die sogenannte „Ruhe-" oder besser „Ausgangspulszahl" (kurz „Ruhepuls"

oder „Ausgangspuls"). Dementsprechend spricht man beim Puls, der während oder kurz nach sportlicher Aktivität gemessen wird, von „Belastungspuls". Da man während der sportlichen Aktivität schlecht messen kann, empfiehlt es sich, kurz anzuhalten und nach Möglichkeit sofort den Puls zu messen. Je schneller das geht, um so genauer erhält man den „Belastungspuls".

Pulsmessungen üben

Die Pulsfrequenzmessung kann ohne viel Umstände zuhause mit Hilfe eines einfachen „Stuhl-Sitz-Steh-Tests" geübt werden:

1. Erfühlen Sie – wie eben beschrieben! – Ihren „Ruhepuls" im Sitzen (Minutenwert).
2. Stehen Sie innerhalb von 60 Sekunden 30x vom Stuhl auf (1x Aufstehen und Setzen dauert ca. 2 Sekunden).
3. Erfühlen Sie unmittelbar nach dem 30sten Aufstehen wiederum im Sitzen Ihren „Belastungspuls".

<u>Achtung</u>: Sofern Sie drei Minuten nach der Belastungsmessung nochmals (im Sitzen) eine Pulsmessung durchführen (Erholungspulsmessung), sollte Ihr Pulswert unter 100 Schlägen pro Minute liegen. Ist dies nicht der Fall, sollte vor Beginn eines ‚Trimming-130'-Programms ein Arzt befragt werden.

Wenn Sie untrainiert sind, brauchen Sie, um beim Sport eine Pulsschlagzahl (Belastungspuls) von 130 Schlägen pro Minute zu erreichen, zunächst nur ganz „sanft" Sport zu treiben.

Allmählich stellt sich Ihr Körper auf die Belastung ein (er paßt sich an) und wird immer besser damit fertig. So können Sie nach einiger Zeit spielend ein bißchen schneller laufen (schwimmen, radfahren etc.), ohne sich mehr anstrengen zu müssen.

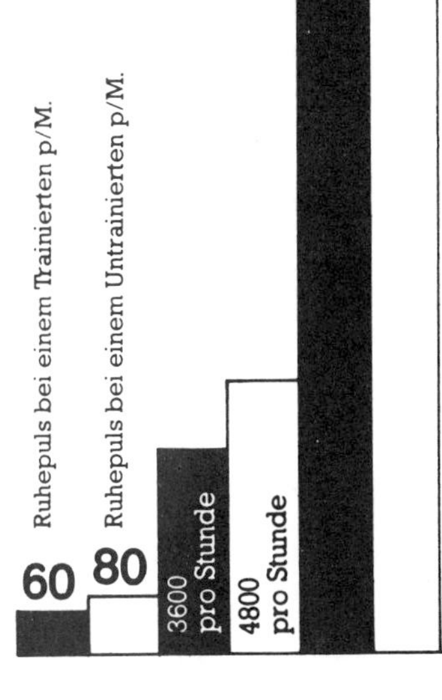

130

Mit dem folgenden Plan vom Deutschen Sportbund können Sie nun mit Ihrem Trimmingpartner ein Programm zusammenstellen.

‚Trimming-130'-Programm: Laufen

Optimal sind 3 ‚Trimming 130'-Einheiten in der Woche

<u>Ein Tip vorab:</u>
Achten Sie auf zweckmäßige Kleidung und Schuhwerk, wählen Sie sich eine möglichst ebene und ansprechende (Rund-)Strecke aus.

Vergessen Sie nicht: langsam und ruhig beginnen, regelmäßig und konsequent durchführen, allmählich steigern – ‚Trimming 130' eine liebgeworden Gewohnheit!

– Und nun viel Spaß mit

7

130

Das Laufprogramm, mit dem jederzeit begonnen werden kann, ist für einen Zeitraum von 12 Wochen zusammengestellt.

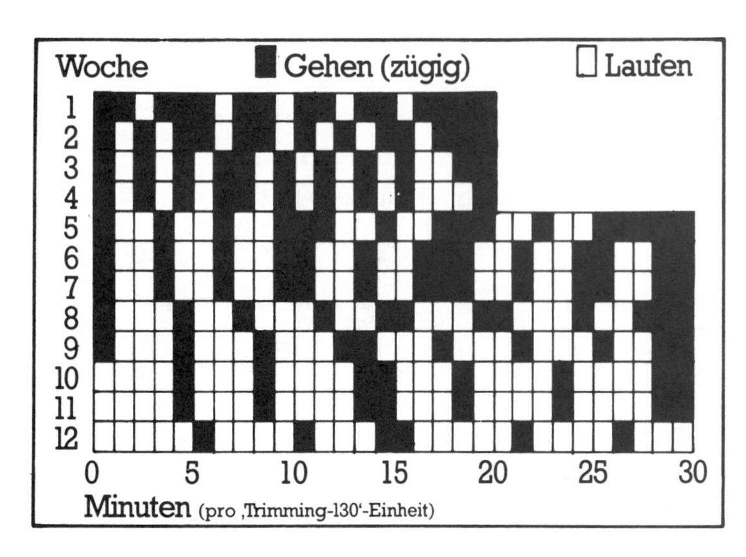

Achtung: Pulsmessung nach der 1. bzw. 5. Laufminute (dies entspricht der 4. bzw 17. Minute des Programms) zur Kontrolle der Laufgeschwindigkeit nicht vergessen!

Beispiel: die 1. „Trimming"-Einheit der 1. Woche beginnt mit 2 Min. zügigem Gehen, dann 1 Min. Laufen, dann wieder 3 Min. zügig gehen, anschließend 1 Min. laufen usw.

130

1. Tragen Sie die pro Woche durchgeführten Trimming-Einheiten ein.

2. Messen Sie am Anfang der 1., 6. und 12. Woche unter vergleichbaren Bedingungen (beispielsweise bevor Sie sich zum Trimming umziehen) ihren „Ruhepuls".

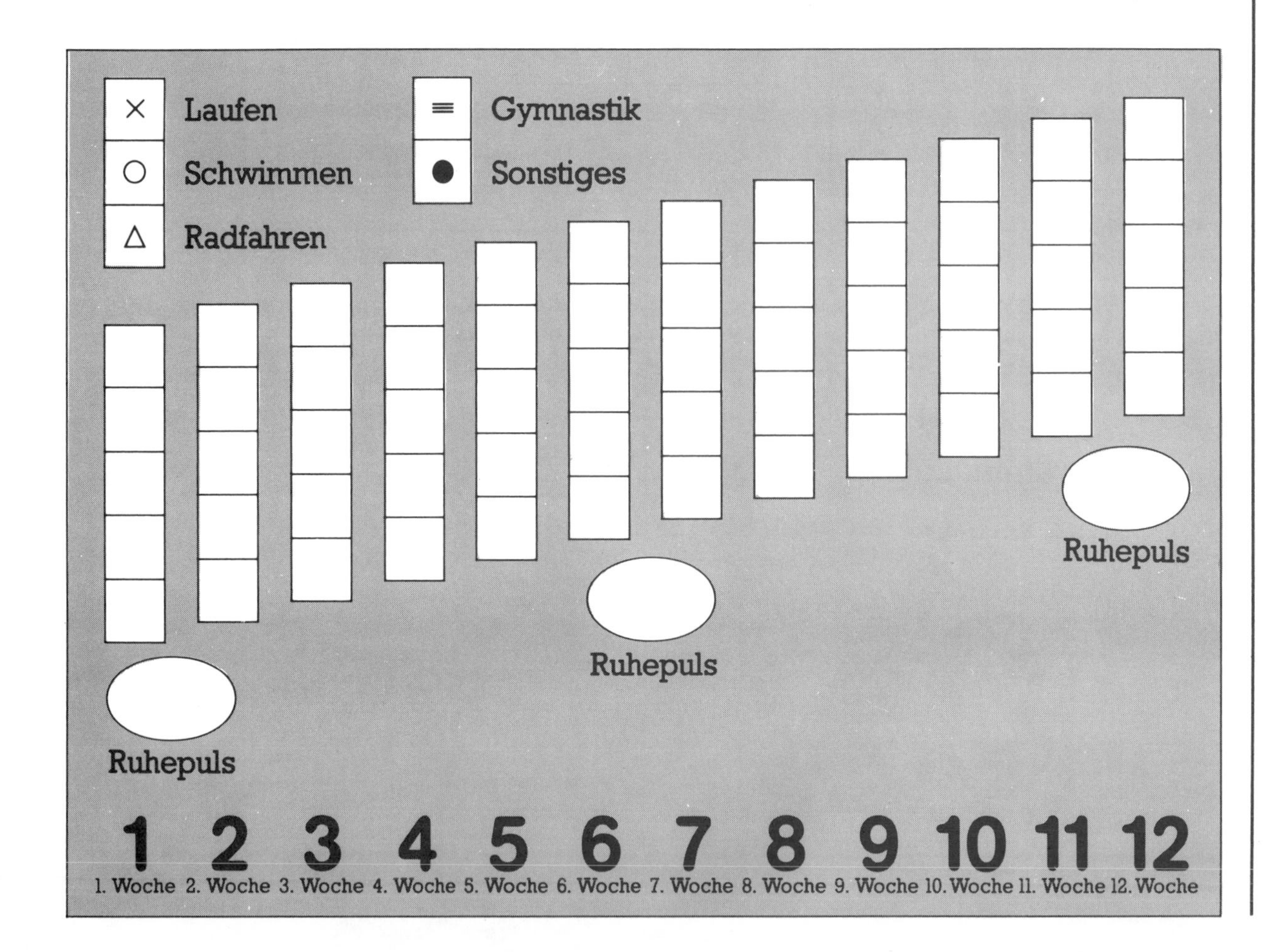

TURNÜBUNGEN:

Suchen Sie aus den Anweisungen diejenigen heraus, die zu den Bildern passen.

1. Auf dem Bauch liegen. Arme seitwärts strecken. Arme und Kopf heben, so hoch es geht.
2. Auf dem Bauch liegen. Oberkörper heben und vor dem Kopf in die Hände klatschen.
3. Auf der Stelle laufen.
4. Zehnmal auf einen Stuhl steigen und wieder hinuntersteigen.
5. Auf dem Rücken liegen. Den Kopf und die Schultern anheben und wieder zurückfallen lassen.
6. Füße zusammenstellen. Beugen, bis man die Zehenspitzen berührt. Knie durchdrücken!
7. Auf dem Rücken liegen. Hände auf die Beine legen. Zum Sitz aufrichten.
8. Auf dem Rücken liegen. Hände hinter dem Kopf verschränken und mit den Beinen«radfahren.»
9. Aufrecht stehen. Arme senkrecht nach oben gestreckt. Füße auseinander stellen, den Oberkörper nach links und nach rechts beugen.
10. Auf Knien und Händen stehen. Arme beugen und strecken.
11. Auf dem Rücken liegen. Beine vom Boden heben und senkrecht in die Luft strecken.

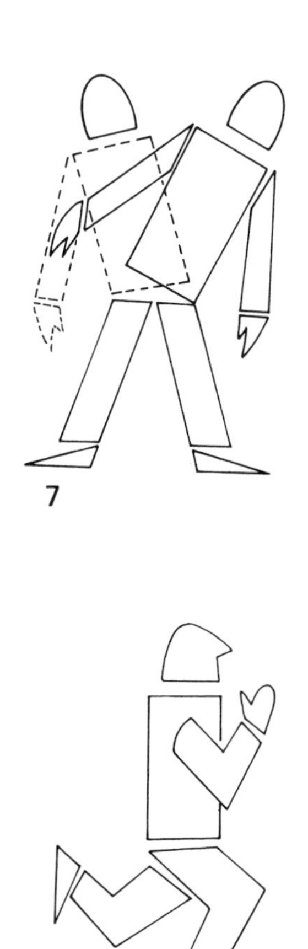

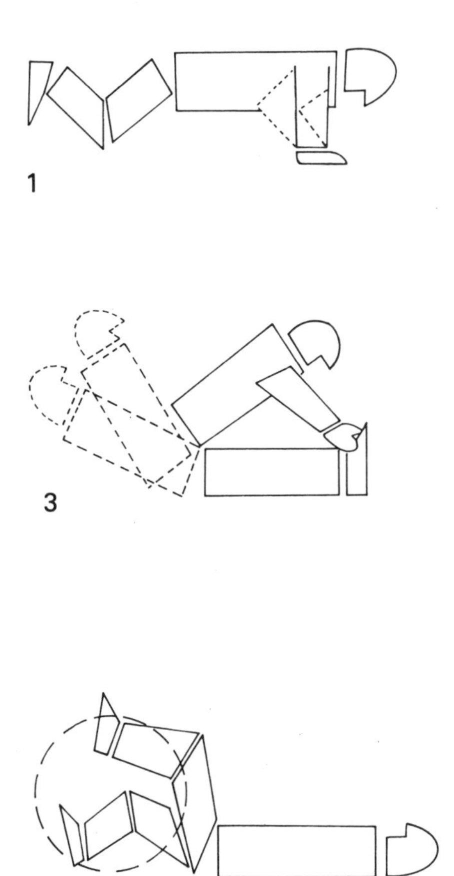

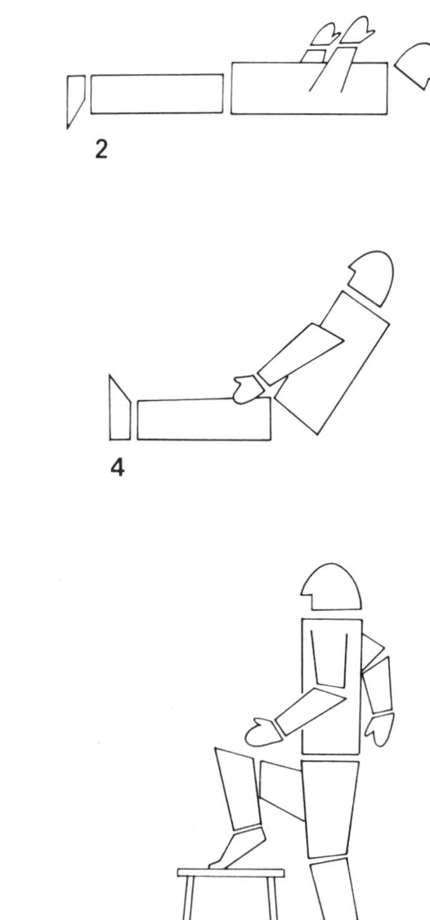

7 

MEINE TURNÜBUNGEN

Stellen Sie schriftlich eine Routine von 3-4 neuen Übungen zusammen. Sammeln Sie die Zettel ein. Bilden Sie Dreiergruppen. Ziehen Sie einen Zettel aus dem Stapel. Einer von Ihnen gibt nun den anderen mündlich Anweisungen. Machen Sie drei Übungsroutinen durch, so daß jeder an die Reihe kommt.

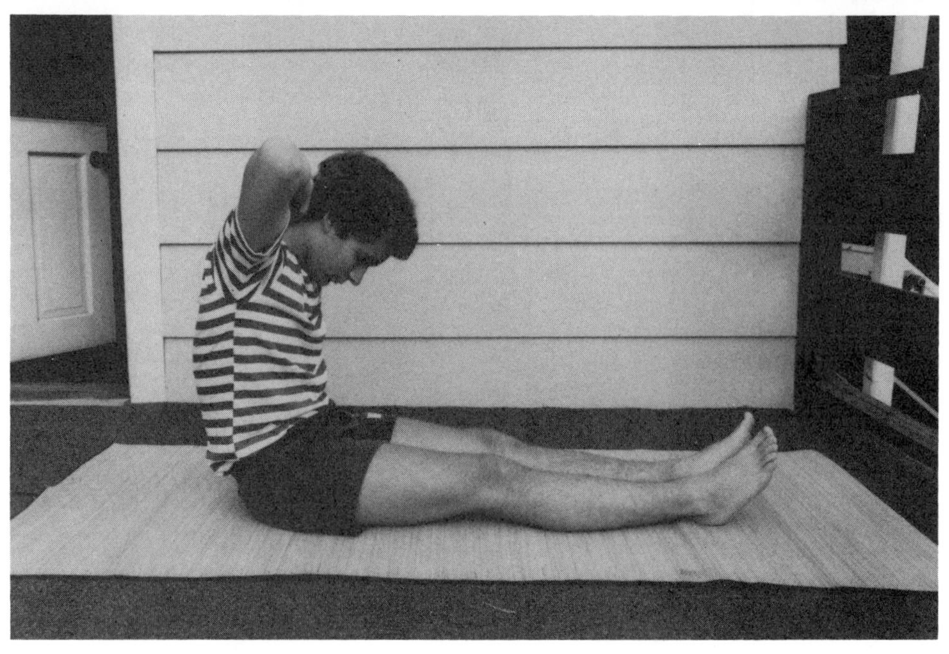

memo

Weiter!	Keep going.
Etwas schneller.	A little faster.
Nicht so lahm!	Keep it moving!
Nicht schummeln!	Don't cheat!
Genau.	Right.
Geradestehen.	Stand up straight.

vokabeln
die ich aus diesem Kapitel
festhalten möchte

Kapitel 8

Lindner
Echter Schweizer
Appenzeller
45% i.Tr.
100g
1.60
Allgäuer
Tilsiter
45% i.Tr.
100g
1.-
Franz.
Toast-Käse
50% i.Tr.
100g
1.40
Käsesorten finden Sie im Laden

FLEISCH - WURSTWAREN
HEINRICH STEININGER
IENER
CKEREI
Braten Haxen
Blutw.
WAREN EIGENE HERST

8

VERLANGEN UND SICH BESCHWEREN

«Was wünschen Sie?»

HÖREN UND VERSTEHEN

ÜBUNG 1

Hören Sie sich die folgenden zwei kurzen Gespräche mehrmals an und schreiben Sie auf, wie der Kunde/die Kundinnen etwas verlangen oder wünschen. Wie reagiert die andere Person darauf? Notieren Sie, wie die Verkäuferin bzw. der Kellner ihre Kunden bedienen.

Bestellen, verlangen	Bedienen
z.B. Ich hätte gern . . .	Bitte schön.
______________________	______________________
______________________	______________________
______________________	______________________

ÜBUNG 2

Wenn man etwas gemeinsam unternehmen möchte, lädt man den anderen höflich dazu ein. Wie lädt die Frau ihre Freundin zu einem Stadtbummel ein?

z.B. Wir könnten vielleicht . . .

____

____

ÜBUNG 3

In diesem Gespräch ist der Ton ganz anders. Eine Studentin will etwas von ihrem Freund, aber es gibt dabei ein Problem.

Was ist das Problem? ______________________________

Schreiben Sie zwei Redemittel auf, mit der die Studentin sich beschwert.

z.B. «Hör mal!»

____

____

Der Freund will sich entschuldigen. Was sagt er? Notieren Sie zwei Redemittel.

____

____

WORTSCHATZERWEITERUNG

Als Kunde in einem Geschäft brauchen Sie Ausdrücke, um über die Waren zu sprechen. Schreiben Sie gemeinsam mit einem Partner Wörter auf, die in den folgenden Situationen nützlich wären. Sie können in Ihrem Deutschlehrbuch nachschlagen.

AUF DEM POSTAMT:

Substantive	**Adjektive**	**Adverbien**	**Verben**
z.B. der Umschlag	leicht	mindestens	kleben
das Päckchen	kaputt	vorgestern	wiegen
________	________	________	________
________	________	________	________

IN DER REPARATURWERKSTATT:

das Öl	heiß	zu viel	verbrauchen
der Schein-werfer	richtig	links	einstellen
________	________	________	________
________	________	________	________

IM CAFÉ:

die Rechnung	richtig	nur	überprüfen
die Schlag-sahne	sauer	ziemlich	schmecken
________	________	________	________
________	________	________	________

Vergleichen Sie Ihre Liste mit der Liste einer anderen Gruppe. Notieren Sie sich neue Vokabeln.

WIEVIEL BRAUCHEN SIE?

Tragen Sie englische Vokabeln zu der angegebenen Menge ein. Schreiben Sie mit Hilfe eines Wörterbuches den entsprechenden deutschen Ausdruck auf. Bilden Sie Gruppen und vergleichen Sie Ihre Listen. Gibt es weitere Mengenangaben, die Sie gern lernen möchten? Schlagen Sie sie nach, schreiben Sie sie auf und besprechen Sie sie mit der Klasse.

IN DER BÄCKEREI:

half a loaf of ____________________ = ____________________

3 pieces of ____________________ = ____________________

1 dozen ____________________ = ____________________

IN DER METZGEREI:

a half pound of ____________________ = ____________________

quarter pound of ____________________ = ____________________

250 grams of ____________________ = ____________________

a can of ____________________ = ____________________

a jar of ____________________ = ____________________

AM ZEITUNGSKIOSK:

a box of ______________________ = ______________________

a bag of ______________________ = ______________________

a bar of ______________________ = ______________________

ZUSÄTZLICHE MENGENANGABEN:

______________________ = ______________________

______________________ = ______________________

______________________ = ______________________

______________________ = ______________________

DU UND ICH

DAS IST MIR ZU TEUER!

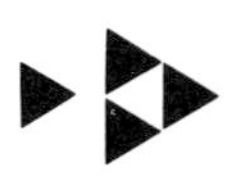

Neun Ladeninhaber verteilen sich im Klassenzimmer. Jeder bekommt ein Geschäftsinventar mit einer Liste der Waren und Preise. Die restlichen Studenten sind Kunden und bekommen jeder einen Einkaufszettel. Bei diesen Gesprächen benutzen Sie die Vokabeln auf Seite 128 und die Redemittel auf Seite 130.

Als Kunde/Kundin versuchen Sie, die Waren auf Ihrem Zettel möglichst preiswert einzukaufen. Gehen Sie von Geschäft zu Geschäft und erkundigen Sie sich:

- ob das Geschäft die Ware hat.
- was sie kostet.

Wenn Sie wissen, wo Sie die Ware am billigsten bekommen, sagen Sie dem Verkäufer, wieviel Sie möchten.

Als Ladeninhaber geben Sie dem Kunden Auskunft über die Waren, aber nur wenn er seinen Kaufwunsch mit einem passenden Redemittel äußert. Streichen Sie die Ware aus, wenn sie gekauft worden ist. Wenn viele Kunden auf einmal zu Ihnen kommen, müssen sie Schlange stehen! (Spielzeit: etwa 15 Minuten; mehrmals wiederholen bis jeder beide Rollen gespielt hat.)

8

memo

LADENINHABER:

Bitte, liebe Kunden!	Please, just a minute.
Also, bitte einer nach dem anderen!	One at a time, please
Sind sie jetzt dran?	Are you next?
Bekommen Sie schon?	Have you been waited on?
Wer bekommt noch nichts?	Who is not being helped yet?
Was darf es sein?	May I help you?
Werden Sie schon bedient?	Are you being helped?
Ja, bitte schön?	Yes, please?
Sonst noch einen Wunsch?	Anything else?
Wäre das alles? Wär's das?	Will that be all?
Kommt noch was dazu?	Do you need anything else?

KUNDE:

Ich suche ...	I'm looking for/I need ...
Ich möchte mich nur mal umschauen.	I'm just looking around.
Dann nehme ich ...	I'd like ...
Ich möchte etwas fragen.	I have a question.
Hätten Sie zufällig ... ?	Do you happen to have ... ?
Hätten Sie vielleicht mal ...	Would you have ... ?
Danke, das wär's.	That's all.
Das muß ich mir noch überlegen.	I'll have to think about that.
Haben/Führen Sie ... ?	Do you carry ... ?
Wieviel kostet bei Ihnen ... ?	How much do you charge for ... ?

Wirbelsturm der ständig kleinen Preise!

billig

GESCHÄFTSINVENTAR

Bäckerei

Artikel	Einheit	Preis
Schwarzbrot	Pf.	2,20
Apfelkuchen	St.	1,25
Brötchen	St.	0,20

Artikel	Einheit	Preis
Weißbrot	Pf.	2,36
Brötchen	St.	0,30
Nußtorte	St.	2,50

Artikel	Einheit	Preis
Schwarzbrot	Pf.	2,80
Weißbrot	Pf.	2,10
Apfelkuchen	St.	1,20

Metzgerei

Artikel	Einheit	Preis
Kalbfleisch	Kg.	16.–
Sauerkraut	Dose	2,44
Senf	Glas	0,99

Artikel	Einheit	Preis
Wurst	100g	1,50
Schweinefleisch	Kg.	12.–
Senf	Glas	0,78

Artikel	Einheit	Preis
Wurst	100g	2,00
Sauerkraut	Dose	1,99
Schweinefleisch	Kg.	15,–

Zeitungskiosk

Artikel	Einheit	Preis
Zigaretten	Pckg.	3,50
Gummibären	Tüte	0,79
Schokolade	Tafel	0,99

Artikel	Einheit	Preis
Tageszeitung		1,20
Zigarre	St.	10,–
Schokolade	Tafel	1,50

Artikel	Einheit	Preis
Gummibären	Tüte	1,10
Zigarre	St.	6,50
Zigaretten	Pckg.	4,00

EINKAUFLISTE:
Weissbrot
Wurst
Brötchen
Schokolade
Senf

Einkaufszettel:
Schweinefleisch
Apfelkuchen
Gummibären
Sauerkraut
Tageszeitung

BESORGEN!
Schwarzbrot
Zigaretten
Kalbfleisch
Zigarre

8

TUT MIR LEID!

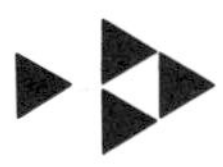

In dem folgenden Spiel sprechen Sie immer wieder mit einem anderen Gesprächspartner. Sie brauchen einen Ball. Bilden Sie Gruppen von 6-10 Personen. Einer steht in der Mitte, die anderen sitzen auf Stühlen in einem Kreis. Der Stehende beschwert sich über eine der folgenden Situationen und wirft jemandem den Ball zu: (z.B. «Du bist zu spät zur Schule gekommen.»)

1. Jemand ist zu spät zur Schule/zur Uni/zum Arzttermin gekommen.
2. Jemand hat eine Einladung/eine Verabredung/ein Treffen vergessen.
3. Jemand hat die Hausaufgaben/ein Referat/einen Brief/eine Einkaufsliste nicht geschrieben.
4. Jemand hat vergessen, die Theaterkarten/die Wäsche von der Wäscherei/ Tante Emilie vom Bahnhof/das Auto von der Werkstatt abzuholen.

Der «Angeklagte» muß sich mit einer entsprechenden Ausrede entschuldigen. Der in der Mitte nimmt die Entschuldigung entgegen und tauscht den Platz mit dem Sitzenden, der jetzt aufsteht und einem anderen den Ball zuwirft./ Sehen Sie Ihre Notizen auf S. 126 Übung 3, an.

memomemom

SICH ENTSCHULDIGEN

Entschuldigung, aber . . .
Entschuldigen Sie vielmals.
Dafür kann ich leider nichts, weil . . .
Ja, tut mir wahnsinnig/wirklich furchtbar/schrecklich/ unheimlich leid . . .
Es ist mir entsetzlich/schrecklich/furchtbar peinlich . . .
Das mache ich nie wieder.
Bitte, sei mir nicht böse.
Es soll nie wieder geschehen.
Schrei mich nicht so an, es ist nicht meine Schuld!

AUF EINE ENTSCHULDIGUNG REAGIEREN

Schon gut!
Ist nicht so schlimm!
Ach so, dann ist es gut!
Mach dir nichts daraus!

HÖREN SIE MAL! DA STIMMT ETWAS NICHT!

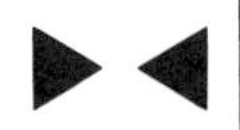

A hat etwas von B gekauft. A ist unzufrieden und reklamiert. Schauen Sie auf S. 127 und entwickeln Sie Gespräche mit den Vokabeln, die Sie in der Wortschatzübung gesammelt haben. Sie haben höchstens drei Minuten Zeit für jedes Rollenspiel: in dieser Zeit soll B versuchen, A zufriedenzustellen, indem er sich mit passenden Redemitteln entschuldigt.

Auf der Post
Der Kunde hat die falschen Briefmarken bekommen. Er bleibt ruhig und höflich.
«Da möchte ich mal fragen: . . .»
«Könnten Sie mir das umtauschen?»
«Da ist etwas nicht in Ordnung.»

Im Café
Der Kunde regt sich über die Bedienung auf und wird sogar unhöflich.
«Mann!»
«So ein Käse!/so ein Quatsch!»
«So eine Unverschämtheit!»
«Das ist eine Frechheit!»
«Allerhand!»
«Das ist die Höhe!»
«Hören Sie mal!»
«Das stimmt überhaupt nicht!»

In der Autowerkstatt
Der Kunde beschwert sich über sein Auto, das gestern repariert wurde aber immer noch stinkt. Der Kunde wird etwas aufgeregt.
«Moment, mal!»
«Schauen Sie mal!»
«Ist doch ganz klar, daß . . .»

GRUPPENAUFGABEN

HÄTTEST DU LUST . . . ?

Bilden Sie Gruppen von 8-10 Personen. Ein Spieler fängt an. Er wählt eine der folgenden Situationen und lädt einen anderen dazu ein.

1. Sie backen heute nachmittag eine Pizza.
2. Sie schauen heute abend fern.
3. Sie machen eine Prüfungsfeier.
4. Sie fahren zum Einkaufen in die Stadt.
5. (Ihre eigene Einladung)

Der Eingeladene soll mit einem passenden Redemittel auf die Einladung reagieren und eine Begründung für seine Zusage oder Ablehnung geben. Dann darf er die nächste Einladung aussprechen.

memomemomer

ABLEHNEN

Es tut mir leid.	I am sorry.
Das geht leider nicht.	Unfortunately that's not possible.
An dem Tag kann ich nicht so gut.	I'm tied up on that day.
Ich würde gern, aber ...	I'd love to, but ...

ZUSAGEN

Ja, das machen wir.	Yes, let's do that
Aber selbstverständlich.	Of course!
Ja, auf jeden Fall.	Yes, absolutely!
Paßt mir gut/ausgezeichnet!	Suits me fine!
Ja, ist gut.	O.K.
Ja, gern.	yes, gladly
Na gut.	well, O.K.
Na ja, meinetwegen.	O.K., why not?

GEGENVORSCHLAG MACHEN

Naja, und ...	yeah, and ...
Ich hätte einen anderen Vorschlag.	(No but) I have another idea.
Könntest du vielleicht ...	Couldn't you ...
Das wäre schön, aber ...	That would be nice, but ...
Ja, vielleicht. Anderseits ...	Maybe. On the other hand ...

ROLLENSPIELE

Arbeiten Sie in Gruppen zu viert. Zwei von Ihnen beschweren sich bei einem Dritten. Der Vierte soll beobachten und notieren, wie die zwei sich beschweren. Dann wechseln Sie die Rollen.

In Ihrer Wohnung ist es meistens zu warm. Ihr Hauswirt kontrolliert die Heizung von seiner Wohnung aus und Sie müssen die Heizungskosten extra bezahlen!

Der Dachshund Ihrer Hauswirtin bellt immer laut, wenn Sie nach Hause kommen. Gestern ist er Ihnen bis zur Ecke nachgelaufen, doch ist Gott sei Dank nichts passiert!

Ihr Mieter, ein schwerhöriger alter Mann, hat ständig den Fernseher zu laut aufgedreht. Es stört Sie und auch Ihre Frau, doch möchten Sie diesen Mieter im Hause behalten ...

Vergleichen Sie zum Schluß, wie die Gespräche bei jedem Rollenspiel gelaufen sind.

8

BESTELLUNG PER TELEFON

Spielen Sie folgendes Rollenspiel in zwei Zweiergruppen. Sie und Ihr Partner haben jahrelang Geld für neue Möbel gespart. Nun möchten Sie Ihre Wohnküche neu einrichten. Sie haben 1000 DM gespart, aber Sie wollen natürlich möglichst wenig Geld ausgeben.

Suchen Sie aus, was Sie gern von der IKEA-Anzeige bestellen möchten. Rufen Sie zusammen beim Möbelhaus IKEA an, und bestellen Sie telefonisch neue Möbel für Ihre Wohnküche.

Sie arbeiten beim Möbelhaus IKEA. Sie machen gerade eine Inventur, um zu sehen, was noch auf Lager ist. Stellen Sie eine Liste von den Möbelstücken zusammen, die noch vorhanden sind.

UND JETZT LOS!

BESCHWERDEBRIEF

Oft kann man sich nicht direkt beschweren, sondern muß es brieflich tun. (Lesen Sie etwa den Beschwerdebrief der Rentnerin in Kapitel 11). Denken Sie sich einen Beschwerdegrund aus und einen Adressaten, an den der Beschwerdebrief gerichtet werden soll. Sie können einen der folgenden Vorschläge übernehmen oder selbst einen Grund erfinden.

Grund: Lebensmittelpreise sind zu hoch.
Adressat: Bundeskanzler oder Präsident

Grund: Luftverschmutzung steigt.
Adressat: Bürgermeister der Stadt

Grund: Leistungsdruck in den Schulen ist zu stark.
Adressat: Schuldirektor

Grund: Zimmerreinigung ist schlampig.
Adressat: Leiter des Studentenheims

Grund: Mangelndes Angebot an vegetarischen Speisen
Adressat: Direktor der Mensa

Tische und Stühle von IKEA sind nur die *eine* Seite.
Auf der *anderen* Seite willst Du Deine Freunde anständig bewirten.
IKEA möchte, daß Du Dir *beides* leisten kannst.

STUHL Rustik, massive Kiefer, **ohne Kissen**

KLAPPTISCH Rustik, **585.-** massive Kiefer, 175 x 100 cm (ausgeklappt)

68.- TISCHPLATTE Amon 30, 30 mm stark, 120 x 80 cm

TISCHBÖCKE Frasse, schwarz oder weiß, 78 cm breit, höhenverstellbar 52-87 cm, **1 Stück 48.-**

395.- ESSTISCH Gille, massive Kiefer, Ø 120 cm, incl. Zusatzplatte 160 cm lang

258.- ESSTISCH Matfors, massive Kiefer, Ø 105 cm

98.- KLAPPTISCH Molkom, massive Kiefer, Platte furniert, 128 x 70 cm

STUHL Korpi, massive Fichte, 2er Verpackung. Stück **49.-**

159,- ESSTISCH Ingo, massive Kiefer, 120 x 75 cm

114.- 75 x 75 cm

ESSTISCH Lack, signalrot und weiß, 120 x 75 cm, Höhe: 70 cm

298.- ESSTISCH Forsbacka, massive Kiefer, naturfarben oder nußbraun, 140 x 80 cm

226.- ESSTISCH Smedvik, massive Kiefer, 120 x 75 cm

98.- VITRINENSCHRANK Birger, kiefernfurniert, 29 cm tief, 43 cm hoch

129.-

388.- ESSTISCH Sörgården, massive Kiefer, 220 x 100 cm (ausgeklappt)

KÜCHENBANK Dalsvik

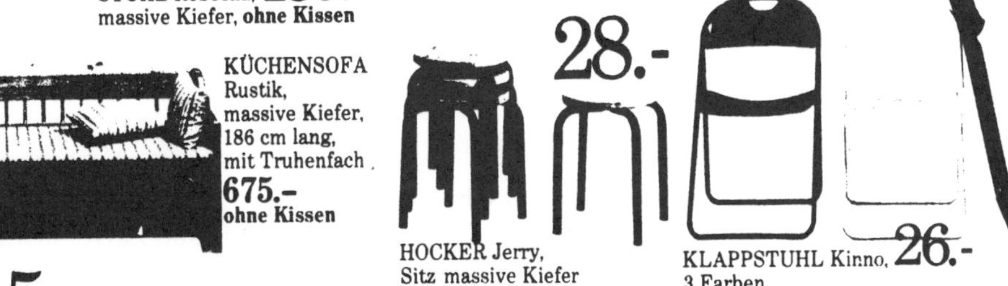

479.- ESSTISCH Nyhem: massive Buche, Platte furniert, 193 x 90 cm mit beiliegender Zusatzplatte

384.- BÜFFET Birger, kiefernfurniert, 80 cm breit, 40 cm tief, 98 cm hoch

STUHL Rebecka, **139.-** massive Kiefer, **ohne Kissen**

249.- TISCH Frey/Benke, massive Kiefer

STUHL Rebecka

KÜCHENBANK Dalsvik, massive Kiefer/kiefernfurniert, 172 cm lang, **ohne Sitzkissen** **345.-**

KÜCHENSOFA Rustik, massive Kiefer, 186 cm lang, mit Truhenfach **675.-** **ohne Kissen**

28.- HOCKER Jerry, Sitz massive Kiefer

KLAPPSTUHL Kinno, **26.-** 3 Farben

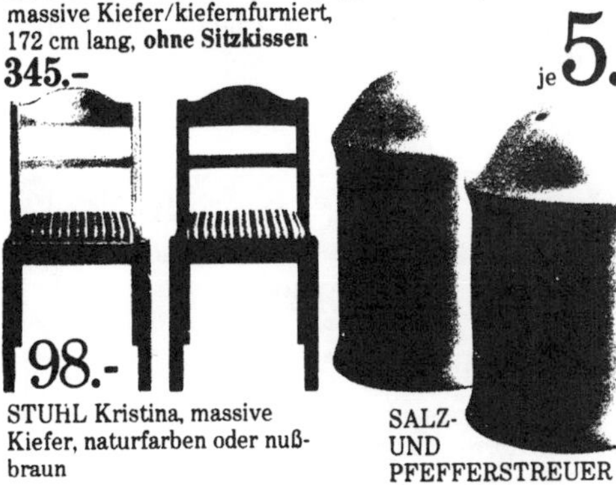

98.- STUHL Kristina, massive Kiefer, naturfarben oder nußbraun

je **5.-** SALZ- UND PFEFFERSTREUER Henna, Feldspatporzellan, weiß

REGIESTUHL Illo 108.-

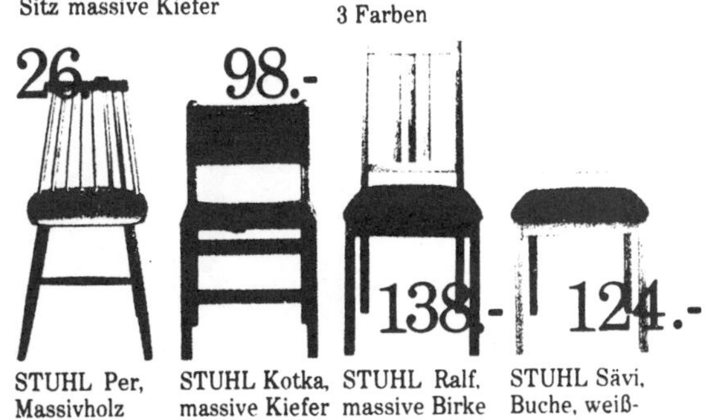

26.- STUHL Per, Massivholz

98.- STUHL Kotka, massive Kiefer

138.- STUHL Ralf, massive Birke

124.- STUHL Sävi, Buche, weißlackiert

Selbst aussuchen • Selbst oder zu Selbstkosten transportieren

8

Lieber Gast,

vielleicht geht es Ihnen wie mir:
Eigentlich hätte ich manchmal so richtig
Lust jemandem spontan ein
Kompliment zu machen, oder würde gerne
ein Ärgernis loswerden. Und weil kein
geeignetes Papier zur Hand ist, lasse
ich es meist bleiben. Eigentlich schade,
finden Sie nicht auch? Schon über eine
kurze, positive Notiz würde sich derjenige,
der seine Sache so gut gemacht hat,
sicher freuen, und ein Ärgernis ließe
sich damit sogar aus der
Welt schaffen.

Genau aus diesem Grund haben wir die
Innenseiten offen gelassen.
Vielleicht haben Sie einen Wunsch an uns,
eine Anregung oder auch Kritik.
So oder so: Ihre Meinung interessiert mich.

Mit freundlichen Grüßen

Franz Pichlmüller

MÖVENPICK

Telefon
07 11 / 29 58 34

Herrn Franz Pichlmüller
Regionaldirektor
Mövenpick Restaurants
Kleiner Schloßplatz 11

7000 Stuttgart 1

Bitte freimachen,
falls Briefmarke
zur Hand

Straße

PLZ/Ort

Brief bitte in den Gästebriefkasten einwerfen oder beim Chef im Dienst abgeben. Bei Postversand Karte in der Mitte abtrennen. Danke.

Schreiben Sie alles auf einen Zettel, legen Sie die Zettel gefaltet auf einen Stapel in der Klasse. Nachdem alle Zettel gut gemischt sind, ziehen Sie einen (hoffentlich nicht den eigenen) heraus. Nun schreiben Sie einen Brief, in dem Sie sich bei dem Adressaten über das Problem auf dem Zettel beschweren (Benutzen Sie den Brief in Kapitel 11 als Modell).

memo

Ich möchte mich mit einer Beschwerde an Sie wenden.
Ich möchte mich über Folgendes beschweren:
Ich finde es allerhand, daß ...
Grundsätzlich bin ich der Meinung, daß ...
Wer kontrolliert ...?
Wer überprüft ...?
Das darf nicht so weitergehen!
Wenn (das/ ...) nicht bald aufhört, dann ...
Ich bitte Sie, einzugreifen.

ANTWORTBRIEF

Die Briefe von allen Studenten werden gesammelt und gemischt. Nehmen Sie einen Brief (nicht den eigenen) und schreiben Sie eine Antwort darauf.

memo

> **Ich bedaure sehr, daß ...**
> **Es ist bedauerlich, daß ...**
> **Ich bin ganz Ihrer Meinung, daß ...**
> **Sie haben vollkommen recht, daß ...**
> **Ganz im Gegenteil!**
> **Ich bin nicht der Meinung, daß ...**
> **Sie irren sich, wenn Sie meinen, daß ...**
> **Ich stehe weiterhin zu Ihren Diensten.**

Wenn Ihr Antwortbrief fertig ist, hängen Sie ihn in Ihrem Klassenzimmer an die Wand. So können alle lesen, welche Beschwerden eingereicht wurden, und wie man darauf geantwortet hat.

BESCHWERDEKASTEN

In der Deutschstunde ist Ihnen dann und wann sicher einiges aufgefallen, worüber Sie sich gern beschweren möchten. Stellen Sie einen Kasten neben die Tür. Im Lauf der Woche schreiben Sie auf einen Zettel, was Sie kritisieren

oder ändern möchten und werfen ihn in den Kasten (z.B. «Die Studenten sitzen zu weit auseinander»; oder «Um neun Uhr morgens habe ich keine Energie!»). Der Zettel bleibt am besten anonym.

Gruppen von fünf nehmen jeweils fünf Zettel aus dem Kasten und lesen sie durch. Jede Gruppe schreibt eine kurze Antwort auf jeden Zettel und macht einen Vorschlag oder eine weitere Bemerkung. Die Zettel mit den Antworten werden an die Wand gehängt.

memo

An deiner Stelle würde ich . . .
Wie wär's, wenn . . .
Ich meine, wir könnten . . .
Vielleicht sollten wir . . .
Ich schlage vor, wir . . .
Warum . . . nicht?
Ich weiß wirklich keinen Rat!
Pech!

KLASSENBEOBACHTUNG

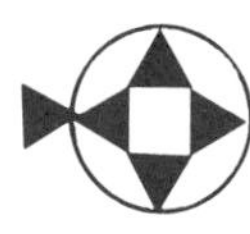

Beobachten Sie während des normalen Deutschunterrichts, wie oft Studenten das Wort ergreifen, um etwas zu verlangen, um sich zu entschuldigen oder zu beschweren. Wählen Sie eine der folgenden Möglichkeiten und machen Sie einen Strich (/) jedesmal, wenn ein Student oder Sie selbst sich so äußern.

Beobachtung der Klasse: ____________________ Datum: ____________________

memomemomemo

EINEN WUNSCH ÄUSSERN:

Ich hätte eine Frage.	/
Ich möchte etwas fragen.	
Ich möchte etwas sagen.	
Würden Sie das bitte wiederholen?	
Ich habe nicht verstanden, . . .	
Das ist mir nicht ganz klar.	
Ich habe dich/Sie eben nicht gehört.	
Dürfte ich/könnte ich . . .?	

SICH ENTSCHULDIGEN:

Entschuldigen Sie bitte vielmals, aber . . .	
Es tut mir leid, aber . . .	
Leider habe ich . . .	
Oh Verzeihung! Entschuldigung!	

SICH BESCHWEREN:

Das finde ich eigentlich nicht gut.	
Verzeihen Sie, aber (wo bleiben unsere . . .)?	
Ich verstehe nicht, warum wir (nicht) . . .	
Tja, wie wär's, wenn wir . . . ?	
Könnten wir nicht . . . . ?	
Ich fände es besser, wenn wir . . .	

vokabeln
die ich aus diesem Kapitel
festhalten möchte

Kapitel 9

RESTAURANT
HOTEL
Kasseläner Stube Unsere Empfehlung der Woche
ab 16.04.82
Gefüllte Krautroulade mit Speckscheibe, Holländischer Sauce und Salzkartoffeln
Gemischte Salatplatte mit Spiegelei und Röstkartoffeln
Heringsfilet mit Zwiebelringen, Grünen und Salzkartoffeln
Glacierter Schweinenacken mit Mischgemüse und Kartoffelpüree
Goulasch mit Knödeln und
DM 7,50
mit pommes frites
Bedeutender Besitz in den weltberühmten Mittelmosel-Lagen von Wehlen, Zeltingen, Graach, Bernkastel
Mosel-Saar-Ruwer
Qualitätswein
0,7 l e
A. P. Nr. 2 576 511-2178
Erzeugerabfüllung
Weingut Dr. M. Prüm
1977er
Wehlener Sonnenuhr
Riesling
MÜNCHNER HOFBRÄU
HB

Café Volz
gut...
besser...
Gösser
40.–
15,–
55
Weinstube
hinterm Turm

9

MEINUNGEN ÄUSSERN, AUF MEINUNGEN REAGIEREN

«Ich persönlich finde»

HÖREN UND VERSTEHEN

Hören Sie sich bitte das Tonband an. Jörg und Helga sind zwei Deutsche, die sich in Amerika kennengelernt haben.

Übung 1: Jörg und Helga diskutieren die Vor- und Nachteile der Schnellimbißketten in Amerika. Sie sind gegenteiliger Meinung.

Übung 2: Jörg und Helga besprechen amerikanische Eßgewohnheiten. Jörg ist schon drei Jahre in Amerika, Helga ist erst angekommen. Sie sind verschiedener Meinung.

Übung 3: Jörg und Helga diskutieren über Tischmanieren. Sie haben gemeinsame Erfahrungen zu Hause gemacht. Sie vergleichen amerikanische und deutsche Tischmanieren.

Hören Sie sich das Tonband zum zweiten Mal an. Versuchen Sie dabei herauszuhören, wie die Gesprächspartner ihre Meinung ausdrücken, und wie sie auf die Meinung eines anderen reagieren.

1. Nach einer Meinung fragen: z.B. «Was meinst du?»
2. Eine Meinung äußern: z.B. «Ich finde . . .»
3. Auf eine Meinung reagieren: z.B. «Das finde ich auch!, «Das kann sein, aber . . . »

	nach einer Meinung fragen	eine Meinung äußern	auf eine Meinung reagieren
Übung 1	"Bist du auch denn dafür?"	"Ich muß sagen.."	"Ja, das stimmt, aber normalerweise..."
Übung 2	"Du hast auch viele Vorteile, nicht?"	"Das einzige, was mich stört.." ~~"Meine Meinung."~~	"Ach so, ja!"
Übung 3	"Ja, woran ist es so klar geworden?"	"Ich denke mir.." "Ich glaube..."	"Das finde ich nicht so schön..." "Das finde ich gut..." "Das stimmt."

WORTSCHATZERWEITERUNG

NAHRUNGSMITTEL

Stellen Sie zu viert oder fünft eine Liste von Nahrungsmitteln zusammen, für die Sie das deutsche Wort kennen! (Sie können auch ein englisch-deutsches Wörterbuch benutzen.) Die Gruppe mit den meisten Sorten in einer Kategorie gewinnt. Zeitgrenze: 10 Minuten.

Fleisch- und Fischsorten
z.B. Hähnchen

____
____
____

Gemüsesorten
z.B. Kartoffeln

____
____
____

Obstsorten
z.B. Erdbeeren

____
____
____

Getränke
z.B. Limonade

____
____
____

Sonstiges
z.B. Eier

____
____
____

SPEISEN

Hier sind ein paar deutsche und amerikanische Speisen. Suchen Sie in Gruppen zu viert für jede Speise die amerikanische Entsprechung und ergänzen Sie jede Kategorie mit anderen, die Sie kennen.

Eierspeisen

weichgekochtes Ei soft-boiled egg
hartgekochtes Ei hard-boiled egg
Spiegelei (mit Speck) fried egg with bacon
Rühreier scrambled eggs
Omelett (mit Pilzen) omelet with mushrooms
Pfannkuchen (mit Ahornsirup) pancakes with maple syrup
Nudeln noodles

____
____
____

Fischspeisen

gebratenes Fischfilet fried fish filet
Fischstäbchen
Hummer lobster
Muscheln muscles

____
____
____

9

Fleischspeisen

Rindfleisch beef
Steak steak
Frikadelle (Hackfleisch) minced meat; ground meat
Boulette (mit Tomatensoße) Swedish meatballs
Schweinskotelett pork cutlet
Kalbsschnitzel (paniert) veal crumb schnitzel
Schweinebraten roast pork
Rindsbraten roast beef
Bratwurst roast sausage; fried sausage
Schinken ham
Brathuhn roast chicken
Puter (gefüllter) stuffed turkey
Eintopf hot-pot; Stew
Wurst (Aufschnitt) slices of sausage; cold cuts

Gemüse und Salat

Bratkartoffeln fried potatoes
Salz- oder Pellkartoffeln salt- or whole-boiled potatoes
Pommes frites (mit Tomaten-Ketchup) french fries w/ ketchup
Kartoffelbrei mashed potatoes
Sauerkraut sauerkraut; "sour cabbage"
Gurkensalat cucumber salad
Kopfsalat cabbage- lettuce; cabbage salad (iceberg lettuce/salad)
Reis rice
Linsen lentils

Obstspeisen

Kompott compote; stewed fruit
Erdbeertorte strawberry pie/layered cake
Apfelkuchen apple pastry

Käsesorten

Schweizer Käse swiss cheese
körniger Frischkäse corn cheese (?) (cream cheese
Quark curds; ~~[illegible]~~ etwas zwischen yoghurt und cream cheese (Sahnekäse)

Was wir essen

In dieser neuen Serie berichten Jugendliche aus der Bundesrepublik Deutschland über sich: was sie gut finden und was nicht.
Schreibt uns: Welches Thema würde euch am meisten interessieren?

Anja ist fünfzehn Jahre alt und lebt in Hannover. Sie schildert, was deutsche Jugendliche am liebsten essen: Sauerkraut ist nicht dabei.

Wenn meine Tante aus Süddeutschland zu Besuch kommt, gibt es Spätzle. Sie sind aus Nudelteig und sehen aus wie dicke, kleine Würmer. In Süddeutschland sind Spätzle beliebt. Wir in Norddeutschland essen lieber Kartoffeln. Aber wenn wir das meiner Tante sagen, ist sie beleidigt.
Leider haben Spätzle viele Kalorien. Sie machen dick. In meiner Klasse haben besonders die Mädchen Angst davor, zu dick zu werden. Deshalb essen wir oft nur Joghurt, Quark und Obst. Aber manchmal kommt der Heißhunger. Dann legen wir unser Taschengeld zusammen und gehen in eine Pizzeria. Die Pizza ist billig und hat wenig Kalorien. Zur Zeit sind auch griechische Lokale bei uns sehr beliebt. Im Restaurant „Akropolis" essen wir meistens Sutsukakia oder Jiros. Das sind Fleischspezialitäten mit Reis. Ausländische Lokale gibt es in Hannover fast an jeder Straßenecke. Sie sind immer gut besucht. Oft findet man keinen Platz im Lokal.
Wir essen gerne international, zum Beispiel bei Italienern, Griechen oder auch Jugoslawen. Aber natürlich machen wir das nicht jeden Tag. Meistens essen wir zu Hause. Zum Frühstück gibt es bei uns Cornflakes, Brot, Tee oder Milch. In der Schule frühstükken wir dann noch einmal. In der Pause können wir beim Hausmeister Kakao, Joghurt und ein Stück Brot kaufen. Zum Mittagessen komme ich um 13, 14, 16 Uhr nach Hause – oder auch gar nicht. Manchmal habe ich keine Zeit zum Essen; oft vergesse ich es einfach. Wenn es aber Fischstäbchen, Erbsen, Spaghetti oder süßen Reisbrei (meine Lieblingsspeisen) gibt, komme ich ganz bestimmt. Bei Rippchen mit Sauerkraut ist das nicht so sicher.
Sonntags ist alles anders. Wir frühstücken lange, und am Nachmittag gibt es dann Kakao und Kuchen. Den backe ich manchmal selbst. Marmorkuchen, Apfelkuchen und „Amerikaner" (kleine Gebäckstücke mit Zuckerguß) sind meine Spezialitäten. Kuchenbacken ist zur Zeit das große Hobby bei den Mädchen in unserer Schule. Leider hat auch der Kuchen viele Kalorien. Deshalb fällt am Sonntagabend auch das Abendessen aus. Ich verzichte dann auf Brot und Wurst.
Natürlich ist das Essen Geschmacksache. Nicht jeder liebt Spaghetti oder Reisbrei. Im Sommer aber sind wir alle gleich. Dann leben wir fast nur noch von Eis. Es muß aber italienisches Eis sein, das schmeckt am besten. Es geht bei uns eben international zu,
Tschüß Eure

Anja

Gewürze

Salz	salt
Pfeffer	pepper
Tomaten-Ketchup	tomato ketchup
Mayonnaise	mayonnaise
Senf	mustard
Petersilie	parsley
Knoblauch	leek

DU UND ICH

GESCHMACKSSACHE!

Vergleichen Sie Ihre Eßgewohnheiten! Wie oft, wann, wo, mit wem, was essen Sie gewöhnlich? Interviewen Sie einen Klassenkameraden.

Name des Partners: ______________________________

Die Mahlzeit	besteht aus	und wird ungefähr um ____ Uhr	in/bei/mit gegessen
Zum Frühstück (frühstücken)	gibt es . . .		zu Hause
Zum Mittagessen (zu Mittag essen)	esse ich . . .		in der Kantine
Zum Kaffee (Kaffee trinken)	trinke ich . . .		im Schnellimbiß
Zum Abendbrot (zu Abend essen)			in der Mensa
			am Automaten
			in der Konditorei
			im Café
			im Restaurant
			im Hotel
			im Gasthaus
			bei Freunden
			bei meinen Eltern
			am Kiosk
			in der Pizzeria
			mit meiner Familie
			mit Freunden
			allein

memo

Es kommt darauf an, wann/wo/was/ob . . .	it depends when/where/what/whether . . .
Meistens . . .	most of the time
Diese Mahlzeit lasse ich ausfallen.	I skip this meal.

Was ißt Ihr(e) Partner(in) am liebsten? Was ißt er/sie besonders ungern? Machen Sie ihm/ihr ein paar Vorschläge: Wie ist es mit . . .? Ißt du gern . . .? Magst du . . .?

Mein(e) Partner(in) ißt:

am liebsten ______________________________

gern ______________________________

ohne besondere Freude ______________________________

ungern ______________________________

kann nicht ausstehen ______________________________

memomem

Ich esse/trinke (wahnsinnig) gern . . .	I like (I love) to eat/drink . . .
Am liebsten esse/trinke ich	I like most to eat/drink . . .
Am wenigsten gern esse/ trinke ich	I like least to eat/drink . . .
Ich esse/trinke (furchtbar) ungern	I really don't like to eat/ drink . . .
Ich mag kein . . .	I don't like . . .
Ich hasse . . .	I hate . . .
Ich kann . . . nicht vertragen	. . . doesn't agree with me
Und wie ist es mit . . .?	and how about . . .?

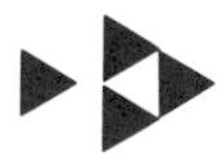

Berichten Sie über den Geschmack und die Eßgewohnheiten Ihres Partners vor der Klasse! Finden Sie dadurch in der Klasse zwei andere, die denselben Geschmack und womöglich dieselben Eßgewohnheiten haben wie Sie. (Sie können jetzt zusammen die Übung S.153 machen).

FAMILIENREGELN

Diskussion zu viert. Besprechen Sie die Tischmanieren, mit denen Sie zu Hause aufgewachsen sind. Wo wurde bei Ihnen gegessen? (in der Küche, im Eßzimmer, in einer Wohnküche?) Welche Tischmanieren galten bei Ihnen zu Hause?

- Händewaschen vor dem Essen

Bürgerliche Tischsitten: Tischtuch, Hände an der Tischkante, mit Messer und Gabel essen.

9

Bäuerliche Tischsitten: Kochtopf auf dem Tisch, kein Tischtuch, Ellenbogen auf dem Tisch.

- sofort zu Tisch kommen, wenn gerufen wird
- nicht eher essen, bis alle da sind
- Tischgebet: vor/nach dem Essen; von wem gesprochen?
- mit dem Essen warten, bis die Mutter/der Vater angefangen hat oder bis alle sich bedient haben
- Hände auf dem Tisch behalten
- gerade sitzen
- keine Ellenbogen auf der Tischkante
- nicht mit dem Stuhl schaukeln
- nicht mit den Fingern essen
- nicht schlürfen, schmatzen oder rülpsen
- sich selbst bedienen/bedient werden
- alles essen, was auf den Tisch kommt
- Teller leer essen
- Teilnahme der Kinder am Tischgespräch? Ja
- nicht mit vollem Mund reden
- nicht das Messer ablecken
- nicht den Teller sauberlecken
- nicht aufstehen, bis alle mit dem Essen fertig sind
- den Tisch decken bzw. abdecken
- abwaschen bzw. die Geschirrspülmaschine betätigen
- (andere Regeln) ______

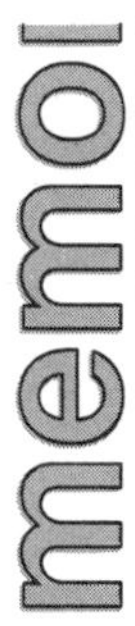

Bei mir zu Hause war es so:	At home it was like this:
Es gab überhaupt keine festen Regeln.	There were no fixed rules.
Es war verschieden.	It varied.
dürfen	to be allowed to
erlauben	to allow someone to

Was halten Sie heute von Ihrer Erziehung? Welche drei Regeln möchten Sie beibehalten, wenn Sie selbst eines Tages Kinder haben?

1. ______________________________

2. ______________________________

3. ______________________________

Begründen Sie Ihre Meinung.

GASTRONOMISCHE UMFRAGE

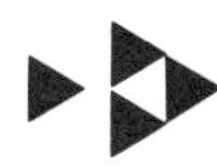

Jeder Student wählt eins der folgenden Stichworte und fragt fünf andere in der Klasse, wie er/sie dazu steht. Jeder soll seine Meinung begründen.

- McDonald's
- Schnellimbißketten
- Thanksgiving mit der Familie
- die Mensa an Ihrer Schule/Uni
- Erdnußbutter
- Ausgehen in ein vornehmes Restaurant
- Selbst kochen
- Frühstück am Sonntagmorgen
- Spinat
- Italienische Küche
- Chinesische Küche
- Diät einhalten
- Gespräche am Familientisch
- Alkoholausschank an Jugendliche unter zwanzig

Stichwort: ______________________________

Meinung 1: ______________________________

Meinung 2: ______________________________

Meinung 3: ______________________________

Meinung 4: ______________________________

Meinung 5: ______________________________

Geben Sie eine Zusammenfassung Ihrer Umfrage vor der ganzen Klasse!

Aus dem Grunde, weil . . .	For the reason that . . .
Aus demselben Grund . . .	For the same reason . . .
Aus vielen Gründen . . .	For many reasons . . .
Aus folgenden Gründen: erstens . . . zweitens . . .	For the following reasons: first . . . second . . .
Ich finde es furchtbar und zwar (+ Beispiele).	I think it's terrible namely (+ examples).

GRUPPENAUFGABEN

ROLLENSPIELE

Sie haben jetzt Gelegenheit zum Meinungsaustausch. Spielen Sie die folgenden Rollenspiele zu zweit. Ein Beobachter notiert dabei, welche Redemittel gebraucht wurden, um Meinungen zu äußern und Vorschläge zu machen. Zeitgrenze: 4 Minuten.

THANKSGIVING CAMPUS-ART:
Dieses Jahr laden Sie Ihre Eltern zum Thanksgiving Essen ein. Planen Sie ein Essen für 12 Personen!

IM RESTAURANT.
Zwei Gäste, ein Kellner. Sie bestellen eine Mahlzeit. Sie fragen den Kellner nach seiner Meinung und lassen sich beraten . . .

PLANUNG EINER GEBURTSTAGSFEIER:
Finden Sie heraus, wer in der Klasse bald Geburtstag hat. Planen Sie ein Geburtstagsessen für das Geburtstagskind!

memomemo

köstlich	exquisite
vorzüglich	excellent
davon ist abzuraten	not recommended
scharf	hot (spicy)
mild	mild
süß	sweet
sauer	sour
stark gewürzt	very spicy
schmeckt hervorragend	tastes wonderful
besonders lecker	particularly tasty
hart	hard
weich	soft
leicht bekömmlich	easy to digest
zu empfehlen	recommended

MENSAKOMITEE

Sie sind beauftragt worden, Vorschläge zur Reform des Mensaangebots zu machen. Besprechen Sie zu dritt, was Sie für die tägliche Speisekarte empfehlen (nützliche Vokabeln siehe S. 145ff.).

	empfehlens-wert	**zulässig**	**dringend abzuraten**
1. Frühstück	______	______	______
2. Mittagessen	______	______	______
3. Abendessen	______	______	______

Verteidigen Sie Ihre Empfehlungen vor der Schulbehörde, die dann eine Liste von sechs empfohlenen und sechs nicht empfohlenen Speisen herausgeben soll.

DEUTSCHE SPRICHWÖRTER

Hier sind einige deutsche Sprichwörter, die mit dem Essen zu tun haben. Was bedeuten sie? Mit welchen stimmen Sie überein? Mit welchen nicht?

- Der Apfel fällt nicht weit vom Stamm.
- Man ist, was man ißt.
- Liebe geht durch den Magen.
- Viele Köche verderben den Brei.
- In der Not frißt der Teufel Fliegen.
- Im Wein ist Wahrheit.
- Hunger ist der beste Koch.

Wählen Sie zu zweit oder zu dritt eins der Sprichwörter und spielen Sie es als Sketch Ihrer Klasse vor! Die Klasse muß raten, welches Sprichwort gemeint ist.

EINE GESUNDE DIÄT

NIE MEHR ALS
1000 KALORIEN
PRO TAG!!!

	Montag	Dienstag	Mittwoch	Donnerstag	Freitag	Samstag	Sonntag
Frühstück	2 Stücke Bananen; (200 g.) 50 g. Corn-Flakes; 1/4 l Buttermilch	100 g. Haferflocken; Tasse Kaffee; Tasse Buttermilch	600 g. Grapefruit; 2 Eier; Tasse Buttermilch	1 Biskuit-törtchen; 2 Teelöffeln marmelade; Tasse Buttermilch; 1 Becher Früchtejoghurt	3 Scheiben Ananas; Tasse Kakao; Becher Vollmilch-joghurt; ein Ei	90 g. Sauerkirschen; 50 g. Haferflocken; Tasse Buttermilch	50 g. Cornflakes; 1/4 l. Buttermilch; 2 Stücke (600 g) Grapefruit
Kalorien-aufnahme:	440 ~~398~~ Kal.	452 Kal.	418 Kal.	356 Kal.	316 Kal.	319 Kal.	434 Kal.
Mittagessen	2 Scheiben Roastbeef (40 g.) Reis, gekocht (100 g.) Wasser	2 Scheiben Rindfleish-sülze (40 g.); 75 g. Nudeln, gekocht; Wasser	60 g. corned beef; Kl. Dose Tomaten, geschält; Blumenkohl mit 62 g. Schmelzkäse; Wasser	1 Biskuit-törtchen mit 20 g. marmelade; [illegible] 200 g. ~~Butter~~milch Dick	75 g. Nudeln, gekocht; 124 g. Schmelzkäse; 1 Kopfsalat; Wasser	1 Becher Vollmilchjoghurt; 150 g. Spinat; 1 Scheibe Vollkornbrot; Wasser	1 Hühner-Kuele; Kopfsalat mit Salatcreme (ein Teelöffel); Tasse Buttermilch
Kalorien-aufnahme:	216 Kal.	199 Kal.	339 Kal.	251 Kal.	401 Kal.	260 Kal.	246 Kal.
Abendessen	1/2 Stück Hänchen, ohne Haut; 1 Stück Kartoffel Wasser	Kl. Dose Sauerkraut; 1 Stück Hühner-brustfilet; 2 Scheiben Schnittkäse; Wasser	1 Stück Grapefruit; 1 Becher Früchtejoghurt; Wasser	2 Stücke Vollkornbrot; 1 Stück Kartoffel; Wasser	2 Scheiben roast beef; 1 Apfel, mittelgroß; 200 g. Blumenkohl mit 20 g. Schnittkäse; Wasser	190 g. Hänchen, ohne Haut; 1 Becher Früchtejoghurt; Kopfsalat; Wasser	2 Eier; 3 Stück Tomaten; Tasse Dickmilch
Kalorien-aufnahme:	307 Kal.	284 Kal.	203 Kal.	305 Kal.	243 Kal.	381 Kal.	304 Kal.
Gesamt-aufnahme:	+963 Kal.	+935 Kal.	+960 Kal.	+912 Kal.	+960 Kal.	+960 Kal.	+984 Kal.
Kalorienverbrauch für Sport und andere Tätigkeiten							
Tätigkeit	30 minuten schnell zur Klassen gehen; 30 schwimmen; 60 putzen;	15 minuten schnell zur Klassen gehen; 3 Stunden sitzen und schreiben;	2 Stunden sitzen und schreiben; 30 minuten schnell zur Klassen gehen; 30 minuten schnelles Radfahren; 3 Stunden sitzen.	15 minuten schnell zur Klassen gehen; 3 Stunden sitzen und schreiben; eine Stunde schwimmen.	2 Stunden sitzen und schreiben; 30 minuten schnell gehen; 30 minuten schnelles Radfahren; 3 Stunden sitzen.	2 Stunden Waschen und anziehen; 2 Stunden Bergwandern mit Rucksack; zwei Stunden sitzen und schreiben.	anderthalb Stunden langsames Radfahren; 2 Stunden im Kirche sitzen; halbe Stunde Autofahren; halbe Stunde schwimmen; halbe Stunde langsam gehen.
Kalorien-verbrauch	~~156~~ Kal. -1128	~~318~~ Kal. 1242	-1009 Kal.	-1278 Kal.	-1009 Kal.	-996 Kal.	-1031 Kal.

5 Stunde in Klasse sitzen

1 Stunde Bergwandern mit Rucksack.

Ihr(e) Freund(in) muß aus gesundheitlichen Gründen sobald wie möglich zehn Pfund abnehmen. Er/sie hat wenig Willenskraft und bittet Ihre Gruppe, ihm/ihr eine gesunde Diät mit 1000 Kalorien pro Tag zusammenzustellen. In Gruppen zu dritt benutzen Sie die Kalorienliste rechts und die Tabelle auf Seite 156 für ein gesundes Tagesprogramm!

Kalorienliste

		Gr.	Kal.
Ananas	1 Scheibe	35	33
Apfel, mittelgroß	1 Stück	100	55
Banane, klein	1 Stück	100	99
Birne, klein	1 Stück	100	56
Biskuittörtchen	1 Stück	85	115
Blattspinat	1 TK-Paket	300	80
Blumenkohl	1 kl. Kopf	200	56
Blumenkohl	1 TK-Paket	300	84
Butter	1 Teelöffel	5	39
Butter	1 Messersp.	3	23
Buttermilch	1 Tasse	¼ l	42
Champignons	1 kl. Dose	230	55
Champignons	100 Gramm	100	24
Chicorée	1 Stange	200	32
Chinakohl	1 k. Kopf	300	45
Corned beef	1 Scheibe	20	31
Corn-flakes	1 Eßlöffel	5	20
Dickmilch	1 Becher	200	90
Ei	Klasse 4	50	92
Fenchelknolle	1 Knolle	200	100
Früchtejoghurt	1 Becher	150	107
gek. Schinken ohne Fettrand	1 Scheibe	20	43
Gewürzgurke	1 Stück	300	96
Grapefruit	1 Stück	300	96
Gurke, mittelgroß	1 Stück	500	50
Hähnchen, ohne Haut	½ Stück	190	242
Haferflocken	1 Eßlöffel	10	41
Haselnüsse	5 Stück	5	35
Honig	1 Teelöffel	15	46
Hühnerbrustfilet	1 Stück	90	98
Hühnerkeule	1 Stück	100	144
Instant-Brühe	1 Teelöffel	3	9
Instant-Kaffeepulver	1 Teelöffel	2,5	0
Kakaopulver	1 Teelöffel	2,5	10
Kapern	1 Teelöffel	5	3
Kartoffel, mittelgroß	1 Stück	75	65
Kartoffelpüreeflocken	1 Eßlöffel	5	18
Kasseleraufschnitt	1 Scheibe	20	67
Kefir	1 Becher	250	140
Kopfsalat	1 Kopf	200	32
Körniger Frischkäse	1 Becher	200	198
Leberkäse	1 Scheibe	20	54
Leberwurst, mager	1 Teelöffel	10	27
Magermilchjoghurt	1 Becher	150	59
Magerquark	1 Paket	200	164
Magerquark	1 Eßlöffel	30	25
Mandarine	1 kl. Stück	50	24
Margarine	1 Teelöffel	5	39
Marmelade	1 Teelöffel	20	46
Meerrettich	1 Teelöffel	10	8
Mehl	1 Teelöffel	5	18
Möhre	1 Stück	100	35
Nudeln, ungek.	1 Eßlöffel	10	39
Nudeln, gek.	1 Eßlöffel	15	27
Öl	1 Teelöffel	5	46
Öl	1 Eierlöffel	3	28
Orange	1 Stück	200	108
Paprikaschote, mittelgroß	1 Stück	150	12
Porree, mittelgroß	1 Stange	150	57
Radieschen	1 Bund	100	19
Reis, ungek.	1 Eßlöffel	15	55
Reis, gekocht	1 Eßlöffel	20	28
Rettich	1 Stück	200	38
Rindfleischsülze	1 Scheibe	20	32
Roastbeef	1 Scheibe	20	38
Sahne, 10% Fett	1 Teelöffel	5	7
Salatcreme	1 Teelöffel	10	28
Sauerkirschen	1 Eßlöffel	30	24
Sauerkraut	1 kl. Dose	285	74
Senf	1 Teelöffel	10	10
Suppengrün	1 TK-Paket	60	16
Schmelzkäse	1 Ecke	62	116
Schnittkäse	1 Scheibe	20	56
Spinat	1 kl. TK-Paket	150	40
Tomaten, geschält	1 kl. Dose	230	46
Tomate	1 Stück	50	10
Tomatenmark	1 Teelöffel	10	5
Vollkornbrot	1 Scheibe	50	120
Vollmilchjoghurt	1 Becher	150	105
Weizenkeime	1 Eßlöffel	5	20
Weizenkleie	1 Eßlöffel	5	17
Würstchen	1 Stück	50	120

9

KALORIENVERBRAUCH BEI VERSCHIEDENEN TÄTIGKEITEN

In der folgenden Tabelle sehen Sie an einigen ausgewählten Beispielen den Energieverbrauch in Kalorien bei den verschiedensten Tätigkeiten pro Minute. Als Gewichtsgrundlage wurde ein Mensch mit einem Gewicht von 70 kg angenommen.

Tätigkeit	**Kalorien pro Minute**
Waschen und Anziehen	2,6–3
Langsam gehen	2,9
Schnell gehen	5,2
Sitzen	1,5
Sitzen und Schreiben	2,0
Autofahren	2,8
Motorradfahren	3,4
Putzen	1,7
Bügeln	4,2
Langsames Radfahren	4,5
Schnelles Radfahren	11,1
Blumenbeet umgraben	8,6
Tennis spielen	7,1
Fußball spielen	8,9
Schwimmen (55 m/min.)	14,0
Bergwandern mit Rucksack	13.2
Gehen im leichten Schnee	20,2

From: Renate Spaetgen, Was hat wieviele Kalorien? (München: Wilhelm Heyne Verlag, 1982, p.10)

EISERNE RATION

Sie sind Mitglied einer Gruppe, die einen neuen Planeten besiedeln soll. Da auf dem Planeten noch nichts wächst, muß Ihr Team alle Nahrungsmittel gefroren oder getrocknet mitnehmen. Trinkwasser ist vorhanden. Der Raum in der Rakete ist sehr beschränkt und Sie dürfen nur zehn verschiedene Nahrungsmittel wählen. In Vierergruppen einigen Sie sich auf die zehn, die Sie mitnehmen wollen! Vergessen Sie nicht die wichtigsten Nährstoffe, die der Mensch zum Leben braucht: Kohlehydrate, Fett, Eiweiß, Vitamine und Mineralstoffe.

Suchen Sie Nahrungsmittel von der folgenden Liste aus:

gefrorener Orangensaft
Zucker
Mehl
Pfeffer und andere Gewürze
getrocknete Bohnen
Reis
Erdnüsse
Coca–Cola–Extrakt
Trockenobst (Rosinen, Äpfel, Pflaumen, Aprikosen usw.)
Geflügel
Marmelade
Kaffee
Sauerkraut
Ketchup
Salz
Kartoffelpulver
Trockenmilch
Rindfleisch
Schweinefleisch
gesalzene Heringe
Eier (in Pulverform)
geräucherter Schinken

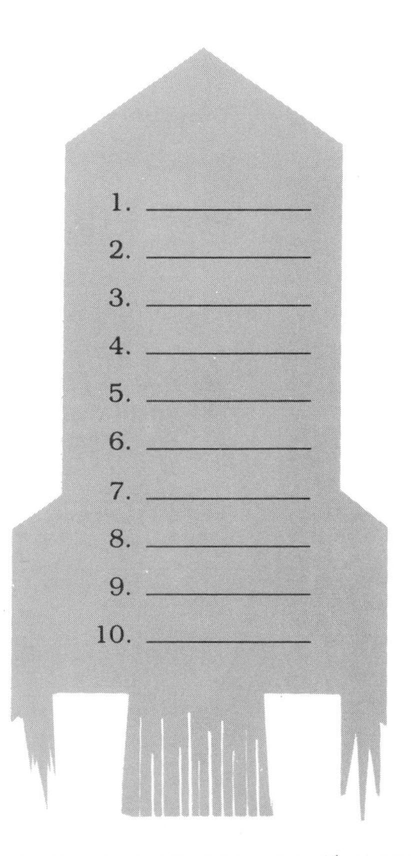

memo

Es enthält . . .	It contains . . .
ist (un)gesund	is (un)healthy
hält sich nicht gut	does not keep well
schmeckt miserabel	tastes awful
macht zu dick	is too fattening
Hauptsache ist, daß . . .	the main thing is that . . .

9

UND JETZT LOS!

IM SUPERMARKT

Gehen Sie in Ihren Supermarkt. Machen Sie eine Liste von allen importierten Nahrungsmitteln aus Deutschland, Österreich und der Schweiz, die Sie dort finden können.

ESSGEWOHNHEITEN HIER UND DORT

Interviewen Sie einen gebürtigen Deutschen, Schweizer oder Österreicher über seine Eßgewohnheiten und die Tischmanieren in seiner Familie. Vergleichen Sie sie mit den Ihrigen.

	Mein täglicher Speisezettel		Speisezettel eines Deutschen, der seit ____ in den USA wohnt.	
	Uhrzeit	Speisen	Uhrzeit	Speisen
Frühstück				
Mittagessen				
Abendessen				

die drei wichtigsten Tischmanieren bei mir zu Hause:

____

____

____

die drei wichtigsten Tischmanieren bei ihm zu Hause:

____

____

____

FAMILIENBUDGET

Hier sehen Sie, was deutsche Bundesbürger im Jahr 1980 monatlich für Essen und Trinken ausgegeben haben. Interviewen Sie einige Familien in Ihrem Bekanntenkreis, um zu erfahren, was eine amerikanische Familie ungefähr monatlich für die Ernährung ausgibt! Berichten Sie in der Klasse über das Ergebnis Ihrer Umfrage.

MONATLICHE AUSGABEN FÜR ERNÄHRUNG

Haushaltsgröße	pro Haushalt	pro Person
1 Person	273 Mark	273 Mark
2 Personen	445 Mark	223 Mark
3 Personen	540 Mark	180 Mark
4 Personen	658 Mark	165 Mark
5 Personen	782 Mark	156 Mark
6 Personen	786 Mark	131 Mark

Die obige Tabelle zeigt, was laut einer Umfrage der Bonner Zentralstelle für rationelles Haushalten von 3000 Familien 1980 für die Ernährung ausgegeben wurde. Die Ergebnisse sind eine Orientierungshilfe, nicht starre Regel oder Vorschrift. Alkoholische Getränke, Tabak, Kaffee und Tee sind in den Beträgen nicht enthalten, sie gelten als Genußmittel.

9

EIN DEUTSCHES ESSEN

Planen Sie ein deutsches Essen! Besprechen Sie mit der Klasse, wann und wo das Essen stattfinden wird und wo gekocht wird. Laden Sie dazu alle Deutschlehrer oder eine andere Deutschklasse ein.

REZEPTE SAMMELN

Entscheiden Sie, welche Gruppe welchen Gang zubereitet:

1. Vorspeise: Suppe
2. Hauptspeise: Gemüse, Fleisch oder Fisch
3. Nachspeise

Suchen Sie in Gruppen von 3-4 Personen Rezepte aus deutschen Kochbüchern oder von Deutschen, Österreichern oder Schweizern, die Sie kennen. Machen Sie 3-4 Vorschläge in der Kategorie Ihrer Wahl (Vor-, Haupt- oder Nachspeise).

Vier Vorschläge für Vor-, Haupt- oder Nachspeise (Nichtzutreffendes bitte streichen).

1. ______________________
2. ______________________
3. ______________________
4. ______________________

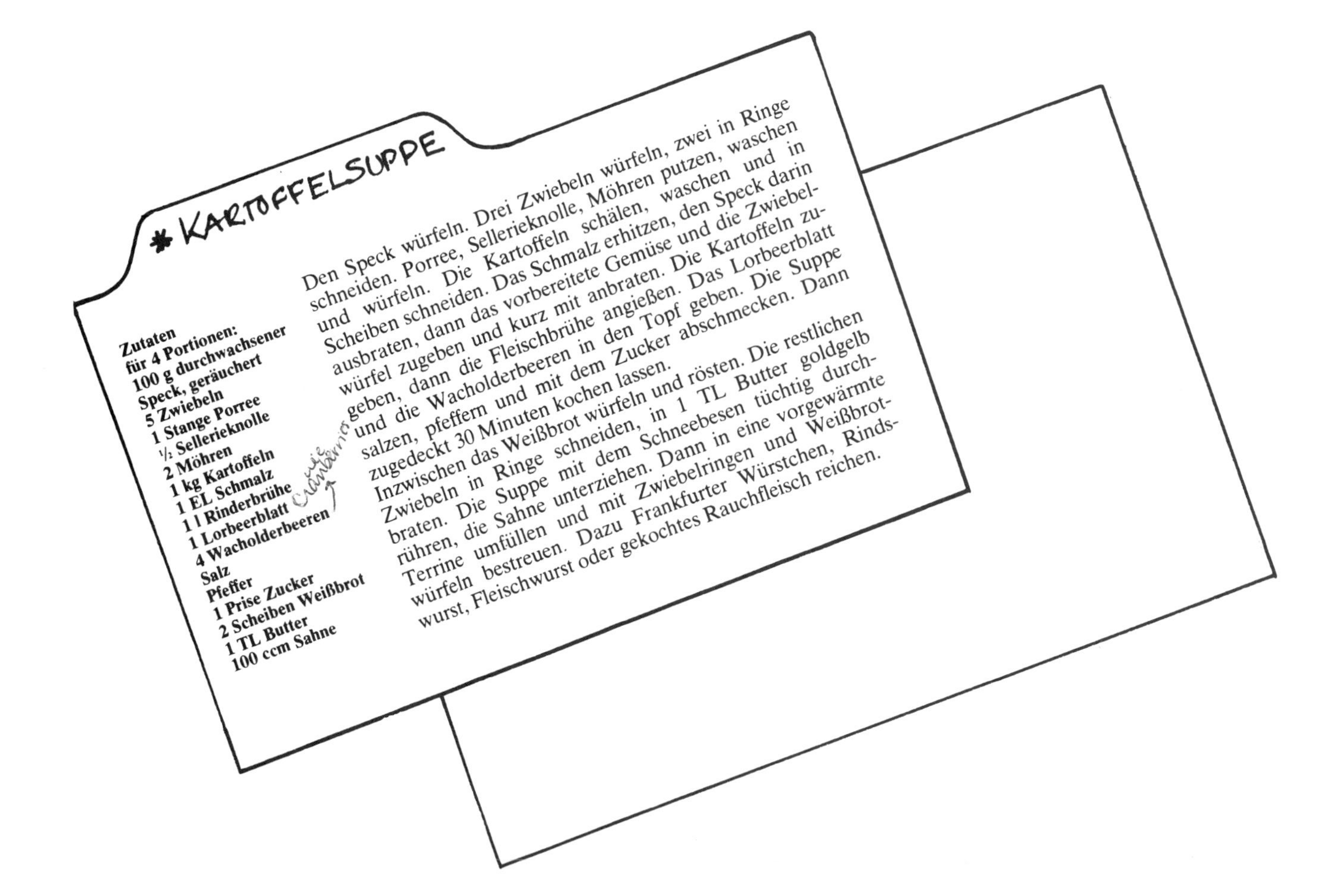

* KARTOFFELSUPPE

Zutaten
für 4 Portionen:
100 g durchwachsener
Speck, geräuchert
5 Zwiebeln
1 Stange Porree
½ Sellerieknolle
2 Möhren
1 kg Kartoffeln
1 EL Schmalz
1 l Rinderbrühe
1 Lorbeerblatt
4 Wacholderbeeren
Salz
Pfeffer
1 Prise Zucker
2 Scheiben Weißbrot
1 TL Butter
100 ccm Sahne

Den Speck würfeln. Drei Zwiebeln würfeln, zwei in Ringe schneiden. Porree, Sellerieknolle, Möhren putzen, waschen und würfeln. Die Kartoffeln schälen, waschen und in Scheiben schneiden. Das Schmalz erhitzen, den Speck darin ausbraten, dann das vorbereitete Gemüse und die Zwiebelwürfel zugeben und kurz mit anbraten. Die Kartoffeln zugeben, dann die Fleischbrühe angießen. Das Lorbeerblatt und die Wacholderbeeren in den Topf geben. Die Suppe salzen, pfeffern und mit dem Zucker abschmecken. Dann zugedeckt 30 Minuten kochen lassen.

Inzwischen das Weißbrot würfeln und rösten. Die restlichen Zwiebeln in Ringe schneiden, in 1 TL Butter goldgelb braten. Die Suppe mit dem Schneebesen tüchtig durchrühren, die Sahne unterziehen. Dann in eine vorgewärmte Terrine umfüllen und mit Zwiebelringen und Weißbrotwürfeln bestreuen. Dazu Frankfurter Würstchen, Rindswurst, Fleischwurst oder gekochtes Rauchfleisch reichen.

Das kann jeder
Apfelkuchen
Zutaten:
200g Butter
200g Zucker
4 Eier
abgeriebene Zitronenschale
200g Mehl
50g Puddingpulver
4 große Äpfel
Die Reihenfolge:
Butter und Zucker schaumig rühren, dann die Eier und die abgeriebene Zitrone dazu rühren. Mehl und Puddingpulver hinzufügen und in eine mit Butter eingefettete Form füllen.
Die Äpfel schälen und in Streifen schneiden. Dann vorsichtig inden Teig stecken.
Backzeit: 60 Minuten bei mittlerer Hitze, dann den Kuchen mit Puderzucker bestreuen.
Hier zwei Beispiele für einen viereckigen und einen runden Kuchen.
Butter
Zucker
Mehl
Pudding pulver
Bauernbratl aus Tirol
600-800g Schweinernes (Koteletten, Schulter oder Rippchen) 500g Kartoffeln, 1/8 l Wasser, 400g Fett, Rosmarin, Kümmel, Salz, Knoblauch
Die geschnittenen Fleischportionen mit Kümmel, Rosmarin, Salz, und Knoblauch einreiben. Das Fleisch auf einer Seite bemehlen und mit dieser ins heisse Fett legen. Angebraten wird das Schweinerne gewendet, mit wenig Wasser auf gegossen und gedünstet. Ist das Fleisch halbweich, gibt man geschälte, geviertelte Kartoffeln darauf und dünstet sie mit, bis sie weich sind.
In der Bratpfanne zu Tisch gebracht, mundet dieses Gericht Grossen und Kleinen.
Salat, Speckkraut und Preiselbeeren vollenden diesen Leckerbissen.

Kasseläner Stube

Unsere Empfehlung der Woche!

ab 16.04.82

I.	Gefüllte Krautroulade mit Speckscheibe, Holländischer Sauce und Salzkartoffeln	DM 9,50
II.	Gemischte Salatplatte mit Spiegelei und Röstkartoffeln	DM 10,20
III.	Heringsfilet mit Zwiebelringen, grünen Bohnen und Salzkartoffeln	DM 10,20
IV.	Glacierter Schweinenacken mit Mischgemüse und Kartoffelpüree	DM 11,80
V.	Szegediner Goulasch mit Knödeln und Salat	DM 13,50
88	KINDER-TELLER DM 7,50 Paniertes Schnitzel mit pommes frites und Salatbeilage	
87	Rote Grütze mit Sahne	DM 2,50
93	" Birne Belle Hélène "	DM 5,50

MENUPLANUNG

Jede Gruppe reicht ihren ausgefüllten Zettel in der Klasse herum. Von den Rezeptvorschlägen soll jeder auswählen, welches Rezept ihr/ihm am besten gefällt. Machen Sie einen Haken (✓) neben *einem* Gericht pro Zettel. Sammeln Sie die Zettel ein und stellen Sie fest, welche Gerichte ausgesucht worden sind. Entscheiden Sie auch als Klasse, wie Sie für das Essen bezahlen wollen.

ZUTATEN EINKAUFEN

Innerhalb Ihrer Gruppe organisieren Sie, welche Zutaten Sie für das Rezept brauchen, wer sie einkauft und wo.

Wir brauchen:	**Wer kauft ein? Wo?**

KOCHEN UND ESSEN

Je nachdem, wie groß die Klasse ist und was für eine Küche vorhanden ist, können Sie gemeinsam kochen und gleich essen oder alles vorher in Gruppen getrennt zubereiten und sich mit den fertigen Gerichten zum Essen treffen.

Guten Appetit!

vokabeln
die ich aus diesem Kapitel
festhalten möchte

Kapitel 10

Findest du, daß...
Stimmt!
Du hast recht!
Ich vermute, daß...
Es ist mir egal.
Ich glaube schon.
Ich bin der Ansicht, daß...
Ich nehme an daß...

Nein,
da bin ich
anderer Meinung
Was
meinst Du?
Ich bin
der Meinung
...
Sag mal...
Ich
denke,
daß...
Quatsch!
Ich bin
Ziemlich sicher,
daß...

10

THEMEN EINFÜHREN, GESPRÄCHE STEUERN

«*Was ich sagen wollte . . .*»

HÖREN UND VERSTEHEN

ÜBUNG 1

Helga und Renate reden über die Ehe. Helga ist nicht verheiratet und lebt seit mehreren Jahren mit ihrem Freund Karl-Heinz zusammen. Renate hat sich vor kurzem mit ihrem Freund Paul verheiratet. Verschiedene Nebenthemen werden erwähnt: Wie nennt man seinen Freund in der Öffentlichkeit? Welche Sicherheit bietet die Ehe? Ist der Trauschein eine Hilfe? Was heißt dann Liebe und Treue, wenn man einen Trauschein braucht?

Notieren Sie sich stichwortartig, welche Nebenthemen ein- und weitergeführt werden. Zum Beispiel:

Renate: *Also Helga weißt du, jetzt habe ich schließlich doch geheiratet, wo ich das früher so spießig fand.*
Helga: *Ja, Renate, genau das interessiert mich* (+ Wiederholung des Themas)

Renate	Helga
Jetzt verheiratet, früher dagegen	Ja, warum?

Notieren Sie auch, wie die Aussagen aneinander anknüpfen. Schreiben Sie den Anfang jeder Aussage auf, z.B. *«ja aber guck' mal», «also weißt du», «das kann sein . . .».*

Renate		Helga	
Anfang der Aussage	Themenfolge	Anfang der Aussage	Themenfolge

Verheiratet oder nicht — wir lieben uns.

ÜBUNG 2

Jörg und Helga unterhalten sich über ihre Zukunftspläne (future). Bitte machen Sie eine Liste der Themen, die sie besprechen.

z.B. Helgas Jahr in Amerika: eine Chance, andere Erfahrungen zu machen.

für Helga: Freundenkreis zu lassen: ist schwer gewesen
- Helga und Karl Heinz warten zu heiraten; leben zusammen
- Jörg: wichtiger, eine Freundenkreis und Freundin zu haben
- Helga: vielleicht einen anderes Land besuchen mit Karl-Heinz
- Jörg: für international organization oder Regierung arbeiten
- beide: flexible mit Partner zu sein (über Zunkunftspläne sich zu einigen)

10

WORTSCHATZERWEITERUNG

Worüber reden Jugendliche? Arbeiten Sie in Gruppen zu viert. Jede Gruppe übernimmt einen Themenkreis und gebraucht ein deutsch-deutsches Wörterbuch, um die jeweiligen Vokabeln in einem kleinen Satz zu definieren oder sinnvoll zu verwenden. Vorsicht! Es gibt «falsche Freunde», d.h. irreführende Parallelen: *der Student* = (nur) jemand, der an der Universität studiert.

Themenkreis 1: Schule und Universität

die Zensur/Note
das Zeugnis
die Ausbildung
einen Kurs belegen
das Hauptfach
sich um einen Studienplatz bewerben
zu einem College zugelassen werden
ein Examen bestehen
in einem Examen durchfallen

Themenkreis 2: Arbeit

der Job/der Beruf
Geld verdienen
berufstätig
das Gehalt
der Lohn
Spaß machen
der Urlaub
die Ferien

Themenkreis 3: Freundschaften

die Jugend *(immer Singular)*
der/die Jugendliche
der Kommilitone, die Kommilitonin
der/die Bekannte
der Freund, die Freundin
der feste Freund, die feste Freundin
der/die Verlobte
heiraten
verheiratet sein
die Hochzeit
die Ehe
aufwachsen
erwachsen sein

Themenkreis 4: Zukunftspläne

die Vergangenheit
die Gegenwart
die Zukunft
die finanziellen Verhältnisse
die Karriere
glücklich
zufrieden
selbständig
wohnen/leben

NICHT DEN FADEN VERLIEREN!

Ein Student, der ein Knäuel Garn in der Hand hält, wählt eins der obengenannten Themen, sagt etwas dazu und wirft einem anderen Studenten den Knäuel zu mit der Frage: «John, was sagst *du* dazu»? John soll zuerst auf das Thema antworten und dann eine Bemerkung zu diesem oder einem anderen Thema machen. Zum Beispiel:

Susan: «Ich werde nie heiraten. Heiraten ist dumm. John, was sagst du dazu?»

John: «Nein, heiraten ist nicht dumm. Aber eine Familie kostet Geld. Meine Frau muß berufstätig sein. Ellen, was sagst du dazu?»

Jeder soll an seinem Stück Faden festhalten! Es ensteht ein Themengewebe, das etwa so aussieht:

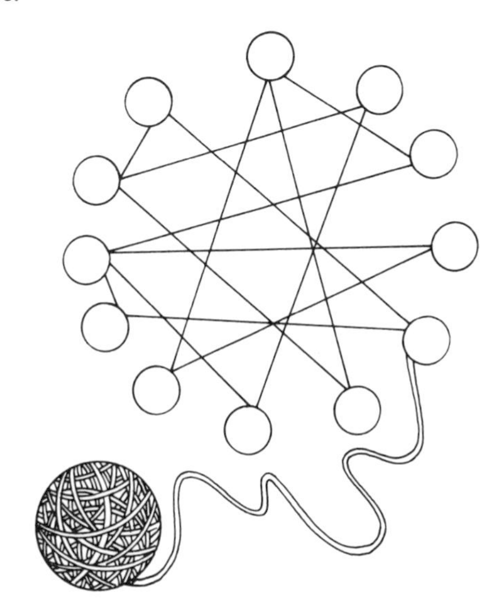

Stellen Sie fest, mit wem Sie verbunden sind (mit mindestens zwei anderen Studenten), und sagen Sie jedem etwas, was mit ihm oder mit seinem Thema zu tun hat, z.B. John: «Susan, ich war anderer Meinung als du, aber du hast gut gesprochen. Ich habe von dir das Wort «heiraten» wiedergelernt».

DU UND ICH

DAS PINGPONGSPIEL

Beobachten Sie, wie Deutsche auf Fragen erwidern. Wie knüpft die Antwort thematisch an die Frage an, d.h. wie schlägt der Zuhörer den Pingpongball zurück? Lesen Sie folgende Aussagen laut mit verteilten Rollen. Achten Sie bei den Antworten auf den steigenden Tonfall (↗).

A. **Findet ihr Politik interessant?**

B. Tja, vieles interessiert mich nicht, weil es zu abstrakt ist. Interessant finde ich Politik nur dann, wenn sie mich selbst irgendwie betrifft.

C. Mich interessiert in der Politik vor allem die Innenpolitik.

D. Politik finde ich überhaupt nicht interessant.

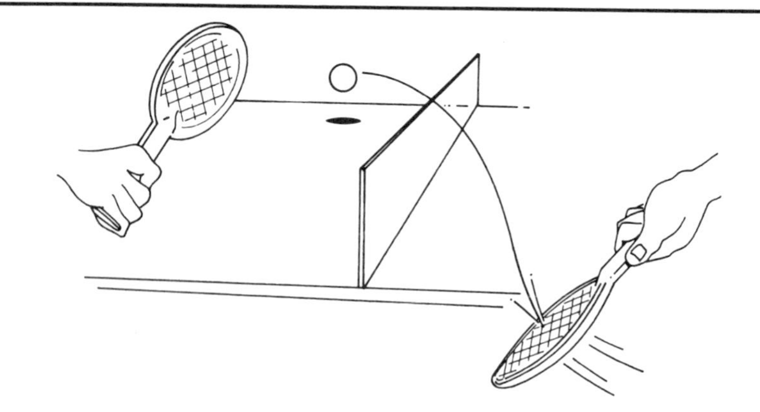

A. **Glaubt ihr, daß man Einfluß auf die Politik haben kann?**

B. Da bin ich wirklich nicht sicher.

C. Einfluß kann man nur haben, wenn man eine Gruppe bildet.

D. Hm, das weiß ich nicht.

E. Das glaube ich schon!

A. **Meint ihr, daß die Jugendlichen eine eigene politische Kraft sind?**

B. Ja, davon bin ich fest überzeugt!

C. Nein, das glaube ich nicht. Dazu sind die Meinungen und Erfahrungen der Jugendlichen zu unterschiedlich.

Sie werden gemerkt haben, die Antworten knüpfen alle an das Gesprächsthema an (vieles; interessant; mich; Politik; Einfluß; da; das; dazu) und beginnen nicht immer mit «Ich»! Dadurch wird das Thema betont und mit steigendem Tonfall gesprochen.

Geben Sie verschiedene mögliche Antworten auf die folgenden Fragen (ja-positiv; nein-negativ; tja-zögernd). Beginnen Sie immer mit dem thematischen Wort.

1. Findest du Sport interessant?
   - Ja, Sport . . .
   - Nein, Sport . . .
   - Tja, Sport . . .
2. Was willst du in 20 Jahren machen?
   - In 20 Jahren . . .
3. Glaubst du, du bekommst eines Tages den Nobelpreis?
   - Dazu . . .
4. Meinst du, wir haben bald einen dritten Weltkrieg?
   - Das . . .
5. Was studierst du im Hauptfach?
   - Als Hauptfach . . .
6. Sollte man Religion an der Schule unterrichten oder nicht?
   - Da . . .
   - Darüber . . .
   - Das . . .
   - Nein, dazu . . .
   - An der Schule . . .
   - Religion . . .

THEMEN AUSBAUEN

Wie spricht man weiter, sogar wenn man selbst nichts Neues zu sagen hat? Man läßt den anderen sprechen, indem man Fragen stellt oder Reaktionen, Kommentare und Interpretationen gibt. Versuchen Sie das mit Ihrem Lehrer!

DIREKTE FRAGEN	Lehrer:	Wir machen heute einen Ausflug. Student 1: Was nehmen wir mit? Student 2: Wohin gehen wir? Student 3: Gehen wir alle zusammen?
REAKTIONEN	Lehrer:	Wir machen heute einen Ausflug. Student 1: Einen Ausflug? Wirklich? Student 2: Heute? Toll! Student 3: Ach, das stimmt ja gar nicht!
KOMMENTARE	Lehrer:	Wir machen heute einen Ausflug. Student 1: Da hätte ich mein Frisbee bringen sollen. Student 2: Das ist eine gute Idee. Student 3: Schade, daß John nicht da ist.
INTERPRETATION	Lehrer:	Wir machen heute einen Ausflug. Student 1: Wir fahren also raus. Student 2: Da haben wir also keinen Unterricht! Student 3: Wir arbeiten also heute nicht!

Lesen Sie noch einmal das Gespräch zwischen A und B im ersten Kapitel. Beobachten Sie, wie A mit Fragen, Reaktionen, Kommentaren und Interpretationen das Gespräch steuert und B reden läßt.

▶◀ Spielen Sie folgende Rollenspiele zu zweit. Ein Beobachter notiert, wie Sie beide zusammen das Thema des Gesprächs ausbauen und steuern.

Sie sind ein Reporter. Für die Schulzeitung interviewen Sie Ihren Nachbarn. Sie dürfen in dieser Zeit nur *drei direkte* Fragen stellen. Der Rest soll aus Reaktionen, Kommentaren und Interpretationen bestehen. Zeitgrenze: 3 Minuten.

Sie sind vierzig Jahre alt. Sie treffen unerwartet einen alten Schulfreund. Er möchte wissen, was Sie in der Zwischenzeit gemacht haben. Sie erzählen, was aus Ihnen geworden ist. Er hilft Ihnen mit Kommentaren und Interpretationen.

WER BIN ICH?

▶◀ Jeder Student bekommt ein Kärtchen mit dem Namen einer berühmten Persönlichkeit (Napoleon, Goethe, Mozart usw.) auf den Rücken geheftet. Arbeiten Sie in Gruppen zu zweit.

Sie wissen, wer Ihr Partner ist, aber Sie wissen nicht, wer Sie sind. Jeder soll über Dinge reden, die den anderen betreffen und ihn als die Person

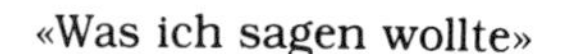

behandeln, die er darstellt. Sie dürfen auf keinen Fall seinen Namen nennen! Wenn Sie zum Beispiel mit «Mozart» reden, könnten Sie sagen: «Oh, Sie haben aber eine schöne Perücke!» oder «Wie heißt denn Ihre nächste Oper?». Der andere versucht, zu antworten, so gut er kann, bis er herausgefunden hat, wer er ist. Gleichzeitig wollen Sie herausfinden, wer Sie sind. Zeitgrenze: 4 Minuten.

AUF DER GLEICHEN WELLENLÄNGE

Student A denkt an eine wahre oder erfundene Anekdote aus seiner Schulzeit, die er B erzählen wird. Er notiert zuerst für sich:

1. Worum geht es in meiner Anekdote? Was ist das Thema?
   z.B. wie ich meinen Hund in die Klasse gebracht habe

   ___

2. Warum habe ich diese Anekdote gewählt?
   z.B. weil ich sie lustig finde

   ___

3. Welche Reaktion erwarte ich von B?
   z.B. ich erwarte, daß B lacht • mir glaubt • erstaunt ist • traurig ist • Mitleid/Interesse/Sympathie zeigt • weitere Fragen stellt • Kommentare gibt • seine eigenen Erinnerungen erzählt •

   ___

A erzählt jetzt B seine Anekdote (3 Minuten). Dann notiert sich B folgendes:

1. Worum ging es in As Geschichte (Was war das Thema?)

   ___

2. Warum hat A diese Anekdote gewählt? (Spekulieren Sie!)

   ___

3. Welche Reaktion hat er von mir erwartet?

   ___

A und B vergleichen ihre Notizen. Sind sie auf der gleichen «Wellenlänge»? B sucht sich jetzt einen anderen Partner und erzählt ihm seine Anekdote.

WAHRHEIT ODER LÜGE?

Der Lehrer erzählt eine Anekdote, die er erlebt hat, aber er fügt erfundene Details hinzu. Während er spricht, notieren Sie sich, was Sie für die Wahrheit, was Sie für eine Lüge halten.

Wahrheit	**Erfindung**

Besprechen Sie dann Ihre Notizen mit dem Lehrer. Woran haben Sie gemerkt, daß der Lehrer gelogen hat?

GRUPPENAUFGABEN

DAS LIEBLINGSTHEMA

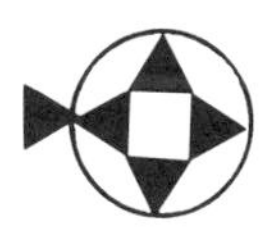

In Gruppen zu viert oder fünft und mit einem Beobachter finden «Cocktailparties» statt, wo jeder nur von seinem Lieblingsthema redet, z.B. Kinder, Mädchen, Jungen, Geld, Sport, Schule, Arbeit, Zukunftspläne, Fernsehen usw. Hören Sie den anderen gut zu, und finden Sie einen guten Augenblick, wo sie «einsteigen» und von Ihrem Lieblingsthema reden können. Sie dürfen manchmal unterbrechen! Benutzen Sie zur Hilfe die Vokabeln Seite 168 und die Redemittel zur Unterbrechung (Kapitel 1). Zeitgrenze: 4 Minuten.
Beispiel:

A: «Viele Eltern benutzen das Fernsehen als Babysitter; das finde ich nicht gut.»(Thema: Kinder)
Grober Themenwechsel:
B: «Moment mal, laß mich reden!»
Höfliche Themensteuerung:
B: «Ja das ist es gerade, das Fernsehen hat manchmal gute, manchmal schlechte Programme." (Thema: Fernsehen)

Das Ehepaar sitzt am Frühstückstisch. Der Ehemann hat sein Ei geöffnet und beginnt nach einer längeren Denkpause das Gespräch.

ER Berta!
SIE Ja . . .
ER Das Ei ist hart!
SIE *(schweigt)*
ER Das Ei ist hart!
SIE Ich habe es gehört . . .
ER Wie lange hat das Ei denn gekocht . . .
SIE Zu viel Eier sind gar nicht gesund . . .
ER Ich meine, wie lange dieses Ei gekocht hat . . .
SIE Du willst es doch immer viereinhalb Minuten haben . . .
ER Das weiß ich . . .
SIE Was fragst du denn dann?
ER Weil dieses Ei nicht viereinhalb Minuten gekocht haben *kann!*
SIE Ich koche es aber jeden Morgen viereinhalb Minuten!
ER Wieso ist es dann mal zu hart und mal zu weich?
SIE Ich weiß es nicht . . . ich bin kein Huhn!
ER Ach! . . . Und woher weißt du, wann das Ei gut ist?
SIE Ich nehme es nach viereinhalb Minuten heraus, mein Gott!
ER Nach der Uhr oder wie?
SIE Nach Gefühl . . . eine Hausfrau hat das im Gefühl . . .
ER Im Gefühl? . . . Was hast du im Gefühl?
SIE Ich habe es im Gefühl, wann das Ei weich ist . . .
ER Aber es ist hart . . . vielleicht stimmt da mit deinem Gefühl was nicht . . .
SIE Mit meinem Gefühl stimmt was nicht? Ich stehe den ganzen Tag in der Küche, mache die Wäsche, bring deine Sachen in Ordnung, mache die Wohnung gemütlich, ärgere mich mit den Kindern rum, und du sagst, mit meinem Gefühl stimmt was nicht!?
ER Jaja . . . jaja . . . jaja . . . wenn ein Ei nach Gefühl kocht, dann kocht es eben nur *zufällig* genau viereinhalb Minuten!
SIE Es kann dir doch ganz egal sein, ob das Ei *zufällig* viereinhalb Minuten kocht . . . Hauptsache, es *kocht* viereinhalb Minuten!
ER Ich hätte nur gern ein weiches Ei und nicht ein *zufällig* weiches Ei! Es ist mir egal, wie lange es kocht!
SIE Aha! Das ist dir also egal . . . es ist dir also egal, ob ich viereinhalb Minuten in der Küche schufte!
ER Nein-nein . . .
SIE Aber es ist *nicht* egal . . . das Ei *muß* nämlich viereinhalb Minuten kochen . . .
ER Das habe ich doch gesagt . . .
SIE Aber eben hast du doch gesagt, es ist dir egal!
ER Ich hätte nur gern ein weiches Ei . . .
SIE Gott, was sind Männer primitiv!
ER *(düster vor sich hin)* Ich bringe sie um . . . morgen bringe ich sie um . . .

memo

Also, apropos Kinder: . . .	Well, speaking of children . . .
Das ist es ja gerade: . . .	That's just it . . .
Augenblick! / Moment mal!	Wait a minute!
Also ich persönlich finde	Well, I find . . .
Darf ich kurz etwas sagen: also . . .	May I just say something: . . .
Dazu möchte ich was sagen/hinzufügen.	I'd like to add something to that.

Der Beobachter notiert, wie oft jeder von seinem Thema gesprochen hat und mit welchen Redemitteln er/sie das Wort ergriffen hat.

Name	**Themeneinführung (was gesagt wurde)**	**wie oft**

Nach der Cocktailparty soll jeder raten, was das Lieblingsthema der anderen war.

DAS SCHNEEBALLSPIEL

Was ist Ihre Vorstellung von Glück? Füllen Sie zwei Kärtchen aus; auf jedes schreiben Sie eine persönliche Definition von «Glück.» («Glück ist für mich: . . .»). Alle Kärtchen werden eingesammelt und auf einen Haufen gelegt, aus dem Sie zwei Karten ziehen.

Diskutieren Sie in Gruppen zu dritt, in welcher Rangfolge Sie Ihre sechs Karten ordnen wollen. Als Gruppe einigen Sie sich auf das Glück Nummer 1, Nummer 2 usw.

Bilden Sie noch größere Gruppen zu sechst, und einigen Sie sich auf eine Rangliste für zwölf Definitionen des Glücks.

Meine Gruppe stellt sich das Glück so vor:

1. ______________________ 7. ______________________
2. ______________________ 8. ______________________
3. ______________________ 9. ______________________
4. ______________________ 10. ______________________
5. ______________________ 11. ______________________
6. ______________________ 12. ______________________

Vergleichen Sie Ihre Ranglisten mit der von anderen Gruppen.

GEBURTSTAGSGESCHENKE

Jeder soll heute ein Geburtstagsgeschenk bekommen. Machen Sie eine Liste der Informationen, die man braucht, um für jemanden das richtige Geschenk auszusuchen (z.B. wie alt die Person ist, was sie gern tut).

____

____

____

____

____

Jeder aus Ihrer Gruppe soll jemanden aus einer anderen Gruppe interviewen. Benutzen Sie direkte Fragen, Kommentare, Schlußfolgerungen, z.B. «Findest du Sport interessant?» — «Tja . . . Sport habe ich nicht besonders gern.», oder «Du spielst also nicht gern Tennis?» — «Nein, ich spiele lieber Klavier!»

Mit der Information, die Sie gesammelt haben, schreiben Sie jetzt das «Persönlichkeitsprofil» der interviewten Person.

Name: ______________________________

Persönlichkeitsprofil: ______________________________

____

____

____

____

Diskutieren Sie, welches Geschenk zu welcher Person passen könnte. Geld spielt keine Rolle!

Name	**Geschenk**	**Begründung**

Schreiben Sie das Geschenk auf ein Kärtchen. Geben Sie jeder Person offiziell ihr Geschenk und erklären Sie vor der Klasse, wer was bekommt und warum.

10

UND JETZT LOS!

WAS NICHT GESAGT WURDE

Nehmen Sie sich selber im Gespräch mit einem Partner auf (mit dem Kassettenrecorder, 3 Minuten). Transkribieren Sie *eine Minute* des Gesprächs und rekonstruieren Sie, was Sie dabei gedacht haben. Spekulieren Sie darüber, was Ihr Partner gedacht hat. Beispiel:

Gedacht wurde:	**Gesagt wurde:**
A. Ich weiß nicht, was ich sagen soll; «Guten Tag» ist ein sicherer Anfang.	Guten Tag, ich heiße John.
B. Gut, daß John angefangen hat, ich kann dieselben Wörter gebrauchen.	Guten Tag, ich heiße Betty.
A. Was sage ich jetzt? Am besten bitte ich um Hilfe.	Worüber sollen wir sprechen?
oder:	
A. Ich weiß nicht, was ich sagen soll; «Guten Tag» ist ein sicherer Anfang.	Guten Tag, ich heiße John.
B. So ein formeller Anfang! Ich kenne John schon! Ich werde etwas Interessanteres sagen, als nur «Guten Tag».	Guten Tag? Warum sagst du «Guten Tag»?
A. Betty will also ein Wortspiel machen? Gut, da mache ich mit!	Es ist doch Freitag, oder? Freitag ist immer ein guter Tag!

Gedacht wurde:	**Gesagt wurde:**
A. ______________	______________
B. ______________	______________
A. ______________	______________
B. ______________	______________
______________	______________
______________	______________
______________	______________
______________	______________
______________	______________
______________	______________
______________	______________
______________	______________
______________	______________
______________	______________

Vergleichen Sie Ihre Interpretation mit der Ihres Partners. Haben Sie seine Gedanken richtig erraten?

WAS HAST DU GESAGT?

Rufen Sie einen Kommilitonen zu Hause an und sprechen Sie drei Minuten lang zusammen auf Deutsch. Nehmen Sie Ihren Teil des Gesprächs mit dem Kassettenrecorder auf. Ihr Partner soll dasselbe tun.

In der Klasse tauschen Sie nun die Kassetten mit zwei anderen Studenten aus, die den fehlenden Teil des Dialogs rekonstruieren sollen. Sie bekommen ebenfalls einen halben Dialog von einem Mitstudenten. Transkribieren Sie den Teil, der auf der Kassette ist, und rekonstruieren Sie den Rest.

Vergleichen Sie anschließend Ihren Text (Transkription und Rekonstruktion) mit der Originalaufnahme.

MITGEHÖRT

Beobachten Sie in der Öffentlichkeit (Bus, Party, Kantine), wie andere Leute sich auf Englisch unterhalten. Notieren Sie die englischen Ausdrücke, die benutzt werden, um Themen zu steuern.

Was sagen Sprecher und Hörer, um den Ball nicht fallenzulassen:

1. Der Zuhörer zeigt, daß er gut zuhört *(z.B. "Aha. I see.")*
   "Okay, but then what about ..."
2. Der Sprecher versichert sich, daß der Zuhörer gut zuhört *(z.B. "You know what I mean?").*
   "Does that make any sense?"
3. Wie wechselt man das Thema: abrupt *(z.B. "Oh by the way")* oder elegant?
   "Oh, and something else..."

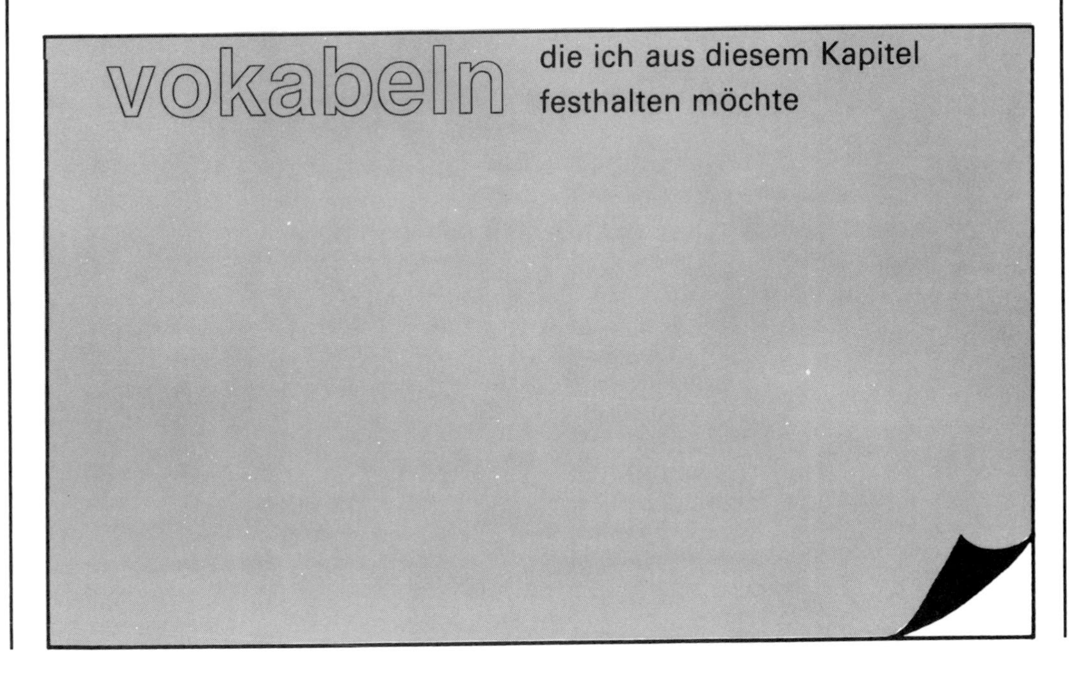

Kapitel 11

25.2.
UMWELTSCHUTZ
60
1981
Umweltfreundlich
weil lärmarm und energiesparend

60
DEUTSC
Schützt die Tiere
1981

11

DAFÜR UND DAGEGEN ARGUMENTIEREN

«Da hast du recht»

HÖREN UND VERSTEHEN

Sie hören drei verschiedene Arten der Argumentation: einen politischen Vortrag, einen Werbespot, ein persönlich vorgebrachtes Anliegen. In jedem Fall versucht der Sprecher, seine(n) Zuhörer von der Stärke seiner Argumente zu überzeugen oder ihn zu einer Handlung zu überreden.

ÜBUNG 1. POLITISCHER VORTRAG

Atomkraft? Jawohl!

Meine sehr verehrten Damen und Herren!

Ein lächerliche kleine Minderheit in unserem Land protestiert immer lauter gegen den Bau von Kernkraftwerken. Diese kleine Minderheit verlangt unter anderem, daß wir weniger Auto fahren, daß wir in der Industrie und in den Familien Energie sparen, und daß der Staat die Erforschung der Sonnenenergie und die Entwicklung von Windkraftwerken unterstützt. Sie verlangt mit anderen Worten unser gutes Geld für total reaktionäre Projekte! Merken Sie denn gar nicht, was da passiert?

Jedes kleine Kind weiß, daß die Atomkraft sauberer, schneller, praktischer und leistungsfähiger ist als jede andere Energiequelle und daß sie unsere Bedürfnisse besser erfüllen kann. Jene kleine Minderheit hingegen verkennt aber unsere Bedürfnisse, verachtet unsere Ideale, zerschlägt unsere Hoffnung auf eine bessere Zukunft für uns und unsere Kinder. Sie will das wirtschaftliche Wachstum, den hohen Lebensstandard, auf den wir mit Recht so stolz sind, durch ihre kindische Ideologie zerstören und unser Land in ein Agrarland verwandeln! Und Sie alle schlafen . . .

Meine Damen und Herren: Nur die Kernenergie kann uns vom arabischen Erdöl unabhängig machen und unsere nationale Selbständigkeit sichern. Nur große, überall angelegte Kernkraftwerke können unsere Umwelt gegen Luftverpestung und gefährliche Abgase schützen. Nur die Atomkraft kann uns die Freiheit geben, uns in einer freien Gesellschaft frei zu entfalten. (Beifall)

Gerade diese Selbständigkeit, diese reine Umwelt, diese Freiheit lehnt jene gefährliche Minderheit ab. Will denn niemand den Bundesbürger aufwecken? Jeder weiß, daß nur die Verbindung von technischem Wissen und politischer Weisheit den Frieden garantieren kann. Daher ist es höchst unlogisch, wenn jene radikale Minderheit behauptet, der Bau

Politische Reden dürfen nicht langweilig sein: Bundeskanzler Helmut Schmidt in Osnabrück.

von Atomkraftwerken sei eine Gefahr für den Frieden. Ganz im Gegenteil: gerade jene radikale Minderheit ist es, die den Frieden im Lande bedroht. Wachen Sie auf! (Beifall)

Meine Damen und Herren! Die Energiequellen der Welt sind nicht unerschöpflich. Wenn wir nicht rechtzeitig für die Zukunft sorgen, wird die Zukunft uns in erschreckendem Maße einholen. Wir brauchen deshalb neue Kernkraftwerke auf deutschem Boden, und zwar je schneller desto besser.

Markieren Sie, wo die Stimme des Redners sich hebt (↗) und senkt (↘) und welche Wörter oder Silben betont sind (ó). Lesen Sie dann die Rede selber mit lauter Stimme vor, und versuchen Sie, ein Gefühl für den Rhythmus der Sprache zu bekommen.

Welche rhetorischen Mittel gebraucht der Redner, um seine Argumentation überzeugender zu machen (z.B. Wiederholung, Paraphrase, Wortwahl usw.)? Machen Sie eine Liste.

11

ÜBUNG 2. WERBESPOTS

Hören Sie sich fünf Werbespots aus dem deutschen Fernsehen an. Welche Wörter sollen überzeugend wirken? (Adjektive, Verben, Adverbien, Redewendungen).

______________________	______________________
______________________	______________________
______________________	______________________
______________________	______________________

Transkribieren Sie einen Werbespot und zeichnen Sie die Intonationskurven der Stimme nach, z.B.

Maggi, die reiche, klare

Intonation:

Text: ____

____

____

____

ÜBUNG 3. PERSÖNLICHES ANLIEGEN

Fräulein Kunold bewirbt sich um eine Stelle als Schornsteinfegerin. Herr Baldauf bezweifelt, daß sie für diesen Beruf geeignet ist. Welche Redemittel gebraucht Fräulein Kunold, um Herrn Baldauf zu überzeugen?
z.B. «Glauben Sie mir.»

______________________	______________________
______________________	______________________
______________________	______________________

Schornsteinfegerinnen bei der Arbeit.

Welche Redemittel gebraucht Herr Baldauf, um *seine* Argumente vorzubringen?
z.B. «Aber hören Sie mal!»

_______________ _______________
_______________ _______________
_______________ _______________

WORTSCHATZERWEITERUNG

Diskussionsthema Nr. 1 ist in Deutschland der Umweltschutz. Der Text auf Seite 191 enthält eine Reihe von Vokabeln zum Thema Lärmbelästigung. Hier sind ein paar weitere, die Sie vielleicht noch nicht kennen. Finden Sie die entsprechenden englischen Ausdrücke.

jemanden schützen _______________
belästigen _______________
der Lärm _______________
die Lautstärke _______________
der lautstarke Motor _______________
die Umwelt _______________
die Ursache _______________
ein Recht haben auf (+ *Akk.*) _______________
lautstark _______________
Maßnahmen gegen etwas ergreifen _______________
jemanden zu etwas zwingen _______________
der Rasenmäher _______________
den Rasen mähen _______________
Lärm erzeugen _______________
Lärmschäden verursachen _______________
den Lärm bekämpfen _______________

11

ASSOZIOGRAMME

Welche Vokabeln brauchen Sie, um über Umweltschutz zu sprechen? Welche Gedanken oder Wörter assoziieren Sie mit den folgenden Themen?

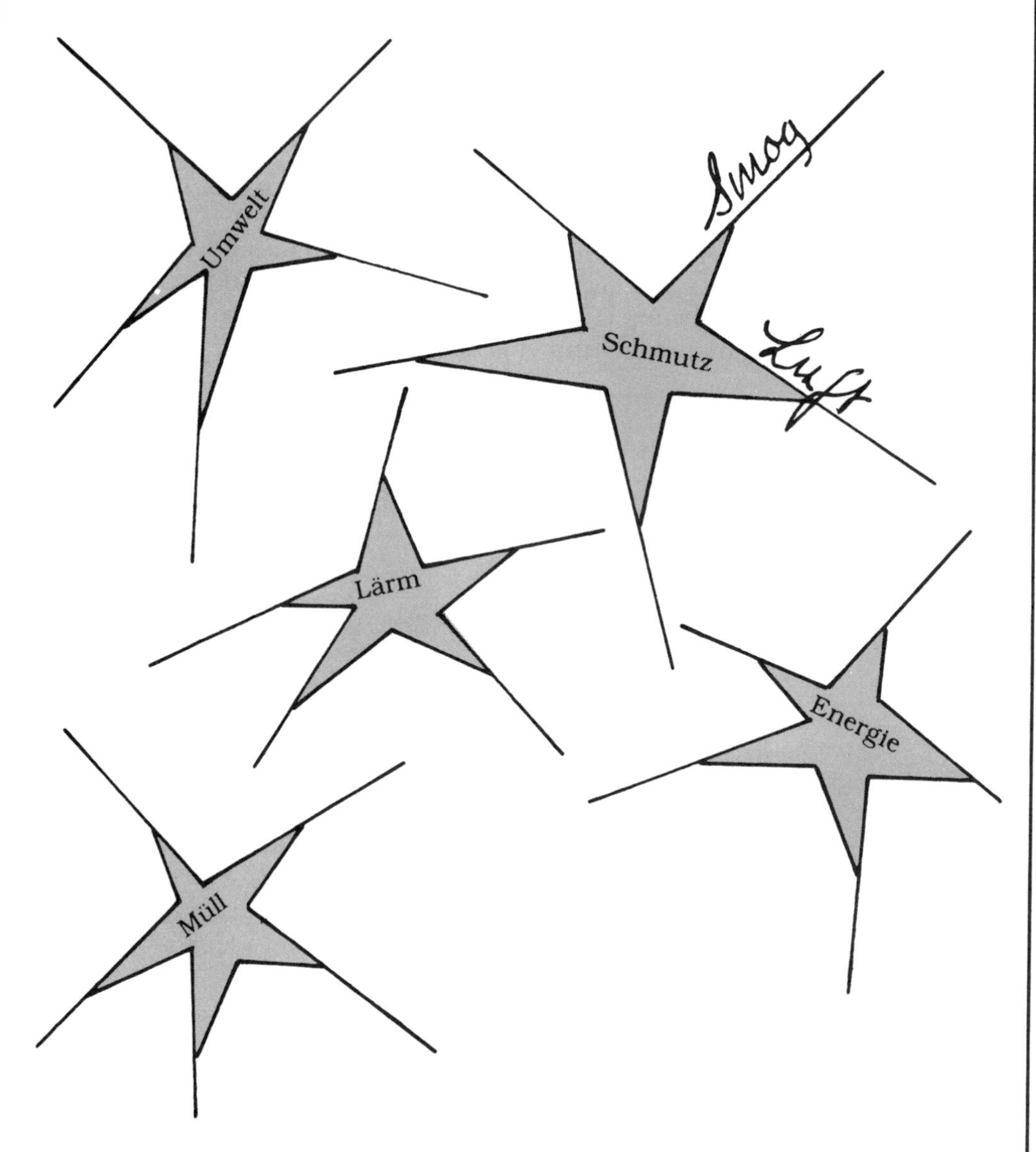

Arbeiten Sie in Gruppen zu zweit mit einem deutsch-deutschen Wörterbuch. Jede Gruppe übernimmt ein Thema und versucht, mindestens fünf Vokabeln zu sammeln, die mit diesem Thema zu tun haben. Schreiben Sie das Wort auf, und erklären Sie seine Bedeutung auf Deutsch.

Thema	Vokabeln	Bedeutung

Tragen Sie in das Assoziogramm die Vokabeln ein, die die anderen Gruppen gesammelt haben.

DU UND ICH

DER REDNER UND SEINE ZUHÖRER

Wählen Sie eine Gruppe von Zuhörern mit der passenden Anredeform:

- Besucher im Kindergarten («Meine lieben Kinder!»)
- Wissenschaftler bei internationalem Kongreß («Sehr geehrte Damen und Herren!»)
- Präsidentschaftskandidat vor seinen Wählern («Mitbürgerinnen, Mitbürger!»)
- Pfarrer in der Kirche («Meine liebe Gemeinde!»)
- Offizier vor der Truppe («Soldaten!»)
- Chef vor seinen Mitarbeitern («Liebe Kolleginnen und Kollegen!»)
- Trainer vor seiner Fußballmannschaft («Kameraden, Mitkämpfer!»)
- Vater vor seinen Kindern («Liebe Kinder!»)
- Bürgermeister vor dem Stadtrat («Sehr verehrte Damen und Herren des Stadtrats!»)
- Direktor der Schule vor den Schülern («Liebe Schülerinnen, liebe Schüler!»)

Schreiben Sie für diese Zielgruppe eine kurze Rede (5-6 Sätze) mit den folgenden Leitgedanken:

- Wir müssen alle für das Gemeinwohl arbeiten.
- Allein können wir nichts erreichen.
- Aber wenn wir alle zusammen anpacken, können wir eine bessere Gesellschaft und eine humanere Welt schaffen.
- Allerdings kostet das Mühe und Selbstlosigkeit.
- Aber am Ende profitiert jeder Einzelne davon, daß die Verhältnisse besser geworden sind.
- Und so kann jeder sich auch frei entfalten—ein freier Mensch in einer freien Gesellschaft.

Passen Sie Ihre Rede in Wort und Stil Ihren Zuhörern an, d.h., drücken Sie diese Gedanken in Worten aus, die Ihre Zuhörer verstehen können. Fügen Sie passende Beispiele und Details hinzu.

Zielgruppe: ______________________________

Anrede: ______________________________

Erster Satz: ______________________________

____

____

____

Letzter Satz: ______________________________

____

____

____

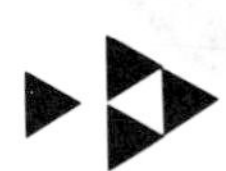

Halten Sie Ihre Rede vor der Klasse stehend und mit überzeugender Stimme. Schauen Sie Ihre Zuhörer soviel wie möglich an!

11

NÜTZLICHE REDEMITTEL DER ÜBERZEUGUNG

- Wiederholungen, wie z.B. «bessere Schulen, bessere Häuser, bessere Sportanlagen . . .»
- Aufzählung nach *und zwar*, z.B.: «das Gemeinwohl, und zwar: reinere Luft, bessere Häuser, schönere Städte, größere Ausbildungschancen usw.»
- Rhetorische Fragen, z.B. «Und warum gibt es noch Armut und Elend unter uns? Weil wir immer noch nicht . . .»
- Wiederholung der Anrede im Laufe der Rede

Ihre Zuhörer sollen sagen, was überzeugend, was nicht überzeugend gewirkt hat.

ROLLENSPIELE

In den folgenden Situationen versucht jemand, einen anderen zu einer bestimmten Handlung zu überreden. Ein Beobachter notiert sich die Redemittel, die zur Überredung verwendet wurden. Zeitgrenze: 2 Minuten.

Sie brauchen das Familienauto, um mit Ihrer Freundin auszugehen. Ihr Vater hat seine Gründe, Ihnen das Auto nicht leihen zu wollen. Sie versuchen, Ihren Vater zu überzeugen, daß er Ihnen ruhig das Auto leihen kann.

Sie haben ein "D" in Ihrem Hauptfach bekommen. Sie meinen, der Lehrer hätte irrtümlicherweise Fehler angerechnet, wo es keine gab. Sie versuchen, den Lehrer zu überreden, die Zensur zu ändern.

Sie bewerben sich als Frau um eine Arbeit bei der Müllabfuhr. Sie versuchen dem Arbeitgeber klarzumachen, daß Frauen auch gute Müllkutscher sein können.

Sie müssen vor Ablauf Ihres Mietvertrages unerwartet ausziehen. Sie überreden einen Freund, Ihre Wohnung zu übernehmen.

mit Lisa

Sie fahren morgen auf 14 Tage in Urlaub und überreden Ihren Nachbarn, Ihre Pflanzen zu gießen. Er ist nicht gerade begeistert.

Zu dritt oder viert: Sie sind alle zu einer Party eingeladen. Sie versuchen alle, einen gemeinsamen Freund zum Mitkommen zu überreden. Er macht allerlei Einwände dagegen.

DEBATTEN

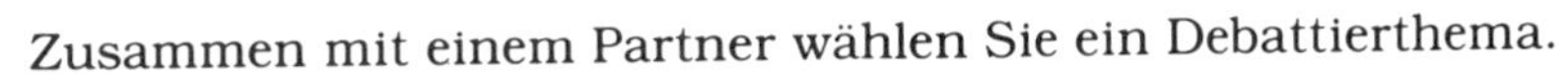

Zusammen mit einem Partner wählen Sie ein Debattierthema.

- Moral Majority: Für und wider
- Olympische Spiele: Pro und kontra.
- Fernsehen für Kinder: Gut oder schlecht?
- Mord und Gewalttätigkeit im Fernsehen: Gut oder schlecht?
- Religionsunterricht in der Schule: Ja oder nein?
- Todesstrafe: Für und wider.
- Rauchverbot in allen Flugzeugen: Ja oder nein?
- Sexualkundeunterricht in der Schule: Pro und kontra.
- Recht auf Waffenbesitz: Argumente dafür und dagegen.
- Hat die Filmindustrie eine Verantwortung, die Bürger zu erziehen oder nur zu unterhalten?
- Darf die katholische Kirche die Atomwaffenaufrüstung öffentlich verurteilen?
- Soll eine Fremdsprache Pflichtfach an allen amerikanischen Schulen sein?
- Soll Englisch als die nationale Sprache der USA in die amerikanische Verfassung geschrieben werden?
- Sollen Privatschulen und private Universitäten in den USA vom Staat unterstützt werden?
- Ist es richtig, daß Sportler in den USA solche hohen Gagen bekommen?
- *Ein Debattierthema Ihrer Wahl*

Unterschreiben Sie: Für ein starkes Bündnis mit Amerika
Europa darf nicht zum Vorgarten Moskaus werden!

Jeder übernimmt einen Standpunkt dafür oder dagegen. Bereiten Sie *drei* Argumente zur Unterstützung Ihres Standpunktes vor.

Debattierthema: ____________________ Standpunkt: ____________________

Argument 1: ____

Argument 2: ____

Argument 3: ____

11

DIE DEBATTE

Bei einer deutschen Debatte werden nicht alle Argumente der einen Seite, dann alle Argumente der anderen Seite vorgetragen, sondern: A bringt sein Argument vor, und B kontert sofort mit einem Gegenargument. Sobald einer mit dem Argument des anderen nicht einverstanden ist, und er einen Übergang zu seinem eigenen Argument finden kann, darf er den Partner unterbrechen.

Führen Sie nun eine solche Debatte über das gewählte Thema. Sie dürfen Ihre Notizen vor sich haben, Sie dürfen aber nicht Ihre ganze Argumentation ablesen! Ein Beobachter notiert sich mit Stichworten die Argumente der beiden Seiten (siehe Kapitel 10: Themensteuerung). (Zeitgrenze: 5 Minuten).

Oft merkt man erst bei einer Debatte, welche Argumente die Gegenseite hätte bringen können und nicht gebracht hat. Wechseln Sie nach fünf Minuten die Rollen. Sie übernehmen jetzt den Standpunkt Ihres Partners und versuchen, bessere Argumente als Ihr Partner zu finden. Zeitgrenze: 5 Minuten.

Zum Schluß faßt der Beobachter die Argumente der zwei Debattierer zusammen und fügt eventuell noch Argumente hinzu, die nicht erwähnt wurden.

BEOBACHTERBLATT

Argumente der einen Seite

____

____

____

____

Argumente der anderen Seite

____

____

____

____

Andere mögliche Argumente

____

____

____

____

DEBATTE MIT PUBLIKUM

Dieselben Debatten über ein gegebenes oder frei gewähltes Thema werden vor der ganzen Klasse geführt. Zeitgrenze: 5 Minuten pro Debattenteam.

Nach jeder Debatte sollen die Zuhörer weitere Argumente zur Unterstützung des einen oder des anderen Partners vorbringen. Es folgt eine allgemeine Diskussion.

ZUHÖRERBLATT

Debattenthema	**Was *ich* zu diesem Thema sagen möchte**
______________________	______________________
	______________________
	______________________
	______________________
	______________________
______________________	______________________
	______________________
	______________________
	______________________
	______________________
______________________	______________________
	______________________
	______________________
	______________________
	______________________
______________________	______________________
	______________________
	______________________
	______________________
	______________________

DEBATTENWETTKAMPF

Bei Debatten, die vor der ganzen Klasse geführt werden, werden drei Schiedsrichter gewählt, die jedem Debattenteam nach der Debatte eine bestimmte Punktzahl geben. Jeder Richter bekommt 10 Karten mit den Zahlen von 1 bis 10 und muß *eine* dieser Karten gleichzeitig mit den anderen Richtern hochhalten. Das Team, das die höchste Punktzahl bekommt, hat gewonnen.

Kriterien für die Beurteilung:

- Stärke der Argumente
- Kommunikationsfähigkeit der beiden Partner (Wortschatz, Redefluß)
- Partnerbezogenheit der Argumente

11

GRUPPENAUFGABEN

HEISSES THEMA

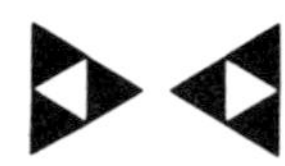

Es gibt in Ihrer Stadt zwei heiß debattierte Projekte: a) die Einführung geregelter Mähzeiten für lautstarke Rasenmäher; b) der Bau eines neuen Flughafens in Ihrer Nähe.

Jede Klassenhälfte übernimmt eins der Projekte und bildet zwei Bürgerinitiativen, eine für, die andere gegen das Projekt. Beide Gruppen sollen vor der anderen Klassenhälfte (dem Stadtrat) Ihre Meinung vertreten. Am Ende entscheidet der Stadtrat für oder gegen das Projekt.

Jeder Student ist Mitglied einer Bürgerinitiative und vertritt die Interessen einer bestimmten Bevölkerungsgruppe, z.B.

PROJEKT: GEREGELTE MÄHZEITEN

Standpunkt:	**dafür**	**dagegen**
Interessenvertreter:	Bürgermeister Arzt Rentner	Gartenbesitzer Rasenmäherfirma konservativer Politiker

PROJEKT: NEUER FLUGHAFEN

Standpunkt:	**dafür**	**dagegen**
Interessenvertreter:	Lufthansa Reisebüro Bürgermeister	Einwohner Krankenhaus Umweltschützer

Tragen Sie Ihr Projekt hier ein und diskutieren Sie mit den anderen in Ihrer Gruppe, welche Argumente Sie für Ihre Sache vorbringen werden.

Ihre Rede soll zwei Minuten lang sein. Wichtig ist, daß Sie einen überzeugenden ersten und letzten Satz haben, und überzeugende Redemittel gebrauchen!

Projekt:

Mein Standpunkt:

Interessenvertreter:

Meine Argumente:

____

____

____

____

____

Erster Satz: ______________________________

____

____

Letzter Satz: ______________________________

____

____

Luise Schulz *Krefeld, den 15.6.1984*
Prinz-Ferdinandstraße 86
415 Krefeld
Tel. 77 33 48

Herrn Bürgermeister
Reinhardt Maier
Rathaus
415 Krefeld

Betrifft: Beschwerde über Nachbarn

Sehr geehrter Herr Bürgermeister,
ich möchte mich mit einer Beschwerde an Sie wenden, da ich ohne Erfolg alles andere versucht habe.

In unserer Stadt ist das Rasenmähen mit lautstarken Motormähern werktags von 8 bis 12 und von 15 bis 19 Uhr erlaubt, an Samstagen nur bis 17 Uhr und an Sonntagen überhaupt nicht.

Meine Nachbarn kümmern sich aber gar nicht um diese Regelung. Sie mähen ihren Rasen mit ihren stinkenden, ohrenbetäubenden Motoren zu jeder Stunde, Tag und Nacht. Als ältere Rentnerin halte ich gern ab und zu einen Mittagsschlaf und gehe abends gern früh ins Bett. Ich kann das schon seit Wochen nicht mehr.

Da meine Nachbarn nichts dagegen tun wollen, bitte ich Sie nun als Bürgermeister, mir zu helfen.

Mit freundlichen Grüßen, Luise Schulz

memomemom

gerade aus dem Grunde, weil . . .	precisely because . . .
das liegt vor allem daran, daß . . .	this is due mainly to the fact that . . .
gerade darum ist es wichtig . . .	that's why it is so important that . . .
allerdings/zwar . . . aber . . .	it is true that . . . but . . .
es ist absolut unerläßlich, daß . . .	it is absolutely necessary that . . .
wir müssen unbedingt . . .	we absolutely have to . . .
Lärm ist bekanntlicherweise . . .	we know that noise is . . .
wir müssen offensichtlich . . .	is obvious that we must . . .
die Sache ist die: . . .	one thing is clear: . . .
entweder wir . . . oder wir . . .	either we . . . or else we . . .

11

Die Bürgerinitiativen für Projekt A tragen Ihre Argumente vor. Jeder Bürger steht auf und kann zwei Minuten lang seinen Standpunkt vertreten.

Die Stadträte stimmen jetzt mit erhobener Hand für oder gegen das Projekt.

Am Ende soll jeder Stadtrat erklären, welches Argument für ihn/sie ausschlaggebend war und warum.

Das für mich ausschlaggebende Argument:

Projekt B wird auf dieselbe Art und Weise behandelt.

ATOMSCHUTZBUNKER FREIBURG

Im Januar 1982 steckte die *Friedensbewegung Freiburg im Breisgau* folgenden Brief in die Briefkästen aller Haushalte der Stadt Freiburg. Die Bürger waren aufgefordert, für den Fall eines Nuklearkrieges einen Platz im Atomschutzbunker für sich und ihre Familie zu beantragen. Da schon 100 Plätze für Experten und Repräsentanten der Stadt reserviert seien, sei dringend geraten, sich um die noch übrigen Plätze zu bewerben.

Viele Deutsche engagieren sich politisch, auf ernsthafte, auf witzige und manchmal auf makabere Art.

Obwohl der Fall, der in diesem Brief dargestellt wird, fingiert war, war er plausibel genug, um die Freiburger zu erschüttern und sie vor den Folgen eines nuklearen Kriegs zu warnen.

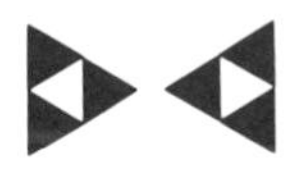

Spielen wir jetzt das in diesem Brief beschriebene Szenario. Drei Studenten bilden die Atomschutzkommission, die Kandidaten für die Zulassung zum Atomschutzbunker interviewt. In Gruppen zu dritt bewerben Sie sich nun um einen Platz für sich und Ihre Familie. Nur *eine* Dreiergruppe wird zugelassen; die Kommission soll entscheiden, welche. Während die Kandidatengruppen Ihre Argumente erarbeiten, überlegen sich die Mitglieder der Atomschutzkommission, welchen Kandidaten sie einen Platz im Bunker geben sollen.

STADT FREIBURG IM BREISGAU
AMT FÜR ZIVILSCHUTZ

An alle
Haushalte der
Stadt Freiburg

25. Januar 1982

Liebe Mitbürgerinnen, liebe Mitbürger !

Aufgrundder geplanten Stationierung neuer atomarer Mittelstreckenwaffen in Süddeutschland ist die Stadt Freiburg verpflichtet, den Schutz der Bevölkerung zu sichern, da auch die Region Freiburg im Falle eines militärischen Konflikts besonders betroffen wäre. Bei einem gegnerischen Atomschlag wären aufgrund der Nähe von bedeutenden militärischen Zielen (Militärflughafen Bremgarten ca. 20 km entfernt sowie die Atomkraftwerke Fessenheim und das geplante in Wyhl) schwere Auswirkungen auf die Stadt Freiburg zu befürchten.

Für die Aufrechterhaltung der städtischen Ordnung, Verwaltung und Organisation des Katastrophenschutzes müssen einige 100 Plätze für Experten und Repräsentanten der Stadt reserviert bleiben. Wir sind also gezwungen, für die Zuteilung der restlichen Plätze eine Dringlichkeitsliste zu erstellen.

Nur wer im voraus Anspruch auf einen Platz im Bunker angemeldet hat, kann im Ernstfall mit der Zuteilung eines Platzes rechnen. Um die Dringlichkeitsliste erstellen zu können, bitten wir Sie um Ihre Mitarbeit.

Füllen Sie bitte den beiliegenden Abschnitt aus und senden ihn an das Amt für Zivilschutz, Im Bohrer 26, 7800 Freiburg. Sollten Sie noch weitere Fragen haben, so stehen wir Ihnen gerne zur Verfügung.

Name, Vorname:

Geburtsdatum:

Adresse :

Alter:

Beruf:

Familienstand:

Anzahl der Kinder :

Staatsangehörigkeitsnachweis:

Polizeiliches Führungszeugnis:

Hiermit bitte ich um Zuteilung eines Platzes im geplanten Atomschutzbunker Freiburg für mich und meine Familienangehörigen.

Datum/Ort:

(Unterschrift)

ATOMSCHUTZKOMMISSION

Jeder Kandidat hat fünf Minuten Zeit, um Ihnen seine Argumente vorzubringen, d.h. zwei Minuten für eine allgemeine persönliche Stellungnahme, dann drei Minuten für drei Fragen, die Sie ihm/ihr stellen dürfen. Da die Menschen, denen Sie einen Platz im Bunker geben werden, möglicherweise die einzigen Überlebenden eines Nuklearkriegs sein werden, wollen Sie sicherstellen, daß es die «richtigen» sind.

Bereiten Sie eine Liste von Fragen vor, die Sie für wichtig halten, und auf die die Kandidaten sich nicht vorbereiten können. Diese Fragen beziehen sich zum Beispiel auf die politische, soziale, religiöse oder moralische Gesinnung der Kandidaten (z.B. «Was halten Sie von der Todesstrafe?»).

Fragen der Atomschutzkommission

KANDIDATEN

Entscheiden Sie, wer jeder in Ihrer Gruppe ist: Alter, Personalien, Beruf (Landwirt, Bauingenieur, Schlosser, Künstler usw.), was Sie als Einzelner und als Gruppe anzubieten haben, und warum Ihre Gruppe den freien Platz im Bunker erhalten soll. Jeder wird zwei Minuten lang reden müssen (möglichst freie Rede!) und dann auf drei Fragen der Atomschutzkommission antworten müssen.

Schreiben Sie hier den Anfangs- und Schlußsatz, sowie stichwortartig den Inhalt Ihrer Rede nieder:

SITZUNG

Es wird durch Los entschieden, in welcher Reihenfolge die Gruppen vortreten. Während eine Gruppe Ihren Antrag stellt, gibt jedes Kommissionsmitglied 1 bis 10 Punkte für jede Stellungnahme und für jede frei formulierte Antwort auf die gestellten Fragen.

BERATUNG

Während die Kommission entscheidet, welcher Gruppe der Platz im Bunker gegeben wird, besprechen die Kandidaten die Fragen, die Ihnen von der Kommission gestellt wurden. Waren Sie berechtigt? Fair?

ZULASSUNGSENTSCHEID

Die Kommission gibt jetzt ihre Entscheidung bekannt und begründet sie.

WERBESPOT

Sie sind Berater bei einer amerikanischen Werbefirma. In Gruppen zu dritt wählen Sie ein amerikanisches Produkt, das Sie in Deutschland verkaufen möchten. Sie können Deutsch und Sie kennen die deutsche Mentalität (siehe Werbespots S. 182 und alles, was Sie über die Deutschen gelernt haben). Spielen Sie vor der Klasse einen zwei Minuten langen Werbespot, der im deutschen Fernsehen gesendet werden soll.

Amerikanisches Produkt: ______________________________

Szenario: ______________________________

____

____

____

____

____

____

____

____

UND JETZT LOS!

AUF DIE JAGD

Suchen Sie in einer deutschen Zeitschrift eine Reklame. Bringen Sie sie in die Klasse und analysieren Sie, wie der Leser in Wort, Bild und Farbe von der Qualität des Produkts überzeugt werden soll.

Analyse: ______________________________

____

____

____

11

«JEDES DING HAT SEINE ZWEI SEITEN»

Wählen Sie eins von den Debattierthemen (S. 187) und sammeln Sie Argumente dafür und dagegen durch eine telephonische Umfrage unter anderen Deutschstudenten und -lehrern. Tragen Sie dann die Ergebnisse Ihrer Umfrage in der Klasse vor!

Umfrage zum Thema: ______________________________

Argumente DAFÜR	Argumente DAGEGEN

memomemomemomemomemome!

Das Problem liegt darin, daß . . .	The problem is that . . .
Es besteht ein Konflikt zwischen (*Dat.*) und (*Dat.*)	There is a conflict between.. and . . .
An und für sich . . .	Essentially . . .
In mancher/dieser Hinsicht . . .	In many respects/In this respect . . .
Ich bin fest davon überzeugt, daß . . .	I am convinced that . . .
Im Gegensatz zu (*Dat.*) . . .	In contrast with . . .
Im Vergleich zu . . .	As compared to . . .
Insofern als . . .	In so far as . . .
Mit anderen Worten . . .	In other words . . .
Im grossen und ganzen . . .	On the whole . . .
Im allgemeinen . . .	In general . . .
Abschliessend kann man sagen, daß . . .	In conclusion we can say that . . .

ARGUMENTATIVER AUFSATZ

Viele der Strategien, die Sie in diesem Kapitel für die gesprochene Argumentation gelernt haben, lassen sich auch bei einer schriftlichen Argumentation verwenden.

1. Schreiben Sie eine öffentliche Rede an eine Zielgruppe Ihrer Wahl über eins der vorgeschlagenen Debattierthemen.
2. Verfassen Sie die Antwort des Bürgermeisters an Frau Luise Schulz (S.191)
3. Argumentieren Sie für beide Seiten eines kontroversen Themas. Beachten Sie folgende Aufsatzgliederung:

Einführung: Problemstellung; drei Punkte, die zu beachten sind

Punkt 1: «zum einen . . .» Beispiele, «zum anderen . . .» Beispiele

Punkt 2: «einerseits . . .» Beispiele, «andererseits . . .» Beispiele

Punkt 3: «zwar . . .» Beispiele, «aber . . .» Beispiele

Schluß: Kurze Zusammenfassung der Argumente für und wider; Aussicht auf Kompromiß bzw. Lösung des Konflikts.

Kapitel 12

THROW
GAINING TIME
SHOWING INTERES
BACK TRACKING
AGREEING

REDEN, MITREDEN, DAZWISCHENREDEN

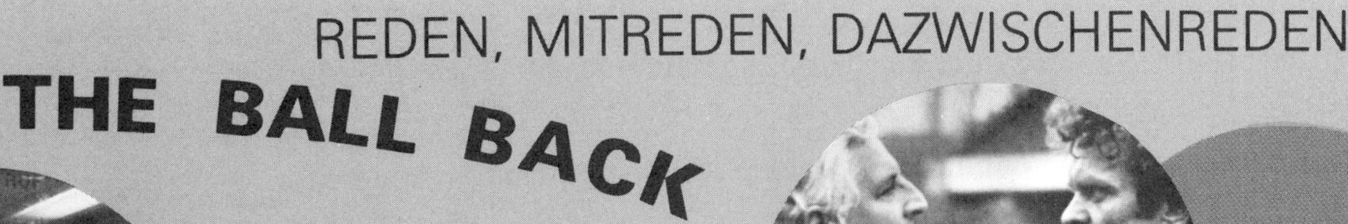

ASKING FOR CLARIFCATION

BUYING TIME

DAS RECHTE WORT ZUR RECHTEN ZEIT

In Alltagssituationen redet man sehr oft mit Standardformeln. Wüßten Sie, was man in den folgenden Situationen sagen könnte? Finden Sie passende Aussagen oder Fragen für die folgenden Situationen. Sie haben jedesmal mehrere Möglichkeiten, je nachdem, mit wem Sie sprechen und wie höflich Sie sein wollen. Je indirekter eine Frage, desto höflicher! (Antworten auf Seite 208)

AM TELEFON

1. Sie wollen X anrufen. Sie wählen die Nummer. Was sagen Sie dann?
   "Hallo, Darf ich mit X sprechen?"
2. X ist nicht da. Was können Sie sagen?
   "Wo ist er denn?"
3. X fährt morgen nach Deutschland. Was sagen Sie zum Schluß?
   "Eine gute Fahrt!"
4. X heiratet morgen! Was sagen Sie ihm zum Schluß?
   "Aber ich habe für dich diese ganze Zeit eine Geheimnise Liebe!"
5. X hat morgen eine schwere Prüfung. Was sagen Sie ihm zum Schluß?
   "Darf ich dir helfen?"
6. X und Sie haben sich für Montag verabredet. Was sagen Sie ihm zum Schluß?
   "Bis Montag!"

12

AUF DER STRASSE

7. Sie begegnen einem Bekannten, den Sie seit einem Jahr nicht gesehen haben. Was sagen Sie ihm? "Ach! Wie geht's?"

8. Sie laden ihn ein, zu einer Party mitzukommen. Wie fordern Sie ihn auf?
"Möchtest du zu einer Party gehen?"

9. Sie begegnen einem Freund. Er sieht schlecht aus. Was sagen Sie ihm?
"Du siehst schlecht aus. Was ist denn los mit dir?"

10. Dieser Freund war lange Zeit schwer krank. Was sagen Sie ihm?

11. Ihr Freund hat eine schwere Prüfung bestanden! Was sagen Sie ihm?

BEI EINER PARTY

12. Sie wollen einem Bekannten eine Geschichte erzählen. Wie sichern Sie seine Aufmerksamkeit und wie beginnen Sie Ihre Geschichte?

13. Sie haben ganz vergessen, daß Sie zu einer Party eingeladen waren. Sie rufen am nächsten Tag an. Was sagen Sie, um sich sehr höflich zu entschuldigen?

14. Nach der Party bedanken Sie sich bei der Gastgeberin. Was sagen Sie?

15. Sie wollen wissen, wieviel ein Psychiater in Deutschland pro Stunde verdient. Wie fragen Sie die Gastgeberin?

IM GESCHÄFT

16. Was sagt der Verkäufer, wenn Sie den Laden betreten?

____

17. Sie haben etwas gekauft. Wie fragt der Verkäufer, ob Sie noch etwas kaufen wollen?

____

IN DER KLASSE

18. Sie wollen den Lehrer etwas fragen. Sie heben die Hand und was sagen Sie?

____

19. Sie wollen das Wort ergreifen und etwas sagen. Wie machen Sie das?

____

20. Sie haben etwas nicht gehört (akustisch nicht verstanden). Was sagen Sie?

____

21. Sie haben etwas nicht verstanden. Was sagen Sie?

Nocheinmal, bitte, ich habe es nicht verstanden.

22. Sie kommen zu spät in die Klasse. Was sagen Sie?

____

23. Heute ist Freitag. Was wünschen Sie dem Lehrer, wenn Sie das Klassenzimmer verlassen?

____

24. Heute ist der letzte Tag des Semesters. Was sagen Sie den anderen?

____

25. Morgen beginnen die Weihnachtsferien. Was wünschen Sie dem Lehrer?

____

26. Sie arbeiten in kleinen Gruppen und einer hat lange Zeit nichts gesagt. Was sagen Sie zu ihm, damit er am Gespräch teilnimmt?

____

DIE RECHTE ANTWORT ZUR RECHTEN ZEIT

Finden Sie eine passende Entgegnung in den folgenden Situationen:

AM TELEFON

27. «Hier Kunze, darf ich bitte Herrn Schmidt sprechen?»

Schmidt: «______________________________»

28. Arbeitgeber: «Also, wir sehen uns am Montag.»

Sie: «______________________________»

IM GESPRÄCH MIT EINEM FREUND

29. Ihr Freund sagt Ihnen: «Du, ich habe in der Lotterie 100 $ gewonnen!»

    Sie *(zeigen Erstaunen)*: «______________________________»

30. Ihr Freund: «Du, ich habe ein A in Deutsch bekommen!»

    Sie *(zeigen Freude)*: «______________________________»

31. Ihr Freund: «Du, mein Fahrrad ist gestohlen worden!»

    Sie *(zeigen Mitleid)*: «______________________________»

32. Ihr Freund: «Oh, da hast du einen schönen Pullover!»

    Sie (nicht «danke!»): «______________________________»

33. Sie haben Ihrem Freund Ihr Deutschbuch geliehen. Er gibt es Ihnen mit Kaffeeflecken zurück. Er sagt: «Du, es tut mir furchtbar leid.»

    Sie: «______________________________»

34. Er: «Du, weißt du was, ich bin im Examen durchgefallen!»

    Sie: «______________________________»

35. Er: «Hast du Hunger? Gehen wir essen! Wo möchtest du hin?»

    A. Sie *(wissen nicht)*: «______________________________»

    B. Sie *(haben einen Wunsch)*: «______________________________»

36. Er: «Willst du nachher ins Kino gehen?»

    A. Sie *(gehen lieber woanders hin)*: «______________________________»

    B. Sie *(gehen gern ins Kino)*: «______________________________»

    C. Sie *(haben keine besondere Lust, aber wollen trotzdem hingehen)*: «______________________________»

    D. Sie *(können nicht; zu viel Arbeit)*: «______________________________»

37. Sie haben Ihrem Freund erzählt, daß Sie viel Arbeit haben. Zum Schluß sagt er: «Arbeite nicht zu viel!»

    Sie: «______________________________»

38. Sie erklären Ihrem Freund, wie man zu Ihnen kommt. Er sagt: «Moment, das habe ich nicht mitgekriegt».

    Sie: «______________________________»

39. Ihr Freund bittet Sie um Rat: «Du, mein Geldbeutel ist gestohlen worden. Was soll ich tun?»

    Sie: «______________________________»

AUF DER STRASSE

40. Ein Fremder hält Sie an und fragt Sie: «Können Sie mir sagen, wie ich zum Museum komme?» Wie beginnen Sie Ihre Antwort?

    A. Sie *(helfen ihm)*: «______________________________»

    B. Sie *(wissen nicht)*: «______________________________»

    C. Sie *(brauchen Zeit zum Überlegen)*: «______________________________»

41. Der Fremde dankt Ihnen: «Vielen (schönen) Dank»

    Sie: «______________________________»

42. Sie sind ein Stück mit ihm gegangen, um ihm den Weg zu zeigen. Er dankt Ihnen: «Ich danke Ihnen vielmals für Ihre Hilfe!»

Sie: «____»

43. Nach dem Film. Ihr Freund: «Sag mal, was hältst du von dem Film?»

A. Sie *(positiv):* «___________________________________»

B. Sie *(negativ):* «___________________________________»

C. Sie *(neutral):* «___________________________________»

44. Er sagt: «Ich finde den Film furchtbar!»

Sie *(sind derselben Meinung):* «____________________________»

BEI EINER PARTY

45. Gastgeber: «Darf ich vorstellen? Werner Schmidt - Gisela Baum.»

Gisela B. oder W. Schmidt: «_____________________________»

IM SCHUHGESCHÄFT

46. Verkäufer: «Was darf es sein?»

A. Sie *(haben einen Wunsch):* «____________________________»

B. Sie *(wollen nichts kaufen):* «____________________________»

47. Verkäufer: «Nehmen Sie die Schuhe?»

Sie *(wissen nicht so recht, brauchen mehr Zeit):*

«____»

48. Sie haben etwas gekauft. Der Verkäufer: «Sonst noch was?»

Sie *(wollen nichts mehr):* «________________________________»

IN DER KLASSE

49. Der Lehrer gibt eine lange Erklärung: «Ja, die Sache ist nämlich die . . .»

Sie *(möchten unterbrechen und etwas sagen):* «_____________________

____»

50. Der Lehrer kommt zu spät in die Klasse und sagt: «Entschuldigen Sie, daß ich so spät komme».

Sie: «____»

51. Der Lehrer wünscht Ihnen «Schöne Ferien», «Frohe Weihnachten» oder «Schönes Wochenende».

Sie: «____»

52: Bei einer Gruppendiskussion. Ein Mitstudent fragt Sie: «Was meinst du dazu?» Wie beginnen Sie Ihre Antwort?

A. Sie *(sagen Ihre Meinung):* «____________________________»

B. Sie *(haben keine Meinung):* «___________________________»

C. Sie *(haben eine ganz starke Meinung):* «______________________»

53. Ein Mitstudent sagt seine Meinung: «Ich finde, man sollte . . .»

A. Sie *(sind derselben Meinung):* «__________________________»

B. Sie *(sind anderer Meinung):* «____________________________»

12

GRUPPENAUFGABEN

IN DEN MUND GELEGT

Erfinden Sie einen Text zu der Bildserie.

SKETCHE

Die Klasse wählt einen der folgenden Sätze:

1. «Verdammt, ich hab's wieder zu Hause gelassen!»
2. «Wo ist denn mein Holzbein?»
3. «Tut mir leid - keine Ausländer!»
4. «Atmet sie noch?»
5. «Sie haben es/sie wieder offen gelassen!»
6. «Jetzt ist alles verloren!»

In Gruppen zu viert oder fünft erfinden Sie ein fünf Minuten langes Szenario, das diesen Satz enthält. Überlegen Sie: wer sagt das zu wem, wo, wann, warum und in welcher Situation? Spielen Sie den Sketch vor der Klasse.

IM SPIEGEL DER ANDEREN

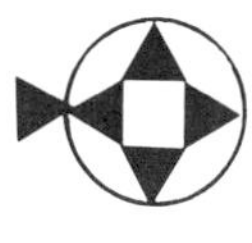

In Gruppen zu viert oder fünft wählen Sie ein Gesprächsthema (siehe Debattierthemen Kapitel 11). Während der Diskussion (15 Minuten) notieren zwei Beobachter die Art und Weise, wie die Gesprächspartner das Wort ergriffen haben und wie sie das Gespräch gesteuert haben.

BEOBACHTER 1

Bitte notieren Sie so viel Sie können, während die anderen reden. Nicht das, was sie sagen, ist wichtig, sondern *wann, wie, zu wem* und *wie oft* sie sprechen!

Namen der Gesprächspartner:

Wer spricht?	**Zu wem?**	**Nach wem?**	**Wie (mit welchen Worten) ergreift er/sie das Wort?**

Zusammenfassung: Wie hat jeder an der Diskussion teilgenommen?

JACQUES FAIZANT

12

BEOBACHTER 2

Bitte notieren Sie so viel Sie können, während die anderen reden. Nicht das, was sie sagen, ist wichtig, sondern das, was sie mit ihren Worten *tun* (siehe Kapitel 1), z.B.:

1. mit Worten zeigen, daß man zuhört («ja, ja, wirklich?»)
2. um Erklärung bitten («wie war das bitte?»)
3. anderen helfen («du meinst: . . .»)
4. neue Argumente bringen
5. sich wiederholen, um Zeit zu gewinnen
6. andere nach ihrer Meinung fragen
7. um Hilfe bitten (« wie sagt man: . . .»)
8. auf Ideen anderer aufbauen («wie du gesagt hast»)
9. Kommentare geben («das ist eine gute Idee», «du hast recht»)
10. zusammenfassen, was andere gesagt haben

	NAMEN DER GESPRÄCHSPARTNER:
WER SPRICHT?	WAS HAT ER/SIE GESAGT GETAN

Zusammenfassung: Wie hat jeder an der Diskussion teilgenommen?

Nach 15 Minuten besprechen die Beobachter, was sie notiert haben und fassen ihre Beobachtungen zusammen. Währenddessen füllt jeder Gesprächspartner sein Teilnehmerblatt aus.

TEILNEHMERBLATT

Jeder hat seinen eigenen Stil, wenn er/sie mit einer Gruppe diskutiert. Wie haben *Sie* am Gespräch teilgenommen? Nicht das, was Sie gesagt haben, ist hier wichtig, sondern *was* Sie mit Ihren Worten *getan* haben (Siehe oben).

Meine Teilnahme: ______________________________

____

____

Wie haben die anderen Ihrer Meinung nach am Gespräch teilgenommen?

Name: ______________ ______________________________

Name: ______________ ______________________________

Name: ______________ ______________________________

Name: ______________ ______________________________

Welche Rolle hat Ihrer Meinung nach jeder in der Gruppe übernommen? Vor der Gruppe sollen jetzt die Beobachter berichten, was sie beobachtet haben, und jeder Gesprächspartner seine eigenen Beobachtungen mitteilen. Als Gruppe ermitteln Sie für jeden Partner, wo seine Stärke in der Gesprächsführung ist.

Name	Stärke in der Gesprächsführung
______________	______________________________
______________	______________________________
______________	______________________________
______________	______________________________

Variante: Je eine Hälfte der Klasse übernimmt die beiden Beobachterrollen, während eine Gruppe von Studenten vor der ganzen Klasse diskutiert.

DAS KONVERSATIONSSPIEL

Ein Quartettspiel für 3-6 Spieler bestehend aus 36 Karten. Schneiden Sie die Quartettkarten aus. Sie werden gemischt und verdeckt an die Mitspieler verteilt. Ziel des Spiels ist es, möglichst viele «Quartette» zu sammeln, d.h. vier zusammengehörige Karten wie 3A, 3B, 3C, 3D. Auf jeder Karte steht links eine Gesprächsformel (Frage und Antwort) und rechts daneben drei weitere Redemittel (Fragen), die zu dieser Kategorie gehören. Der Kartenausteiler beginnt, indem er einen Mitspieler nach einer Karte fragt, die ihm zu einem Quartett noch fehlt. Er muß dabei das Redemittel (die Frage) der erwünschten Karte sagen. Wenn er z.B. Karte 1A haben möchte, fragt er einen Mitspieler: «Darf ich Herrn Schmidt sprechen?» Der Gefragte betrachtet den linken Teil seiner Karten. Hat er die Karte, so antwortet er «Selbst am Apparat» und gibt dem Frager die Karte. Der Frager darf weiterfragen. Hat der Befragte die Karte nicht, sagt er «Bedaure sehr» und darf nun selber fragen. Hat man die vier Karten eines Quartetts zusammen, so legt man sie auf den Tisch. Sieger ist, wer die meisten Quartette hat.

viel Spass!

12

ANSWER KEY

DAS RECHTE WORT ZUR RECHTEN ZEIT

Mögliche Antworten/Entgegnungen für die jeweiligen Situationen.
+ höflich; + + sehr höflich; + + + superhöflich

1. Hier Y. Ich möchte X sprechen.
   Könnte ich X sprechen? +
   Darf ich X sprechen? + +
   Dürfte ich X sprechen? + + +
2. Ich rufe später wieder an.
   Wann kann ich ihn erreichen?
   Können Sie ihm was ausrichten?
3. Gute Reise! Alles Gute! Viel Spaß!
4. Mach's gut! Nochmals herzliche Glückwünsche!
5. Mach's gut! Hals- und Beinbruch!
6. Also dann bis Montag!
7. Grüß dich, X! Ich habe dich schon lange nicht mehr gesehen!
8. Kommst du mit?
   Komm doch mit!
   Warum kommst du nicht mit?
   Du solltest wirklich mitkommen!
   Wie wär's, wenn du mitkämst? +
   Es wäre nett, wenn du mitkämst! + +
9. Was ist denn los? Was ist mit dir?
   Fühlst du dich nicht wohl?
10. Fühlst du dich besser? Bist du wieder gesund?
11. Mensch, ich gratuliere!
12. Du, weißt du was . . .
    Du, hast du gehört:
    Du, mir ist neulich was passiert . . .
13. Entschuldigen Sie (vielmals)!
    Ich bitte vielmals um Entschuldigung/Verzeihung!
    Es tut mir (wirklich) sehr (furchtbar/schrecklich/unheimlich) leid. + +
14. Ich danke Ihnen sehr für die nette Einladung.
    Das war ein furchtbar netter Abend.
15. Wieviel verdient ein Psychiater in Deutschland? +
    Können Sie mir sagen, wieviel ein Psychiater verdient? +
    Verzeihen Sie, ich möchte wissen, wieviel ein Psychiater verdient. +
    Ich hätte gern gewußt, wieviel ein Psychiater verdient. +
    Darf ich fragen, wieviel ein Psychiater in Deutschland verdient? + +
16. Was wünschen Sie? Was darf's sein?
17. Sonst noch was?
18. Eine Frage!
    Ich habe eine Frage!
    Ich hätte eine Frage! +
    Ich möchte etwas fragen! +
    Ich wollte was fragen! +
    Darf ich was fragen? + +
    Ich hätte gern etwas gefragt! + + +
    Dürfte ich etwas fragen? + + +
19. Ich möchte etwas sagen. +

Dazu möchte ich was sagen. +
Darf ich kurz etwas sagen? + +

20. Entschuldigung, ich habe das nicht (richtig) gehört.
21. Moment/Entschuldigung, ich habe das nicht mitgekriegt.
22. Entschuldigen Sie, daß ich so spät komme.
    Es tut mir leid, daß ich mich verspätet habe.
23. Schönes Wochenende.
24. Schöne Ferien! Schönen Sommer! Alles Gute!
25. Frohe Weihnachten und ein glückliches Neues Jahr!
26. Und du, X, was denkst *du* darüber?
    wie siehst *du* das?
    was meinst *du* dazu?
    was ist *deine* Meinung?
    was hältst *du* davon?

DIE RECHTE ANTWORT ZUR RECHTEN ZEIT

27. Selbst am Apparat.
28. In Ordnung. Bis Montag dann.
29. Was? Wirklich? Wahrhaftig? Stimmt's?
30. Toll, Mensch! Ich gratuliere!
31. Mensch, das tut mir leid!
32. Ja, gefällt er dir? Den hat mir meine Großmutter gestrickt.
33. (Ist) schon gut!
34. Ach, das tut mir aber leid.
35. A. Ach, weißt du, es ist mir eigentlich egal/gleich.
    Ich weiß nicht so recht.
    B. Ich würde gern chinesisch essen.
    Ich esse furchtbar gern chinesisch.
    Warum essen wir nicht chinesisch?
36. A. Hm—gehen wir lieber bummeln.
    B. Ja gerne!
    C. Na ja, meinetwegen!
    D. Nein, es geht nicht, ich habe zuviel Arbeit.
37. Keine Sorge!
38. Also paß auf: . . .
    Gut, also ich wiederhole: . . .
39. An deiner Stelle würde ich die Polizei anrufen.
    Warum rufst du nicht die Polizei an?
    Du solltest die Polizei anrufen.
    Du könntest vielleicht die Polizei anrufen.
40. A. Also, passen Sie auf, ich erkläre es Ihnen: . . .
    B. Tja, das weiß ich leider nicht.
    Tut mir leid, da bin ich überfragt.
    C. Ja, also Moment mal, das muß ich mir überlegen.
    Ich schaue auf der Karte nach.
41. Bitte sehr.
    Bitte schön.
42. Nichts zu danken!
    Gern geschehen!
    Bitte, bitte!
43. A. Toll! Ganz große Klasse!
    B. Furchtbar! Ganz großer Quatsch!
    C. Na ja, nicht schlecht.

44. Ich auch.
    Du hast recht.
    Da stimme ich dir zu.
45. Freut mich.
    Angenehm.
46. A. Ich hätte gern . . .
    B. Danke, nichts, ich schaue mich nur um.
47. Tja, ich muß mir das noch überlegen.
48. Danke, das wär's.
49. Moment mal (Augenblick mal). Ich möchte was sagen.
    Darf ich kurz etwas sagen? + +
    Entschuldigung, darf ich mal kurz unterbrechen? + + +
50. Schon gut! Macht nichts!
51. Danke!
    Ihnen auch!
    Gleichfalls!
    Ebenfalls!
52. A. Ich finde (denke, meine), daß . . .
    B. Tja, ich weiß nicht so recht.
    C. Ich (persönlich) bin fest davon überzeugt, daß . . .
53. A. Das finde ich auch.
       Der Meinung bin ich auch.
       Du hast ganz recht.
    B. Da bin ich ganz anderer Meinung.
       Das sehe ich anders.

WÖRTERVERZEICHNIS

Numbers after entries identify the chapter in which a word first occurs. Verbs with separable prefixes are identified as follows: ab·decken.

A

das **Abgas, -e** exhaust fume (11)
der **Ablauf** expiration (11)
der **Abschnitt, -e** coupon (11)
absolvieren to complete (3)
ab·decken to clear (the table) (9)
ab·drucken to print out (7)
ab·halten to hold, have (4)
ab·lecken to lick off (9)
ab·lehnen to refuse, decline (7)
ab·schicken to send away (4)
sich **ab·spielen** to happen (6)
ab·waschen,ä,u,a to wash (9)
ab·wechseln to alternate (4)
achten (auf) to pay attention to (3)
Ade Adieu, farewell (6)
der **Ahornsirup** maple syrup (9)
albern foolish (5)
der **Alkoholausschank** serving of alcoholic beverages (9)
allerhand (das ist allerhand) that is bad (8)
der **Alltag** everyday life (7)
das **Alltagsleben** everyday life (4)
altberühmt long-established (4)
die **Ananas, -se** pineapple (9)
das **Angebot, -e** offer, supply (9)
angebunden (kurz) curt, short (2)
der **Angeklagte, -n** the accused (8)
angelegt established (11)
angenehm agreeable (5)
angestellt hired (3)
die **Angst, ¨e** fear (6)
Angst haben vor to be afraid of (6)
die **Anlage, -n** enclosure (3)
das **Anliegen, -** concern (11)
anpreisen to boost (5)
die **Anrede, -n** address in a speech (11)
anschließend subsequently (10)
der **Anspruch, ¨e** claim (11)
das **Antiquariat, -e** used book store (4)
die **Anweisung, -en** instruction (4)
anwesend present (2)
die **Anzahl** number (11)
die **Anzeige, -n** advertisement (3)
an·bieten,o,o to offer (3)
an·fangen,ä,i,a to begin (7)
an·geben,i,a,e to give (information) (8)
an·heben,o,o to raise up (7)
an·klagen to accuse (6)
an·knüpfen to connect (10)
an·kommen,a,o to be received (7)
an·kreuzen to check off (3)
an·kündigen to announce (4)
der **Anlaß, ¨sse,** occasion (7)
an·nehmen,i,a,o to accept(7)
an·ordnen to arrange (3)
an·packen to attack (11)
an·passen to adapt (11)
an·rechnen to count, charge (11)
sich **an·sehen,ie,a,e** to look at (4)
ansprechend attractive (7)
an·ziehen,o,o to dress (4)
der **Apparat, -e** (am) on the telephone (7)
der **Arbeitgeber, -** employer (3)
der **Arbeitnehmer, -;** die **Arbeitnehmerin, -nen** employee (3)
das **Arbeitsamt, ¨er** state employment office (3)
die **Arbeitserlaubnis, -se** work permit (3)
die **Arbeitsteilung** division of labor (4)
der **Ärger** anger (5)
arm poor (6)
die **Armut** poverty (6)
der **Arzt, ¨e;** die **Ärztin, -nen** doctor (7)
assoziieren to associate (2)
auf·drehen to turn up (8)
der **Aufenthalt, -e** stay, residence (3)
auf·fordern to call upon (11)
auf·fressen,i,a,e to eat up (6)
auf·lesen,ie,a,e to gather (6)
die **Aufmerksamkeit** attention (6)
die **Aufnahme, -n** intake (9)
auf·nehmen,i,a,o to record (4)
aufrecht straight (7)
auf·regen to excite (8)
sich **auf·richten** to sit up(right) (7)
die **Aufrüstung** rearmament (11)
der **Aufschnitt** cold cuts (9)
auf·schreiben,ie,ie to write down (2)
auf·stellen to arrange, set up (7)
aufstrebend ambitious (4)
auf·teilen to divide up (4)
auf·wachsen,ä,u,a to grow up (9)
auf·wecken to wake up (11)
auf·zählen to count off (4)
die **Aufzählung, -en** listing (11)
aus·bauen to develop (10)
die **Ausbildung** education (3)
sich **aus·denken,a,a** to think up (8)
der **Ausdruck, ¨e** expression (4)
auseinander apart (8)
ausfindig machen to find, to look for (2)
der **Ausflug, ¨e** outing, excursion (10)
aus·fragen to question,interrogate (3)
aus·füllen to fill out (2)
der **Ausgang, ¨e** exit (3)
aus·geben,i,a,e to spend (money) (8)
das **Ausgehen** going out (9)
der **Ausgleichssport** keeping fit (7)
die **Auskunft, ¨e** information (3)
aus·lassen,ä,ie,a to leave out (6)
aus·richten to inform, transmit (5)
der **Ausruf, -e** exclamation (5)
aus·rufen,ie,u to call out (4)
die **Aussage, -n** utterance (10)
ausschlaggebend decisive (11)
das **Aussehen** appearance (2)
aus·sehen,ie,a,e to look, appear (5)

der **Außendienst** field service, traveling (3)
äußern to express (8)
aus·sprechen,i,a,o to pronounce (5)
aus·statten to furnish (4)
aus·streichen,i,i to cross off (8)
der **Austausch** exchange (3)
die **Auswahl** selection (4)
sich **ausweisen,ie,ie** to identify oneself (2)

B

der **Badeanzug, ¨e** bathing suit (4)
der **Bahnhof, ¨e** train station (8)
baldig quick, speedy (3)
der **Bankeinbruch, ¨e** bank robbery (2)
der **Bau** construction (11)
der **Bauch, ¨e** stomach (7)
der **Beamte, -n;** die **Beamtin, -nen** civil servant, official (3)
beauftragen to charge, commission (9)
der **Bedarf** need (7)
bedauern to regret (8)
bedienen to serve, to wait on (8)
die **Bedingung, -en** condition (3)
bedrohen to threaten (11)
das **Bedürfnis, -se** need (11)
das **Befinden** state of health (7)
befreien to free (6)
befriedigt satisfied (7)
sich **begegnen** to meet (2)
begeistert enthusiastic (11)
der **Begriff, -e** idea, notion (3)
begründen to give reasons for (3); to substantiate (6)
behalten,ä,ie,ie to keep (8)
sich **beherrschen** to have self-discipline (7)
das **Bein, -e** leg (7)
bei·behalten,ä,ie,a to keep (9)
bei·fügen to enclose, to add (3)
bekanntgeben,i,a,e to announce (5)
bekanntlich as is well known (7)
Bekanntschaft, -en machen to get acquainted (2)
bekümmert depressed (5)
bekämpfen to fight (11)
die **Belastung, -en** exertion (7)
bellen to bark (8)
belästigen to annoy (11)
die **Belohnung, -en** award (6)
die **Bemerkung, -en** comment (2)
das **Benehmen** conduct (7)
beobachten to observe (2)
der **Berater, -** advisor (3)
die **Beratung, -en** advice, consultation (7)
berechtigt entitled (11)
bereit prepared (7)
die **Beruhigungstablette, -n** tranquilizer (7)
berühmt famous (10)
die **Beschäftigung, -en** occupation, activity (3)
der **Bescheid, -e** answer, decision (11)
die **Beschreibung, -en** description (4)
beschriften to label (4)
die **Beschwerde, -n** complaint (8)
der **Beschwerdebrief, -e** letter of complaint (8)
sich **beschweren** to complain (8)
der **Besenbinder, -** broom maker (6)
besetzt occupied (3)
besichtigen to look at, view (4)
besiedeln to settle, colonize (9)
besiegen to conquer (6)
besitzen,a,e to possess (3)
besonders especially (5)
besorgen to produce (7)
besorgt worried (6)
besprechen,i,a,o to discuss (4)
bestehen,a,a (aus) to consist of (9)
bestellen to order (8)
bestimmen to determine (4)
bestrafen to punish (6)
betätigen to run (a machine) (9)
betäuben (Ohren) to deafen (11)
betonen to stress (10)
betreffen,i,a,o to concern (10)
der **Betrieb, -e** factory, company (3)
der **Betriebsausflug, ¨e** company excursion (3)
betroffen affected (11)
beugen to bend (7)
die **Beunruhigung** uneasiness (5)
die **Beurteilung, -en** judgment (11)
die **Bevölkerung** population (11)
bewaldet wooded (4)
der **Bewerber, -** applicant (3)
das **Bewerbungsschreiben, -** job application (3)
bezweifeln to doubt (11)
beziehen (auf) to refer to (3)
sich **bieten (die Gelegenheit)** to present itself (the opportunity) (4)
bieten,o,o to offer (10)
bilden to form (10)
billig cheap (8)
bisherig hitherto existing (7)
die **Bitte, -n** request (4)
bitten,a,e to ask, request (3)
der **Blattspinat** leaf spinach (9)
blicken to look (6)
blöde idiotic (5)
bloß (Was -?) What on earth? (4)
die **Blume, -n** flower (6)
der **Blumenkohl** cauliflower (9)
der **Boden, ¨** floor (7)
die **Bohne, -n** bean (9)
böse angry (6)
die **Boulette, -n** meatball, hamburger (9)
braten,ä,ie,a to grill (9)
das **Brathuhn, ¨er** frying chicken (9)
die **Bratwurst, ¨e** sausage (9)
brauchen to use, need (6)
der **Brei** gruel, porridge (9)
brennen,a,a to burn (6)
das **Brett, -er** (bulletin) board (3)
der **Buchstabe, -n** letter (4)
bügeln to iron (9)
das **Bund, -e** bunch (9)
das **Bündnis, -se** alliance (11)
die **Burg, -en** castle (4)
der **Bürger, -** citizen (11)
die **Bürgerinitiative, -n** citizens action committee (11)
büßen to atone (7)
bzw. (beziehungsweise) respectively, that is (3)

C

der **Champignon, -s** mushroom (9)

D

das **Dach, ¨er** roof (6)
die **Damastdecke, -n** damask cover (2)
dämlich silly (5)
die **Daten** *(pl.)* data (2)
die **Dauer** duration (2)
dauern to last (4)
decken to cover (6); **(Tisch)** to set the table (9)
deprimieren to depress (5)
deutlich clear (6)
die **Deutschstunde, -n** German class (7)
d.h. — das heißt i.e., that means (2)
der **Dichter, -** poet (4)
die **Dickmilch** (9)
der **Diebstahl, ¨e** robbery, theft (3)
drängen to push (7)
draußen outside (4)
dringlich urgent (11)
zu **dritt** in threes (2)
DRK - Deutsches Rotes Kreuz German Red Cross (2)

drücken (die Hand) to shake hands (2)
dunkel dark (4)
durch·geben,i,a,e to announce (5)
durch·streichen to cross out (4)
duzen to say *"du"* (2)

E

ebenfalls likewise (10)
der **Edelstein, -e** precious stone (6)
die **Ehe, -n** marriage (5)
eher sooner (9)
ehrlich honest (6)
das **Ei, -er** egg (9)
eigen own (4)
die **Eigenschaft, -en** characteristic (2)
ein·beziehen,o,o to include (6)
eindeutig unambiguous (3)
der **Einfluß, ¨sse** influence (5)
ein·führen to introduce (2)
der **Eingang, ¨e** entrance (3)
ein·greifen,i,i to intervene (8)
ein·halten,ä,ie,a (Diät) to go on a diet (9)
ein·holen to catch up with (11)
sich **einigen** to agree (3)
ein·laden,ä,ie,a to invite (7)
ein·packen to pack (4)
ein·reichen to hand in (8)
das **Einreisedatum, -daten** date of arrival (3)
ein·richten to furnish (8)
ein·schlafen,ä,ie,a to fall asleep (6)
ein·steigen,ie,ie to enter, get on (10)
ein·stellen to adjust (8)
einstimmig unanimously (5)
der **Eintopf, ¨e** stew (9)
ein·tragen,ä,u,a to enter (in writing) (3)
der **Einwand, ¨e** objection (11)
ein·willigen to consent, agree (6)
ein·zeichnen to draw in (4)
der **Einzug** move, moving in (4)
eisern iron (9)
das **Eiweiß** protein (9)
der **Elektrotechniker, -; die Elektrotechnikerin, -nen** electrical engineer (3)
elend desolate (5)
der **Ellbogen, -** elbow (9)
der **Empfang** welcome (6)
empfangen to receive (4)
die **Empfangsdame, -n** receptionist (2)
empfehlen,ie,a,o to recommend (3)
entfalten to develop (11)
entfernt distant (11)
enthalten,ä,ie,a to contain (6)
entlassen,ä,ie,a to dismiss (5)
die **Entscheidung, -en treffen** to make a decision (3)
sich **entschuldigen** to excuse oneself (8)
entsprechen,i,a,o to correspond to (2)
die **Entsprechung, -en** analogy (9)
enttäuschen to disappoint (5)
die **Enttäuschung, -en** disappointment (5)
die **Entwicklung, -en** development (11)
erarbeiten to work out (11)
erblich hereditary (7)
die **Erdbeere, -n** strawberry (9)
die **Erdnußbutter** peanut butter (9)
erfahren,ä,u,a to find out, learn (2)
erfinden,a,u to invent (5)
die **Erforschung** research (11)
erfragen to inquire (7)
ergänzen to expand (4)
das **Ergebnis, -se** result (3)
ergreifen (das Wort) to interrupt, to begin speaking (8)
erhalten,ä,ie,a to obtain, to receive (3)
die **Erinnerung, -en** memory (10)
erklären to explain, to pronounce (5)
sich **erkundigen** to inform oneself, to inquire (8)
erlauben to allow (11)
die **Erlaubnis, -se** permission (2)
das **Erlebnis, -se** experience (6)
der **Ernstfall, ¨e** emergency (11)
ernähren to feed (6)
die **Ernährung** food (9)
eröffnen to open (2)
erraten,ä,ie,a to guess (6)
der **Ersatzmann, -leute** substitute (2)
erschrecken,i,a,o to be frightened (6)
erschüttern to shock (11)
erschöpft exhausted (7)
das **Erstaunen** astonishment (5)
erstaunt sein to be surprised (10)
erstellen to institute (11)
der **Erwachsene, -n** adult (2)
erwähnen to mention (10)
erwarten to expect (3)
die **Erwartung, -en** expectation (5)
erwidern to respond (10)
erzählen to tell (6)
erzeugen to produce (11)
die **Erziehung** up-bringing (9)
essen,i,a,e to eat (6)
eventuell possibly (3)

F

das **Fachwerkhaus, ¨er** half-timbered house (4)
der **Faden, ¨** thread (10)
fähig capable (3)
falten to fold (8)
der/die **Familienangehörige, -n** family member (2)
der **Familienstand** marital status (3)
die **Fassung, -en** version, draft (11)
fehlen *(Dat.)* to lack (6); to be missing (7)
das **Fehlverhalten** misbehavior (7)
die **Feier, -n** celebration (9)
der **Feind, -e** enemy (6)
das **Feld, -er** field (4)
die **Fenchelknolle, -n** fennel (9)
die **Ferien** *(pl.)* vacation (4)
das **Fernsehmagazin, -e** television reportage (7)
das **Fernsehprogramm, -e** television listing (4)
fesselnd captivating (5)
festhalten,ä,ie,a to hold onto (2)
fest·stellen to find out, to ascertain (3)
das **Feuer, -** fire (6)
das **Fischstäbchen, -** fishstick (9)
fingiert fictitious (11)
das **Fleisch** meat (9)
die **Fliege, -n** fly (9)
die **Flucht** fleeing (2)
der **Fluß, ¨sse** river (4)
flüstern to whisper (7)
fortgeschritten advanced (7)
fort·fahren,ä,u,a to continue (4)
fort·gehen,i,a to go away (6)
die **Frechheit, -en** rudeness (8)
im **Freien** (out) in the open (4)
fressen,i,a,e to eat *(of animals)* (9)
die **Freude, -n** joy (5)
sich **freuen (über)** to be happy about
(auf) to look forward to (5)
der **Friedhof, ¨e** cemetery (2)
friedlich peaceloving, tranquil (6)
die **Frikadelle, -n** hamburger (9)
der **Frischkäse** cottage cheese (9)
fröhlich cheerful (5)
führen to conduct (4)
der **Führerschein, -e** driver's license (6)

das **Führungszeugnis, -se** certificate indicating a person has no police record (11)
füllen to fill (6)
furchtbar terrible (5)
furniert veneered

G

die **Gage, -n** remuneration, fee (11)
der **Gang, ¨e** course (9)
ganz whole (4)
das **Gebet, -e** prayer (9)
das **Gebiet, -e** area (3)
gebrauchen to utilize (3)
der **Geburtstag, -e** birthday (5)
gebürtig by birth (9)
die **Gedenkstätte, -n** memorial **(Wohn-, Wirkungs-)** place of residence and domain of influence (4)
geeignet sein to be qualified (2)
gefallen,ä,ie,a *(+Dat.)* to please (5)
das **Geflügel** fowl (9)
gefroren frozen (9)
das **Gefühl, -e** feeling (5)
die **Gegend, -en** area (4)
das **Gegenteil, -e** opposite (8)
gegenteilig opposing (9)
um etwas gehen,i,a to be a question of (6)
gehören to belong (2)
gekürzt shortened (4)
das **Gelenk, -e** joint (7)
gelten,i,a,o to hold true (4)
der **Gemahl, -e; die Gemahlin, -nen** consort (6)
das **Gemeinwohl** the common good (11)
gemeinsam together, common (4)
das **Gemüse, -** vegetable (9)
genau exact (3)
die **Genehmigung, -en** permit (3)
sich **genieren** to be embarrassed (7)
gerade even, straight (2)
geräuchert smoked (9)
das **Gericht, -e** dish (9)
gesalzen salted (9)
gesamt total (3)
geschehen,ie,a,e to happen, occur (6)
geschieden divorced (3)
die **Geschirrspülmaschine, -n** dishwasher (9)
der **Geschmack** taste (9)
das **Gesicht, -er** face (6)
die **Gesinnung, -en** opinion (11)
das **Gespenst, -er** ghost (6)
das **Gespräch, -e** conversation (2)
die **Geste, -n** gesture (6)
die **Gesundheit** health (7)
das **Getränk, -e** beverage (9)
getrocknet dried (9)
die **Gewalttätigkeit, -en** violence (11)
das **Gewicht** weight (9)
gewinnen,a,o to gain, win (2)
gewiß certain (3)
die **Gewohnheit, -en** habit (9)
gewöhnlich usually (9)
die **Gewürzgurke** dill pickle (9)
das **Gewürz, -e** spice (9)
gießen,o,o to water (11)
gleichgesinnt likeminded (7)
gleichmäßig even(ly) (4)
gleichzeitig simultaneously (10)
gleitend sliding (3)
gliedern to divide (4)
glänzen to glisten (6)
das **Glück** luck (6)
glücklich happy (5)
der **Grafiker, -; Grafikerin, -nen** graphic artist (3)
gräßlich disgusting (5)
gratulieren to congratulate (5)
die **Großantenne, -n** dish antenna (4)
der **Grund, ¨e** reason (5)
die **Grundlage, -n** basis (6)
gucken to look (6)
der **Gurkensalat** cucumber salad (9)
gütig kind (5)
gutmütig gentle (7)

H

das **Hackfleisch** ground meat (9)
die **Haferflocken** *(pl.)* oat meal (9)
das **Hähnchen, -** frying chicken (9)
der **Haken, -** check mark (9)
halten,ä,ie,a (von) to have an opinion of (3)
an Hand der Ergebnisse according to the results (7)
der **Händedruck** handshake (2)
sich **handeln um** to be a question of (6)
die **Handlung, -en** action (11)
der **Haufen, -** heap (10)
die **Häufigkeit** frequency (4)
das **Haupt, ¨er** head (6)
der **Hauswirt, -e;** die **Hauswirtin, -nen** landlord, landlady (2)
heben,o,o to lift (7)
heften to attach (7)
heftig passionately (6)
der **Heilzweck, -e** therapeutic purpose (4)
die **Heimatstadt, ¨e** hometown (4)
heiraten to marry (10)
die **Heiratsanzeige, -n** personal advertisement (5)
der **Held, -en; die Heldin, -nen** hero (6)
heraus·geben to publish (9)
herrlich lovely (5)
herum·reichen to pass around (9)
die **Hexe, -n** witch (6)
das **Hindernis, -se** obstacle (6)
hinzu·fügen to add (10)
der **Hocker, -** stool (8)
die **Hoffnung, -en** hope (11)
höflich polite (2)
holen to get, fetch (2)
das **Holz** wood (6)
der **Holzhacker, -** woodchopper, lumberjack (6)
der **Hügel, -** hill (4)
das **Hühnchen, -** chicken (9)
die **Hühnerkeule, -n** chicken drumstick (9)
der **Hummer, -** lobster (9)

I

imponieren to impress (6)
der **Inhaber, -;** die **Inhaberin, -nen** storeowner (8)
das **Inhaltsverzeichnis, -se** table of contents (5)
der **Innenarchitekt, -en; die Innenarchitektin, -nen** interior decorator (4)
die **Innenpolitik** domestic politics (10)
das **Inserat, -e** advertisement (3)
die **Inventur, -en** inventory (8)
irreführend deluding (10)
sich **irren** to be mistaken (8)

J

jeweilig respective (2)
jeweils each (8)
der/die **Jugendliche, -n** youth (10)
der **Jurist, -en; die Juristin, -nen** lawyer (4)

K

das **Kalbsschnitzel, -** veal cutlet (9)
die **Kante, -n** edge (9)
die **Kantine, -n** cafeteria (3)
die **Kapern** *(pl.)* capers (9)
die **Kartoffel, -n** potato (9)
der **Kartoffelbrei, -e** mashed potatoes (9)
das **Kartoffelpüree, -s** mashed potatoes (9)
das **Kartoffelpulver** potato flakes (9)
der **Kasseleraufschnitt** sliced baked ham (9)
der **Kasten, ¨** box (8)
der **Kefir** kind of yoghurt (9)

das **Kernkraftwerk, -e** nuclear power plant (11)
die **Kette, -n** chain (9)
die **Kiefer, -n** pine (8)
der **Kieselstein, -e** gravel (6)
klären to clear up (7)
klatschen to clap (7)
kleben to glue (8)
das **Kloster, ¨** monastery (2)
klug smart (7)
der **Knabe, -n** boy (6)
das **Knäckebrot** Swedish rye crisp (9)
das **Knäuel, - (Garn)** ball of yarn (10)
das **Knie, -** knee (7)
der **Knoblauch** garlic (9)
das **Knöchelchen, -** little bone (6)
das **Knusperhäuschen, -** gingerbread house (6)
das **Kohlehydrat, -e** carbohydrate (9)
der **Kollege, -n; die Kollegin, -nen** colleague (3)
komisch strange (6)
der **Kommilitone, -n;** die **Kommilitonin, -nen** fellow-student (2)
das **Kompott** compote (9)
die **Konditorei, -en** confectioner (9)
kontern to counter (11)
das **Kopfnicken** nodding of head (6)
der **Kopfsalat, -e** head lettuce (9)
körnig granular
körperlich physical (9)
köstlich delightful (5)
das **Kraftwerk -e** power plant (11)
die **Krebsschale, -n** crabshells (6)
der **Kreis, -e** circle (8)
das **Krümchen, -** little crumb (6)
der **Kuchen -** cake (9)
das **Kuckucksei, -er** "cuckoo's egg" unwelcome or fateful gift (11)
sich **kümmern um** to be concerned about (11)
kündigen to give notice (3)
der **Künstler, -,** die **Künstlerin, -nen** artist (11)
der **Kursus, -e** course (7)

L

lächerlich ridiculous (11)
der **Laden, ¨** store (8)
die **Lage, -n** situation (6)
auf Lager haben to have on hand (8)
der **Landwirt, -e** farmer (11)
die **Langeweile** boredom (5)
langweilig boring (7)
der **Lärm** noise (11)
die **Lärmbelästigung** noise pollution (11)
im **Laufe** during (6)
die **Laune, -n** mood (5)
die **Lautmalerei** onomatopoeia (6)
lautstark loud (11)
die **Lautstärke, -n** volume, decibel level (11)
die **Lebensgeschichte, -n** life story (2)
der **Lebenslauf, ¨e** resumé (2)
der **Leberkäse** meatloaf, pâté (9)
lebhaft lively (7)
ledig single (3)
leer empty (9)
legen to lay (4)
das **Lehrbuch, ¨er** textbook (8)
leicht light (8)
leiden,i,i, (gut) to like (5)
leid tun (es tut mir leid) I am sorry (8)
leihen,ie,ie to lend (2)
der **Leistungsdruck** competitiveness, pressure to achieve (8)
leistungsfähig efficient (11)
leiten to lead (3)
der **Leitgedanke, -n** principle (11)
der **Lesestoff, -e** reading material (4)
das **Lichtbild, -er** photo (3)
Lieblings- favorite (4)
liefern to deliver (4)
links left (8)
die **Linse, -n** lentil (9)
locker relaxed
sich **lohnen** to be worthwhile (7)
das **Los, -e** raffle ticket **durch — entscheiden** to decide by lot (11)
der **Luftangriff, -e** aerial bombing (2)
der **Luftkurort, -e** health resort (4)
der **Luftpirat, -en** airplane highjacker (2)
die **Lüge, -n** lie (10)
lügen,o,o to lie (10)
lustig funny (6)
lösen to solve (7)

M

der **Magen, ¨** stomach (9)
mager low-fat (9)
der Magerquark low-fat cottage cheese (9)
die **Mahlzeit, -en** mealtime (9)
malen to draw, illustrate (6)
mangelnd insufficient (8)
mannigfaltig diverse (4)
die **Mannschaft, -en** team (2)
das **Maß, -e** amount (11)
massiv solid (8)
die **Maßnahme, -n** (ergreifen) (to take) measure (11)
das **Märchen, -** fairytale (6)
der **Meerrettich** horseradish (9)
das **Mehl** flour (9)
meinen to think, mean, believe (7)
die **Meinung, -en** opinion (9)
der **Meinungsaustausch** exchange of ideas (9)
die **Menge, -n** amount (8)
die **Mensa, -sen** university cafeteria (8)
menschenscheu timid, shy (7)
messen to measure (7)
die **Metzgerei, -en** butcher (8)
die **Miene, -n** facial expression (5)
die **Miete, -n** rent (5)
der **Mieter, -;** die **Mieterin, -nen** tenant(8)
der **Mietvertrag, ¨** lease (11)
die **Minderheit, -en** minimum (11)
mindestens at least (5)
mischen to mix (4)
das **Mißfallen** displeasure (5)
mißmutig in bad mood, reluctant (7)
das **Mißverständnis, -se** misunderstanding
das **Mitgefühl** sympathy (5)
das **Mitglied, -er** member (2)
das **Mitleid** sympathy, compassion (5)
der **Mitstudent, -en** fellow student (10)
die **Mitte** middle (8)
mitteilen to inform (5)
mittelalterlich middle-aged (4)
mit·schreiben,ie,ie to take dictation (4)
mit·teilen to inform, make known (7)
das **Möbel, -** (piece of) furniture (8)
die **Möhre, -n** carrot (9)
der **Mondschein** moonlight (6)
der **Mord, -e** murder (11)
das **Morgenrot** light of dawn (6)
die **Mühe, -n** care (11)
der **Müll** garbage (11)
die **Müllabfuhr** garbage collection (11)
der **Müllkutscher, -** garbage collector (11)
der **Mund, ¨er** mouth (5)
mündlich orally (6)
munter sprightly (5)
das **Muster, -** pattern

N

der **Nachbar, -n; die Nachbarin, -nen** neighbor (5)
der **Nachbarort, -e** neighboring town (4)
nach·denken,a,a (über) to think about (6)
nach·fragen to inquire (3)

nach·laufen,ä,ie,au to run after (8)
die **Nachricht, -en** news (5)
nach·schauen look and see (3)
nach·schlagen,ä,u,a to look up (8)
nächst next (7)
nach·zeichnen to copy (11)
der **Nährstoff, -e** nutrient (9)
das **Nahrungsmittel, -** food, provisions (9)
das **Nashorn, -̈er** rhinoceros (4)
das **Nebenthema, -themen** subtopic (10)
nennen,a,a to name (3)
nett nice (5)
neulich recently (6)
der **Neuling, -e** new person, greenhorn (3)
nichtzutreffend not applicable (9)
niedrig low ()
die **Note, -n** grade, mark (5)

O

der **Oberkörper, -** torso (7)
das **Obst** fruit (9)
die **Öffentlichkeit** public (10)
die **Ordnung** order
in Ordnung sein to be correct (8)

P

paniert breaded (9)
die **Paprikaschote, -n** green peppers (9)
passabel tolerable (5)
passend appropriate (3)
pauken to study, cram (4)
peinlich embarrassing (5)
die **Pellkartoffel, -n** potatoes in their skins (9)
die **Petersilie** parsley (9)
der **Personalausweis, -e** identification card (2)
die **Personalien** *(pl.)* personal data (2)
die **Persönlichkeit, -en** personality (10)
die **Perücke, -n** wig (10)
der **Pfahl, -̈e** pole (6)
der **Pfannkuchen, -** pancake (9)
der **Pfarrer, -** minister (11)
pfiffig tricky (5)
die **Pflaume, -n** plum (9)
das **Pflichtfach, -̈er** required course (11)
der **Pilz, -e** mushroom (9)
plötzlich suddenly (5)
der **Porree** leek (9)
preiswert cheap (8)
die **Promotion** Ph.D., doctorate (3)
der **Puls, -e** pulse (7)
der **Puter, -**; die **Pute, -n** turkey (9)
putzen to clean (9)

Q

die **Quelle, -n** source (11)
quer across (4)

R

das **Radieschen, -** red radish (9)
die **Rakete, -n** rocket (9)
die **Rangfolge, -n** order of priority (10)
der **Rasen** lawn (11)
der **Ratschlag, -̈e** advice (6)
der **Raubbau** depletion, erosion (7)
reagieren to react (3)
die **Rechnung, -en** bill (8)
das **Recht, -e** right, law (11)
recht right, proper (12)
rechtzeitig in time (11)
der **Redakteur, -e,** die **Redakteurin, -nen** editor (7)
der **Redefluß** flow of talk (11)
das **Redemittel, -** conversational strategy (2)
die **Redewendung, -en** expression, idiom (2)
der **Redner, -;** die **Rednerin, -nen** speaker (11)
das **Referat, -e** report (5)
das **Reich, -e** kingdom, empire (6)
die **Reihe, -n** row
an die **Reihe kommen** to have a turn (7)
die **Reihenfolge, -n** order (4)
rein pure (7)
die **Reinigung** cleaning, the cleaner's (8)
der **Reiseleiter, -;** die **Reiseleiterin, -nen** tour guide (4)
reizend charming (5)
reizvoll enticing (5)
reklamieren to complain (8)
der **Rentner, -; die Rentnerin, -nen** retired person (8)
die **Reparaturwerkstatt, -̈en** car repair shop (8)
der **Rettich, -e** white radish (9)
richten to turn (4)
der **Richter, -** judge (3)
richtig correct(ly) (4)
die **Richtung, -en** direction (6)
riesengroß gigantic (6)
riesig tremendous(ly) (5)
das **Rindfleisch** beef (9)
die **Rindfleischsülze** head cheese (9)
der **Ritter, -** knight (4)
das **Rollenspiel, -e** role-play (2)
der **Rücken, -** back (7)
die **Rückfrage, -n** feedback question (4)
die **Rückkehr** return (6)
rufen,ie,u to call (6)
die **Ruhe** rest, peace (6)
das **Rührei, -er** scrambled egg (9)
rülpsen to burp (9)

S

der **Saal, Säle** room (6)
die **Sahne** cream (9)
sammeln collect (2)
sämtlich each and all (4)
der **Satz, -̈e** sentence (6)
sauber clean (11)
sauber·lecken to lick clean (9)
sauer sour (8)
die **Sauerkirsche, -n** sour cherry (9)
das **Schach** chess (4)
die **Schachtel, -n** box (7)
schaffen to make, to accomplish (11)
schälen to peel (9)
der **Schatz, -̈e** treasure (6)
schauen to look at (4)
schaukeln to rock (9)
schaumig fluffy (9)
der **Scheinwerfer, -** headlight (8)
scheußlich atrocious (5)
schieben,o,o to shove (6)
der **Schiedsrichter, -** referee (11)
schildern to describe (7)
der **Schinken** ham (9)
schlachten to slaughter (6)
die **Schlaflosigkeit** sleeplessness (7)
die **Schlagader, -n** artery (7)
schlagen,ä,u,a to hit (10)
die **Schlagsahne** whipped cream (8)
schlampig sloppy (8)
die **Schlange, -n (stehen)** to stand in line (8)
schlimm bad (7)
das **Schloß, -̈sser** castle (6)
der **Schlosser** locksmith (11)
schlürfen to slurp (9)
der **Schluß, -̈sse** end (7)
die **Schlußfolgerung, -en** conclusion (10)
das **Schmalz** lard (9)
schmatzen to smack (9)
schmecken to taste (8)
der **Schmelzkäse** cheese spread (9)
der **Schmerz, -en** pain (5)
der **Schmutz** filth (11)
der **Schneebesen,-** wire whisk (9)
schneiden,i,i to cut (4)
der **Schnellimbiß, -sse** fast food restaurant (9)
die **Schnellimbißkette, -n** fast food chain (9)

der **Schnittkäse** (hard) cheese (9)
der **Schornstein, -e** chimney (6)
der **Schornsteinfeger, -; die Schornsteinfegerin, -nen** chimney sweep (11)
schrecklich terrible (5)
schreien,ie,ie to shout (8)
der **Schritt, -e** step (4)
die **Schulbehörde, -n** school administration (9)
die **Schuld** fault, guilt (5)
die **Schulter, -n** shoulder (7)
das **Schürzchen, -** apron (6)
schützen to protect (11)
die **Schwäche, -n** weakness (7)
das **Schweinchen, -** little pig (6)
der **Schweinebraten, -** pork roast (9)
das **Schweinskotelett, -s** pork chop (9)
schwer (Unfall) serious (6)
schwerhörig hard of hearing (8)
schwindlig dizzy (7)
die **Sehenswürdigkeit, -en** tourist attraction (4)
seitwärts sideways (7)
die **Selbstlosigkeit** selflessness (11)
die **Selbstständigkeit** independence (11)
der **Senf** mustard (9)
senkrecht vertical (7)
sicherlich surely (7)
sichern to guarantee (6)
sieden to boil (6)
der **Sieger, -** winner (5)
siezen to say "Sie" (2)
die **Silbe, -n** syllable (11)
die **Sitzung, -en** meeting (11)
sofort immediately (4)
sonderbar special (6)
sonstiges other, miscellaneous (9)
die **Sorge, -n** worry, concern (5)
sorgen für to provide for (11)
sich **Sorgen machen über** to be concerned about (7)
sorgfältig carefully (6)
die **Spalte, -n** column (7)
spannend thrilling (5)
sparen to save (8)
spät late (8)
der **Speck** bacon (8)
die **Speise, -n** food, meal (8)
die **Speisekarte, -n** menu (9)
spießig narrow-minded (10)
das **Spiegelei, -er** fried egg (9)
der **Spinat** spinach (9)
der **Spitzname, -n** nickname (7)
die **Sprechblase, -n** cartoon bubble (5)
der **Sprecherwechsel, -** turn-at-talk (5)
die **Sprechfertigkeit** fluency (6)
das **Sprichwort, -¨er** proverb (9)
die **Staatsangehörigkeit, -en** citizenship (2)
der **Stadtbummel, -** city stroll (4)
der **Stadtplan, -¨e** city map (4)
der **Stadtrat** city council (11)
der **Stamm, -¨e** stem, trunk (9)
ständig constantly (8)
der **Stapel, -** pile (4)
stark strong (8)
die **Stärke** strength (11)
statt·finden,a,u to take place (6)
stecken to put; to be stuck (5)
stehlen,ie,a,o to steal (5)
steigen,ie,ie to climb (5)
steigern to increase (7)
die **Stelle, -n** place
an Ihrer **Stelle** in your position, in your place (7)
auf der **Stelle** in one place (7)
das **Stellenangebot, -e** job offer (2)
die **Stellungnahme, -n** point of view (11)
der **Stellvertreter, -** representative (4)
sterben,i,a,o to die (6)
das **Steuer** steering wheel (6)
steuern to direct (4)
die **Stichflamme, -n** darting flame (6)
stichpunktartig in key words (3)
die **Stimme, -n** voice (5)
stimmungsvoll picturesque (4)
das **Stipendium, -ien** scholarship (3)
stolz proud (4)
stören to disturb (8)
das **Straßenblatt, -¨er** tabloid (4)
der **Strand, -¨e** beach (4)
strecken to stretch out (7)
der **Streit, -e** argument (5)
streng strict (4)
der **Stuhl, -¨e** chair (8)
das **Suppengrün** prepackaged soup vegetables (9)
sympathisch congenial (5)
die **Szene, -n** scene (5)

T

tabellarisch in table form (2)
der **Tagesplan, -¨e** daily schedule (4)
das **Tal, -¨er** valley (4)
die **Tankstelle, -n** gas station (6)
das **Taschenbuch, -¨er** paperback book (4)
der **Täter, -** culprit (6)
die **Tätigkeit, -en** activity (6)
die **Taube, -n** dove (6)
der **Teig, -e** dough (6)
der **Teil, -e** part, section (4)
die **Teilnahme** participation (6)
der **Termin, -e** appointment (3)
teuer expensive (8)
der **Teufel, -** devil (9)
die **Tischmanieren** *(pl.)* table manners (9)
tja *(expressive particle)* so, well (8)
das **TK-Paket (Tiefkühlpaket)** frozen food package (9)
die **Todesstrafe, -n** death sentence (11)
toll fantastic (6)
das **Tomatenmark** tomato paste (9)
das **Tonband, -¨er** tape, cassette tape (2)
der **Tonfall** cadence (5)
die **Torte, -n** layer cake (9)
töten to kill (6)
traumhaft dreamy (5)
traurig sad (5)
der **Trauschein, -e** marriage license (10)
das **Treffen, -** meeting (8)
treffen,i,a,o to meet (6)
der **Treffpunkt, -e** meeting place (4)
die **Treffzeit, -en** meeting time (4)
treiben,ie,ie (Sport) to take part in sports (7)
die **Treue** trust, fidelity (10)
trimmen to exercise for fitness (7)
die **Trockenmilch** dried milk (9)
trostlos wretched (5)
trösten to console (6)

U

üben to practice (7)
überein·stimmen to agree (7)
überfordert overwhelmed (7)
der **Übergang, -¨e** transfer (11)
überprüfen to check (8)
überrascht surprised (5)
die **Überraschung** surprise (5)
überreden to convince (11)
übersehen,ie,a,e to oversee (6)
übertreiben,ie,ie to exaggerate (6)
über·wechseln to switch over (4)
überwiegen,o,o to exceed, be the majority
überwinden,a,u to overcome (6)
überzeugen to convince (10)

die **Überzeugung, -en** conviction (11)
die **Uhrzeit, -en** time (4)
die **Umfrage, -n** inquiry (3)
umgehen to evade (3)
umgekehrt upside down (4)
um·graben,ä,u,a to dig up (9)
um·räumen to rearrange (4)
der **Umschlag, ¨-e** envelope (8)
die **Umwelt** environment (11)
unabhängig independent (11)
unbedingt absolute(ly) (3)
unerschöpflich unlimited (11)
unerwartet unexpected(ly) (10)
der **Unfall, ¨-e** accident (6)
ungefähr approximately (9)
das **Unglück** misfortune (5)
unheimlich terribly (5)
unmöglich impossible (5)
unterbrechen,i,a,o to interrupt (3)
die **Unterkunft, ¨-e** lodging (3)
die **Unterlagen** *(pl.)* dossier (3)
unternehmen,i,a,o to undertake (4)
das **Unternehmen, -** company, corporation (3)
der **Unternehmensberater, -** consultant (3)
der **Unterschied, -e** difference (6)
unterschreiben,ie,ie to sign (7)
die **Unterschrift, -en** signature (3)
unterstützen to support (11)
unterwegs on the way (6)
die **Unverschämtheit, -en** impudency, nerve (8)
die **Urfassung, -en** original version (6)
die **Ursache, -n** cause (11)
ursprünglich original (4)

V

sich **verabreden** to make a date (2)
die **Verabredung, -en** appointment (8)
verachten to be contemptuous of (11)
der **Veranstaltungskalender, -** calender of events (5)
verarbeiten to process (2)
verärgert angry (5)
verbergen,i,a,o to conceal (6)
verbessern to improve (7)
verbinden,a,u to join (10)
die **Verbindung, -en** union (11)
das **Verbot, -e** prohibition (11)
verbrauchen to use up (8)
das **Verbrechen, - begehen,i,a** to commit a crime (3)
verbrennen,a,a to burn up (6)
verbringen,a,a to spend (4)
verderben,i,a,o to spoil (9)
verdienen to earn (4)
verdrücken to put away, eat (7)
der **Verein, -e** club (2)
verflixt nasty, hexed (11)
zur **Verfügung stehen** to be available (11)
vergleichen,i,i to compare (3)
vergraben,ä,u,a bury (7)
verhaften to arrest (5)
sich **verhalten,ä,ie,a** to act (6)
verheiratet married (3)
sich **verirren** to get lost (6)
verkaufen to sell (6)
das **Verkehrsamt, ¨-er** city tourist office (3)
verkennen,a,a to fail to recognize (11)
verkünden to announce (3)
der **Verkäufer, -; die Verkäuferin, -nen** salesperson (3)
verlangen to ask, demand (8)
verlassen,ä,ie,a to leave (4)
verlaufen,äu,ie,au to run, proceed (2)
verleihen,ie,ie to award (5)
verletzen to injure (6)
vermeiden,ie,ie to avoid (5)
vermessen,i,a,e to measure, to survey (1)
die **Verpestung** pollution (11)
verschieben,o,o postpone (7)
verschließen,o,o to lock (6)
die **Verschmutzung** pollution (8)
verschränken to cross (7)
das **Versehen** mistake (2)
aus Versehen by mistake (2)
sich **versichern** to assure oneself (10)
verstecken to hide (6)
verstehen,a,a to understand (4)
verständnisvoll understanding (7)
versuchen to try (7)
vertauschen to exchange (5)
verteidigen to defend (9)
verteilen to distribute (10)
vertreten,i,a,e to represent (3)
der **Vertreter, -** representative (2)
die **Verwaltung, -en** administration (2)
verwandeln to convert (11)
der/die **Verwandte, -n** relative (2)
verwenden to utilize (4)
verwitwet widowed (3)
verzagt dejected (5)
die **Verzögerung, -en** hesitation (6)
die **Verzweiflung** despair (5)
zu viert in fours (2)
vollkommen completely (5)
das **Vollkornbrot** whole grain bread (9)
vollwertig nutritious (7)
vollzählig complete (2)
vor·bereiten to prepare (2)
die **Vorbereitung, -en** preparation (3)
vor·bringen,a,a to put forth (11)
der **Vorgarten, ¨-** front lawn (11)
vorgestern the day before yesterday (8)
vor·haben to intend, plan to do (4)
vorhanden sein to be present (8)
vor·kommen,a,o to occur, to be found (6)
vor·lesen,ie,a,e to read out loud (5)
vornehm elegant (9)
der **Vorschlag, ¨-e** suggestion (7)
vor·stellen to introduce (2)
die **Vorstellung, -en** conception (10)
das **Vorstellungsgespräch, -e** interview (2)
der **Vortrag, ¨-e** lecture (11)
vor·werfen,i,a,o to blame (5)

W

das **Wachstum** growth (11)
der **Waffenbesitz** ownership of weapons (11)
wählen to choose (3)
wahnsinnig insanely, (5); awfully, terribly (8)
wahren to maintain (7)
die **Wahrheit, -en** truth (6)
der **Wald, ¨-er** forest (4)
die **Ware, -n** ware (8)
wechseln to change (10)
sich **auf den Weg machen** to get on one's way (6)
weich soft (9)
weinen to cry (6)
die **Weisheit** wisdom (11)
der **Weizenkeim, -e** wheat germ (9)

die **Weizenkleie** wheat bran (9)
die **Wellenlänge, -n** wavelength (10)
wellig undulating (4)
wenden,a,a to turn (6)
der **Werbespot, -s** commercial (11)
werfen,i,a,o to throw (8)
wiegen,o,o to weigh (8)
die **Willenskraft** willpower (9)
der **Wirbelsturm, ¨-e** tornado (8)
wirken to have an effect (11)
wirtschaftlich economic (11)
das **Wissen** knowledge (11)
witzig witty (5)
die **Wohngemeinschaft, -en** communal living, group house (2)
wohnhaft residing in (2)
die **Wortschatzerweiterung** vocabulary development (2)
die **Wortwahl** choice of words (11)
wünschen to wish (6)
der **Würfel, -** die (dice) (5)

Z

die **Zahl, -en** number (3)
zahlreich numerous (4)
zeigen to show (3)
die **Zeitgrenze, -n** time limit (2)
die **Zeitschrift, -en** magazine (7)
der **Zeitungskiosk, -e** newsstand (8)
die **Zensur, -en** grade, mark (11)
zerbröseln to crumble (6)
zerschlagen,ä,u,a to smash (11)
der **Zettel, -** slip of paper (7)
das **Zeugnis, -se** certificate, diploma (3)
das **Ziel, -e** goal, aim (4)
die **Zielgruppe, -n** target group (11)
ziemlich rather (8)
der **Zimmergenosse, -n; die Zimmergenossin, -nen** roommate (2)
zögern to hesitate (10)
zu·bereiten to prepare (9)
zufrieden·stellen to appease (8)
zu·geben,i,a,e to confess (5)
auf jmnd. **zu·gehen** to go up to someone (2)
zügig swift (7)
der **Zuhörer, -** listener (6)
zu·lassen,ä,ie,a to accept (11)
die **Zulassung, -en** acceptance (11)
zurecht·machen to prepare (6)
zurück·legen to cover (a distance) (4); to put (lay) back (4)
die **Zusage, -n** acceptance (8)
zusammen·stellen to compile (2)
der **Zuschauer, -; die Zuschauerin, -nen** spectator (7)
zusätzlich additional (2)
zu·teilen to bestow (5)
zu·treffen,i,a,o to hold true (9)
zweckmäßig appropriate (7)
der **Zweifel, -** doubt (3)
zu zweit in twos (2)
der **Zwieback** dry crackers (like Melba toast)
die **Zwiebel, -n** onion
zwingen to force (11)

CREDITS AND PERMISSIONS

Photographs

Owen Franken/Stock Boston 82 (bottom), 128; German Information Center 43, 47, 66 (two photos), 67, 82 (top), 95, 97 (2 photos), 150, 178/79, 181, 182, 199 (two photos); Arthur Grace/Stock Boston 83 (bottom); Ellis Herwig/ Stock Boston 84 (bottom); Uta Hoffmann 23, 149, 187, 200; Herlinde Koelbl/Kay Reese & Associates, Inc. 26; Rafael Millán 120; Mary Beechy Pfeiffer 36; Judy Poe 70, 129, 192; Eckhard Supp/Kay Reese & Associates, Inc. 198 (top); Ulrike Welsch 7, 23, 167, 198 (top)

Permissions

P. 62 and 63: map and legend adapted from material provided by the Verkehrsverein Nürnberg e.V.

P. 90: Peanuts cartoon used with permission by United Features Syndicate Inc.

P. 99 and 100: Illustrations reproduced and adapted from: *Grimms Märchen/Grimm's Fairy Tales* ed. Willy Schumann. Cambridge (Suhrkamp/ Insel Publishers Boston, Inc.) 1982. Reprinted with permission.

P. 105 (bottom): Story adapted from Janosch, *Der Räuber und der Leiermann* Reinbek bei Hamburg (Rowohlt) 1972. Used with permission by the author.

P. 113: Test: Wie gesund leben Sie? Reprinted from *Fit und gesund durchs ganze Jahr*, Sonderheft 1984. With permission by BPV Medweth & Co. Stans, Switzerland

P. 117: Letters reprinted from various issues of *Brigitte*. With permission by Brigitte-Syndication.

P. 139: Cartoon reprinted from *Eulenspiegel* Nr. 28, 1984. With kind permission by the artist, Barbara Henniger.

P. 147: "Was wir essen." Reprinted from *Scala Jugendmagazin*, Issue of Dec. 6, 1981. With permission by the publisher.

P. 153: Cartoon reprinted from Wolfgang Mieder, *Antisprichwörter* Wiesbaden (Verlag für deutsche Sprache) 1982. With permission by the publisher.

P. 160: Recipe for "Kartoffelsuppe" reprinted from *Unvergessene Küche*, Hamburg (Verlag Gruner + Jahr AG) 1979. With permission by the publisher.

P. 161: Recipe for "Apfelkuchen" reprinted from *Scala Jugendmagazin* issue of Feb. 1, 1980. With permission by the publisher.

P. 173: LORIOT (Vicco v. Bülow) "Das Ei" Reprinted from *Scala Jugendmagazin*, Sept./Okt. 1984. With permission by the original publisher, Diogenes Verlag, Zürich.

P. 179: Poster with Mermaid used with kind permission by the artist, Jan Peter Lichtenford, JPL Graphik-Design Mettmann.

P. 205: Cartoon by Jacques Faizant, reprinted (without text) from *Le Point*, No. 382, 14 Janvier 1980. With permission by Christiane Charillon.

Konversationsspiel

✂ ZUM AUSSCHNEIDEN

1A — GESPRÄCHE ERÖFFNEN

Darf ich Herrn Schmidt sprechen?
Selbst am Apparat

1A **Darf ich Herrn Schmidt sprechen?**
1B Darf ich Frau Heller sprechen?
1C Darf ich vorstellen: Herr Schmidt—Fräulein Baum.
1D Grüß dich!

1B — GESPRÄCHE ERÖFFNEN

Darf ich Frau Heller sprechen?
Sie ist im Moment nicht zu Hause. Darf ich was ausrichten?

1A Darf ich Herrn Schmidt sprechen?
1B **Darf ich Frau Heller sprechen?**
1C Darf ich vorstellen: Herr Schmidt—Fräulein Baum.
1D Grüß dich!

1C — GESPRÄCHE ERÖFFNEN

Darf ich vorstellen: Herr Schmidt—Fräulein Baum.
Freut mich

1A Darf ich Herrn Schmidt sprechen?
1B Darf ich Frau Heller sprechen?
1C **Darf ich vorstellen: Herr Schmidt—Fräulein Baum.**
1D Grüß dich!

1D — GESPRÄCHE ERÖFFNEN

Grüß dich!
Grüß dich! Ich habe dich schon lange nicht mehr gesehen!

1A Darf ich Herrn Schmidt sprechen?
1B Darf ich Frau Heller sprechen?
1C Darf ich vorstellen: Herr Schmidt—Fräulein Baum.
1D **Grüß dich!**

2A — UM AUSKUNFT BITTEN

Darf ich fragen, was das kostet?
Moment, ich schaue mal nach.

2A **Darf ich fragen, was das kostet?**
2B Könnten Sie mir bitte sagen, wann der letzte Bus fährt?
2C Ich hätte gern gewußt, wie dieses Gebäude heißt.
2D Verzeihen Sie, ich möchte wissen, wie ich zur Oper komme.

2B — UM AUSKUNFT BITTEN

Könnten Sie mir bitte sagen, wann der letzte Bus fährt?
Das weiß ich nicht.

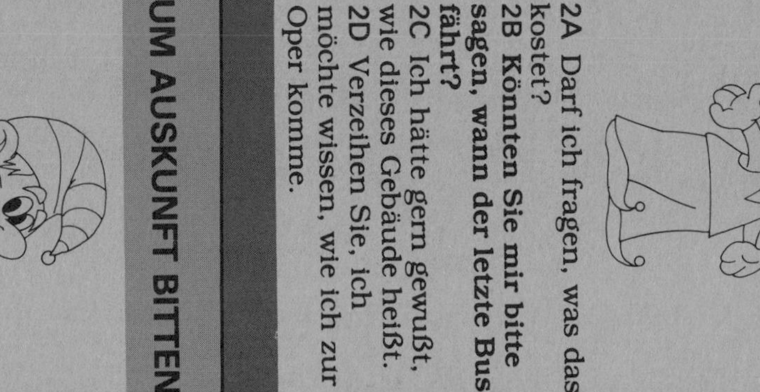

2A Darf ich fragen, was das kostet?
2B **Könnten Sie mir bitte sagen, wann der letzte Bus fährt?**
2C Ich hätte gern gewußt, wie dieses Gebäude heißt.
2D Verzeihen Sie, ich möchte wissen, wie ich zur Oper komme.

QUARTETT SPIEL

QUARTETT SPIEL

QUARTETT SPIEL

QUARTETT SPIEL

QUARTETT SPIEL

QUARTETT SPIEL

2D UM AUSKUNFT BITTEN

Verzeihen Sie, ich möchte wissen, wie ich zur Oper komme.
Also, passen Sie auf, ich erkläre es Ihnen.

2A Darf ich fragen, was das kostet?
2B Könnten Sie mir bitte sagen, wann der letzte Bus fährt?
2C Ich hätte gern gewußt, wie dieses Gebäude heißt.
2D Verzeihen Sie, ich möchte wissen, wie ich zur Oper komme.

3B AUFFORDERN UND PLANEN

Wie wär's, wenn wir eine Radtour machten?
Nein das geht nicht, mein Rad ist kaputt!

3A Komm doch mit!
3B Wie wär's, wenn wir eine Radtour machten?
3C Nehmen Sie das Hemd?
3D Sonst noch was?

3D AUFFORDERN UND PLANEN

Sonst noch was?
Danke, das wär's.

3A Komm doch mit!
3B Wie wär's, wenn wir eine Radtour machten?
3C Nehmen Sie das Hemd?
3D Sonst noch was?

2C UM AUSKUNFT BITTEN

Ich hätte gern gewußt, wie dieses Gebäude heißt.
Da bin ich überfragt.

2A Darf ich fragen, was das kostet?
2B Könnten Sie mir bitte sagen, wann der letzte Bus fährt?
2C Ich hätte gern gewußt, wie dieses Gebäude heißt.
2D Verzeihen Sie, ich möchte wissen, wie ich zur Oper komme.

3A AUFFORDERN UND PLANEN

Komm doch mit!
Nein, erstens ist es zu teuer und zweitens habe ich keine Zeit.

3A Komm doch mit!
3B Wie wär's, wenn wir eine Radtour machten?
3C Nehmen Sie das Hemd?
3D Sonst noch was?

3C AUFFORDERN UND PLANEN

Nehmen Sie das Hemd?
Das muß ich mir noch überlegen.

3A Komm doch mit!
3B Wie wär's, wenn wir eine Radtour machten?
3C Nehmen Sie das Hemd?
3D Sonst noch was?

QUARTETT SPIEL

QUARTETT SPIEL

QUARTETT SPIEL

QUARTETT SPIEL

QUARTETT SPIEL

QUARTETT SPIEL

4A

Was ist denn los?
Ach, ich bin im Examen durchgefallen!

MITGEFÜHL ZEIGEN

4A **Was ist denn los?**
4B Ich fühle mich nicht wohl.
4C Vielen Dank!
4D Das tut mir furchtbar leid!

4B

Ich fühle mich nicht wohl.
Kann ich dir irgendwie helfen?

MITGEFÜHL ZEIGEN

4A Was ist denn los?
4B **Ich fühle mich nicht wohl.**
4C Vielen Dank!
4D Das tut mir furchtbar leid!

4C

Vielen Dank!
Gern geschehen!

MITGEFÜHL ZEIGEN

4A Was ist denn los?
4B Ich fühle mich nicht wohl.
4C **Vielen Dank!**
4D Das tut mir furchtbar leid.

4D

Das tut mir furchtbar leid!
Ist schon gut!

MITGEFÜHL ZEIGEN

4A Was ist denn los?
4B Ich fühle mich nicht wohl.
4C Vielen Dank!
4D **Das tut mir furchtbar leid!**

5A

Weißt du was, ich habe ein «A» in Deutsch bekommen!
Mensch, ich gratuliere.

ERZÄHLEN

5A **Weißt du was, ich habe ein «A» in Deutsch bekommen!**
5B Du, hast du gehört, was passiert ist?
5C Ich habe eine Reise nach Deutschland gewonnen!
5D Du, hörst du mir überhaupt zu?

5B

Du, hast du gehört, was passiert ist?
Nein, was denn?

ERZÄHLEN

5A Weißt du was, ich habe ein «A» in Deutsch bekommen!
5B **Du, hast du gehört, was passiert ist?**
5C Ich habe eine Reise nach Deutschland gewonnen!
5D Du, hörst du mir überhaupt zu?

QUARTETT SPIEL

QUARTETT SPIEL

QUARTETT SPIEL

QUARTETT SPIEL

QUARTETT SPIEL

QUARTETT SPIEL

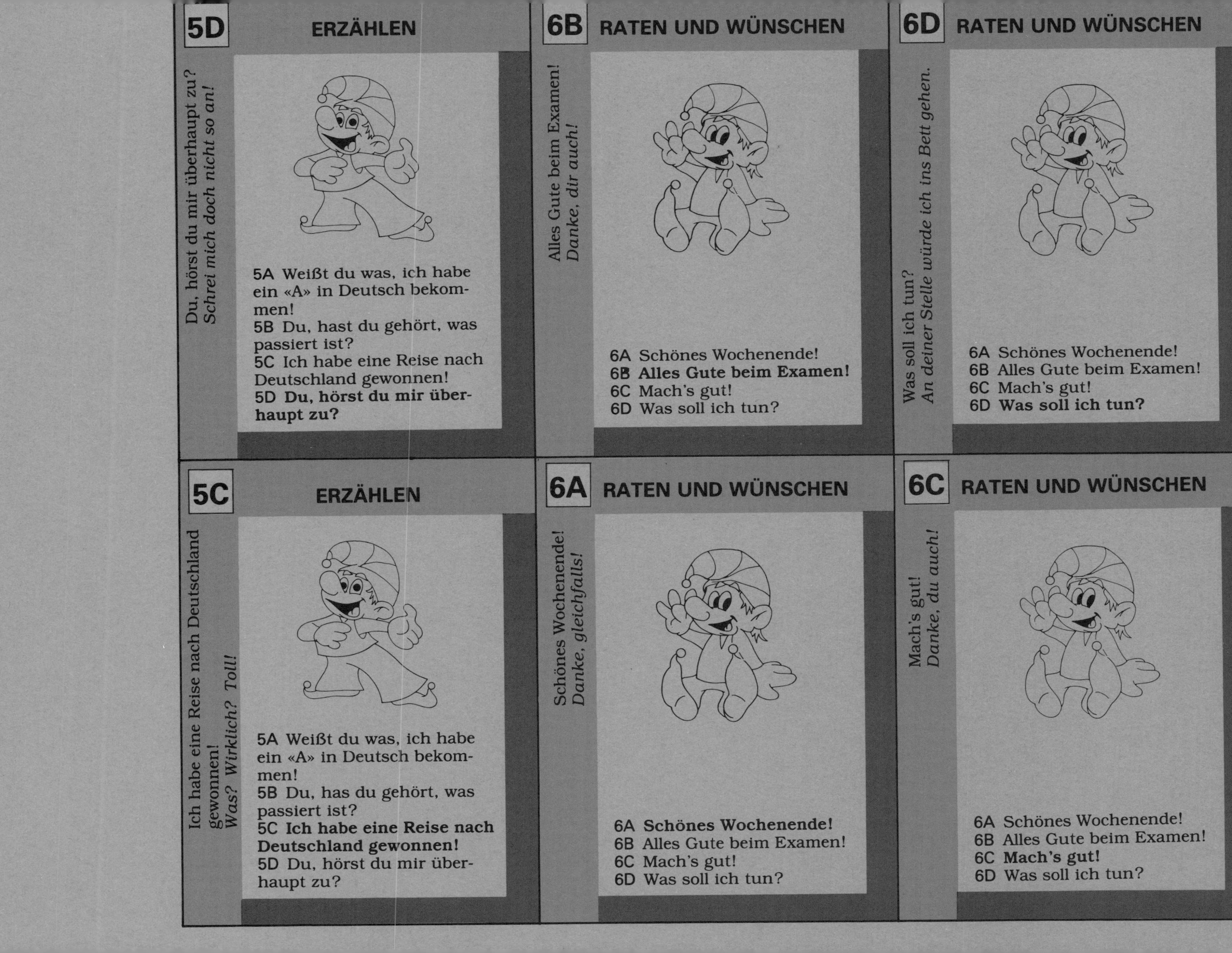
5D
ERZÄHLEN
Du, hörst du mir überhaupt zu?
Schrei mich doch nicht so an!
5A Weißt du was, ich habe ein «A» in Deutsch bekommen!
5B Du, hast du gehört, was passiert ist?
5C Ich habe eine Reise nach Deutschland gewonnen!
5D Du, hörst du mir überhaupt zu?
6B
RATEN UND WÜNSCHEN
Alles Gute beim Examen!
Danke, dir auch!
6A Schönes Wochenende!
6B Alles Gute beim Examen!
6C Mach's gut!
6D Was soll ich tun?
6D
RATEN UND WÜNSCHEN
Was soll ich tun?
An deiner Stelle würde ich ins Bett gehen.
6A Schönes Wochenende!
6B Alles Gute beim Examen!
6C Mach's gut!
6D Was soll ich tun?
5C
ERZÄHLEN
Ich habe eine Reise nach Deutschland gewonnen!
Was? Wirklich? Toll!
5A Weißt du was, ich habe ein «A» in Deutsch bekommen!
5B Du, has du gehört, was passiert ist?
5C Ich habe eine Reise nach Deutschland gewonnen!
5D Du, hörst du mir überhaupt zu?
6A
RATEN UND WÜNSCHEN
Schönes Wochenende!
Danke, gleichfalls!
6A Schönes Wochenende!
6B Alles Gute beim Examen!
6C Mach's gut!
6D Was soll ich tun?
6C
RATEN UND WÜNSCHEN
Mach's gut!
Danke, du auch!
6A Schönes Wochenende!
6B Alles Gute beim Examen!
6C Mach's gut!
6D Was soll ich tun?

QUARTETT SPIEL

QUARTETT SPIEL

QUARTETT SPIEL

QUARTETT SPIEL

QUARTETT SPIEL

QUARTETT SPIEL

7A

Was sollen wir essen?
Es ist mir eigentlich egal.

MEINUNGEN

7A **Was sollen wir essen?**
7B Das ist ganz großer Quatsch!
7C Was hältst du von der deutschen Küche?
7D Sag mal, ißt du gerne Fisch?

7B

Das ist ganz grosser Quatsch!
Das meine ich auch!

MEINUNGEN

7A Was sollen wir essen?
7B **Das ist ganz großer Quatsch!**
7C Was hältst du von der deutschen Küche?
7D Sag mal, ißt du gerne Fisch?

7C

Was hältst du von der deutschen Küche?
Die finde ich ganz gut.

MEINUNGEN

7A Was sollen wir essen?
7B Das ist ganz großer Quatsch!
7C **Was hältst du von der deutschen Küche?**
7D Sag mal, ißt du gerne Fisch?

7D

Sag mal, ißt du gerne Fisch?
Ich esse eigentlich lieber Fleisch.

MEINUNGEN

7A Was sollen wir essen?
7B Das ist ganz großer Quatsch!
7C Was hältst du von der deutschen Küche?
7D **Sag mal, ißt du gerne Fisch?**

8A

Entschuldigung, ich hätte eine Frage.
Ja, bitte?

THEMEN STEUERN

8A **Entschuldigung, ich hätte eine Frage.**
8B Also: die Sache ist die. . .
8C Moment, das habe ich nicht mitgekriegt.
8D Dazu möchte ich was sagen.

8B

Also: die Sache ist die. . .
Darf ich mal kurz unterbrechen?

THEMEN STEUERN

8A Entschuldigung, ich hätte eine Frage.
8B **Also: die Sache ist die. . .**
8C Moment, das habe ich nicht mitgekriegt.
8D Dazu möchte ich was sagen.

QUARTETT SPIEL

QUARTETT SPIEL

QUARTETT SPIEL

QUARTETT SPIEL

QUARTETT SPIEL

QUARTETT SPIEL

8C

Moment, das habe ich nicht mitgekriegt.
Gut, also ich wiederhole.

THEMEN STEUERN

8A Entschuldigung, ich hätte eine Frage.
8B Also: die Sache ist die. . .
8C **Moment, das habe ich nicht mitgekriegt.**
8D Dazu möchte ich was sagen.

8D

Dazu möchte ich was sagen.
Moment, laß mich ausreden!

THEMEN STEUERN

8A Entschuldigung, ich hätte eine Frage.
8B Also: die Sache ist die. . .
8C Moment, das habe ich nicht mitgekriegt.
8D **Dazu möchte ich was sagen.**

9A

Wie denkst du darüber?
Ich halte das für ein sehr ernstes Problem.

ARGUMENTIEREN

9A **Wie denkst du darüber?**
9B Was meinst du dazu?
9C Was hältst du davon?
9D Wie siehst du das?

9B

Was meinst du dazu?
Ich bin ganz deiner Meinung.

ARGUMENTIEREN

9A Wie denkst du darüber?
9B **Was meinst du dazu?**
9C Was hältst du davon?
9D Wie siehst du das?

9C

Was hältst du davon?
Meiner Meinung nach gibt es da gar kein Problem.

ARGUMENTIEREN

9A Wie denkst du darüber?
9B Was meinst du dazu?
9C **Was hältst du davon?**
9D Wie siehst du das?

9D

Wie siehst du das?
Ich sehe das ganz anders.

ARGUMENTIEREN

9A Wie denkst du darüber?
9B Was meinst du dazu?
9C Was hältst du davon?
9D **Wie siehst du das?**

QUARTETT SPIEL

QUARTETT SPIEL

QUARTETT SPIEL

QUARTETT SPIEL

QUARTETT SPIEL

QUARTETT SPIEL